新能源汽车不神秘

图解新能源汽车技术

丁元富 李伟 主编

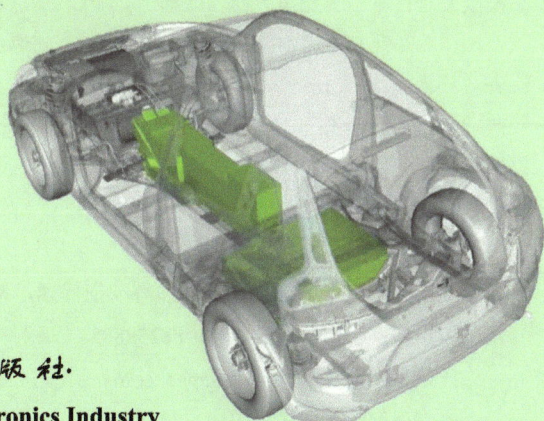

电子工业出版社
Publishing House of Electronics Industry
北京·BEIJING

内 容 简 介

本书以问答图解的方式，介绍了混合动力汽车和纯电动汽车的基本构造与原理，包括控制系统、动力电池、电机结构等总成的构造与工作原理，并以较大篇幅介绍了主流电动汽车的构造图解。本书文字通俗易懂、图文并茂、实用性强，通过阅读本书，使读者能够了解新能源汽车的基本知识、车辆的技术状态，做到使用、维护心中有数。本书可作为汽车运用工程技术人员、大中专相关专业的学生，以及电动汽车和混合动力汽车检测、维护和维修人员的学习参考资料，也可作为汽车爱好者的兴趣读物。

图书在版编目（CIP）数据

新能源汽车不神秘：图解新能源汽车技术 / 丁元富，李伟主编 . —北京：电子工业出版社，2019.6

ISBN 978-7-121-36920-9

Ⅰ . ①新… Ⅱ . ①丁… ②李… Ⅲ . ①新能源－汽车－图解 Ⅳ . ① U469.7-64

中国版本图书馆 CIP 数据核字（2019）第 122390 号

责任编辑：秦 聪
文字编辑：宁浩洛
印　　刷：北京虎彩文化传播有限公司
装　　订：北京虎彩文化传播有限公司
出版发行：电子工业出版社
　　　　　北京市海淀区万寿路 173 信箱　　邮编：100036
开　　本：787×1092　1/16　印张：9.75　字数：250 千字
版　　次：2019 年 6 月第 1 版
印　　次：2023 年 9 月第 2 次印刷
定　　价：79.80 元

凡所购买电子工业出版社图书有缺损问题，请向购买书店调换。若书店售缺，请与本社发行部联系，联系及邮购电话：（010）88254888，88258888。

质量投诉请发邮件至 zlts@phei.com.cn，盗版侵权举报请发邮件至 dbqq@phei.com.cn。

本书咨询联系方式：（010）88254460；guanphei@163.com；197238283@qq.com。

前言

随着我国经济持续高速发展，国内电动汽车、混合动力汽车市场得到迅速发展，电动和混合动力汽车的数量和普及率迅速提高，汽车在国民经济和家庭生活中的作用越来越大，与之相配套的新能源汽车服务市场需要更多的电动汽车和混合动力汽车修理、电动汽车和混合动力汽车配件、汽车营销、维护等专业人才。本书的宗旨是为电动汽车和混合动力汽车相关人员提供较为深入了解当今新能源汽车构造及原理的入门读物。

本书以问答图解的方式，介绍了电动汽车和混合动力汽车的基本构造与原理，包括控制系统、动力电池、电机结构等总成的构造与工作原理。书中更以较大篇幅介绍了主流电动汽车的构造图解。

本书文字简练、通俗易懂，可以作为汽车运用工程技术人员、大中专相关专业的学生以及电动汽车和混合动力汽车检测、维护和维修人员的学习参考资料，也可作为汽车爱好者的兴趣读物。

本书由吉林工程学院技术师范学院汽车学院副教授丁元富、李伟主编。参加本书编写的人员还有李校航、李校研、李春山、马珍等，在此深表感谢。由于经验不足，书中的错误和不完善之处在所难免，恳请广大读者批评指正。

编　者

目录

第一章

混合动力汽车发展的前世今生

■你知道混合动力汽车是何时诞生的吗？

"Hybrid"一词在生物学中的解释是不同物种间杂交而成的后代，而在汽车界里，它的意思是"混合动力"。混合动力通常指车辆使用两种动力来源来驱动，比如我们常见的油电混合动力，是使用内燃机与电动机这两种动力来源。

保时捷创始人费迪南德·波尔舍在1900年秋天推出了混合动力的第一台原型车，它的名字叫做Lohner-Porsche Semper Vivus（见图1-1）。在具体的细节上，波尔舍将两台水冷的DeDion Bouton汽油机（每台3.5马力/2.6千瓦）装在车身中间，分别用它们驱动两台发电机，构成两套发电单元。功率2.5马力/1.84千瓦的发电机能够在90V电压下输出20A的电流，发电机输出的电能直接驱动外转子轮毂电机，剩余的电能则流入电池组储存起来。发电机反过来可以用做发动机的起动机。

图1-1　第一台混合动力原型车

■世界混合动力汽车的发展如何？

说到混合动力的发展过程，其实并不只是最近几十年开始兴旺的，早在1904年，美国的电动汽车公司就达到了67家，年产量达到了4000多辆，这时的电动汽车是汽车市场中重要的一员。

1952年12月，在洛杉矶的一次光化学烟雾事件中，65岁以上的老人死亡400多人，美国政府因此意识到大气污染的危害。1966年，美国国会公开倡导使用纯电汽车或者油电混合动力汽车。

随后，美国本土的大厂商（其实主要是通用汽车公司，简称"GM"）开始逐步研发混合动力汽车以及纯电车型，如图1-2所示。其中的著名代表便是GM的EV1纯电车型。在随后的日子里，新能源市场保持着缓慢发展，直到1997年，丰田汽车公司（简称"丰田"）在日本推出第一代的"普锐斯"混合动力车。

2000年左右，美国政府考虑到各种情况（石油资源、石油企业利益等），最终干预加州政府，使其不再对纯电动车补贴，失去补贴的电动车由于成本过高，销量也一落千丈，此后通用直到2006年都没有再通过新的新能源项目。

2001年，普锐斯正式进入美国市场，因其出色的油耗表现及可靠性，其车主可以获得最高2000美元的联邦税收补贴，有了强大的支持及其优秀的表现，普锐斯从此打开了美国的市场并且成为新能源车中的耀眼明星。

看着丰田混合动力汽车在美国及世界范围内的成功，其他厂无法再忽视新能源这块蛋糕，于是在2005年，福特汽车公司在北美车展上发布了Fusion hybrid原型车，随后在2008年的洛杉矶车展上正式发布了第一代的Fusion hybrid车型（Fusion即是国内的"蒙迪欧"），在当时也是为数不多的混合动力车型，如图1-3所示。另外，在2007年的北美车展上，通用展示了雪佛兰沃蓝达的概念车，并且在2010年进行了量产，是当时第一家量产出增程式混合电动车的厂家。

2008年，德国政府喊出"10年内普及100万辆插电及纯电车型"的口号后，欧洲厂商们才陆续推出新能源车型，例如标致3008Hybrid、宝马ActiveHybrid 7等，但都表现平平。不过这几年欧洲厂商在超级跑车中使用混动系统增多，例如保时捷918、法拉利LaFerrari等。

近几年各厂商都对自家的混动系统做了改进和优化，福特的第二代Fusion hybrid、丰田的第四代普锐斯、通用的第二代沃蓝达等，开启了一个混合动力车百家争鸣的时代。

图1-2　通用混合动力汽车

图1-3　福特混合动力汽车

■国内混合动力汽车的发展如何?

国内其实很早就开始关注新能源车型,早在2001年,科技部便启动了"863计划"中的电动汽车重大专项,用于研发设计纯电、混合动力及燃料电池汽车,但万事开头难,刚开始几年只是处于技术积累阶段,没有取得什么瞩目的成绩。

到了2010年,国家正式出台个人购买新能源汽车补贴政策,加上新能源汽车上牌指标等诱惑力巨大的政策支持,直接引爆了国内的新能源汽车市场,新能源汽车销量猛增。由于国家政策向插电式混合动力及纯电汽车倾斜,对普通混合动力车型并没有过多的优惠,所以导致国内目前自主品牌的新能源汽车多是插电及纯电型。

不过国内的普通混合动力汽车发展平平淡淡,主要是因为没有财政补贴,本身价格又高,接受的民众不多,当有了补贴及新能源上牌指标后,就可以立马"红"起来,丰田的混合动力汽车(见图1-4)就是这么做到的。

图1-4 丰田卡罗拉双擎混合动力汽车

第二章

混合动力汽车

■混合动力汽车是"咋"混合的？

混合动力系统是指两种不同形式的动力组合在一起，共同作为驱动汽车前进的动力系统，其动力形式主要有燃油发动机、燃气发动机、电机等。但通常我们所称的混合动力汽车，是指采用燃油发动机与电机两种动力组合的汽车，简称"油电混合"。

虽然都是采用发动机和电机来驱动汽车前进，但并不都是采用燃油和电能两种能量供给方式。只采用燃油一种供给方式的混合动力汽车，我们通常称其为"普通混合动力汽车"；而可以采用外接电源充电的混合动力汽车，被称为"插电式混合动力汽车"。

电机可以用作产生电能的发电机、驱动车辆的电动机或内燃机的起动机。根据基本设计的方向不同，混合动力系统可分为三种：微混合动力系统、中度混合动力系统、全混合动力系统。

1）微混合动力系统。

在这种动力方案中，电气组件（起动机/发电机）仅用于起动/停止功能。在制动时，部分动能可以转化为电能以重新利用（能量再生）。车辆无法通过纯电力驱动行驶，如图2-1所示。因发动机需要频繁起动，故对12V玻璃纤维蓄电池进行了改装。

2）中度混合动力系统。

这种系统的电力驱动用来辅助内燃机驱动车辆。电机与发动机共同驱动车轮，在汽车需要

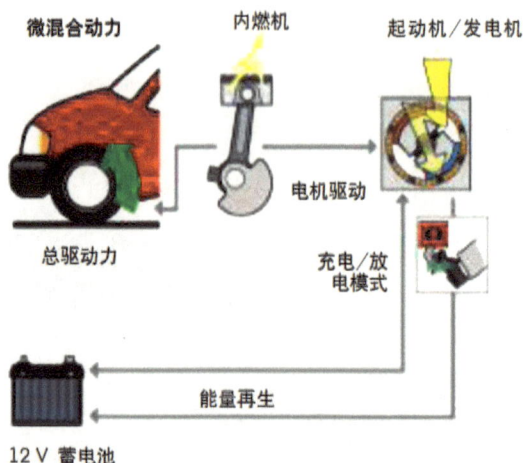

图2-1　微混合动力系统

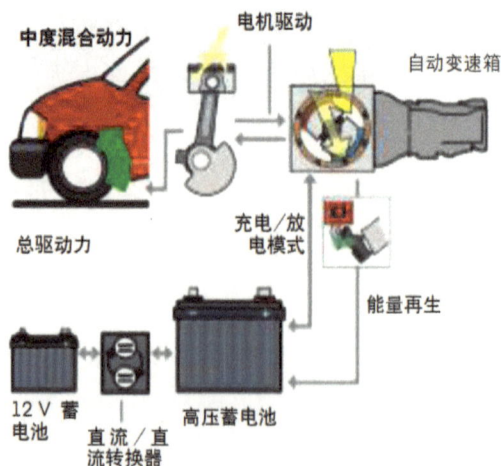

图2-2　中度混合动力系统

更大动力时帮助"推"一下汽车,从而提高整车的起步和加速性能。这种混合动力系统中的电机一般设置在发动机与变速器之间,而不是独立设置的。车辆无法通过纯电力驱动行驶。利用中度混合动力系统,可以在制动时回收更多的动能,并以电能的形式储存在高压蓄电池中。高压蓄电池及电气组件的额定电压和额定功率更高。由于电机的辅助,内燃机可以在最佳的效率范围内起动,这被称为负载点推移。

代表车型:奥迪Q5 Hybrid、奔驰S400h(见图2-3)、大众途锐(见图2-4)等。

3)全混合动力系统。

这种系统将功率更强的电机和内燃机相结合,可以实现纯电力驱动,如图2-5所示。一旦达到规定条件,电动机即可辅助内燃机的运行。低速行驶时,完全由电力驱动。内燃机具备起动/停止功能。回收的制动能量可为高压蓄电池充电。内燃机和电机之间的离合器,可以断开这两个系统之间的连接。内燃机仅在需要时介入。

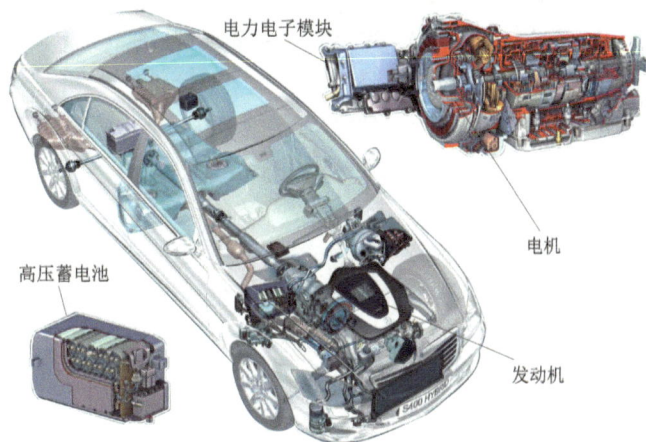

图2-3　奔驰S400h混合动力汽车

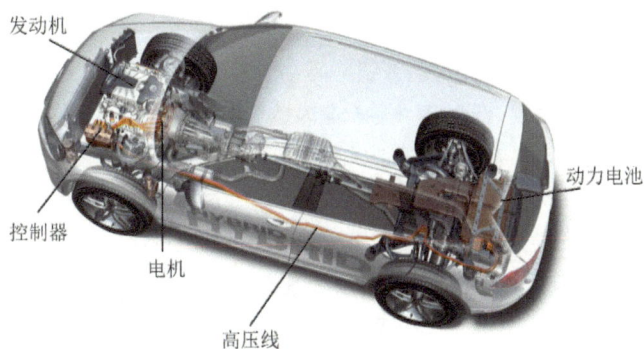

图2-4　大众途锐混合动力汽车

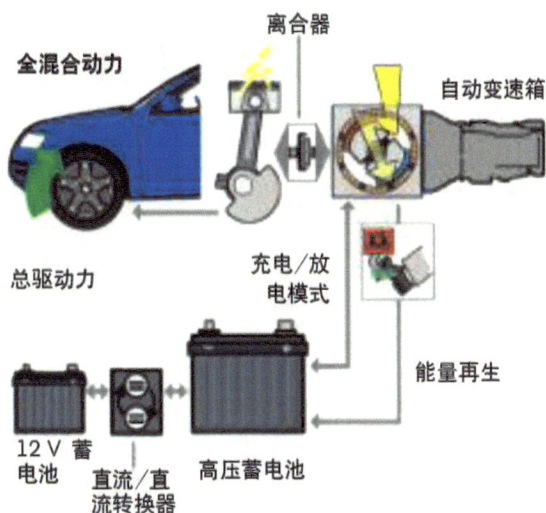

图2-5　全混合动力系统

■ 全混合动力系统按混合方式分为哪些？

全混合动力系统分为并联式混合动力系统、分支式混合动力系统、串联式混合动力系统及分支式串联混合动力系统。

1）并联式混合动力系统。

并联式混合动力系统的特点是结构简单。这种技术通常用于对已有车辆进行"混合动力化"。并联式混合动力系统通常配有一台电机。内燃机、电机和变速器安装于一根轴上。内燃机和电机各自输出功率的总和等于总输出功率。这种方案可以保留车辆上大部分的原有零部件。在四轮驱动车辆的并联混合动力设计中，四个车轮的驱动力由托森差速器和分动器传送，如图2-6所示。

2）分支式混合动力系统。

分支式混合动力系统除配有内燃机外，还配有一台电机。二者均安装于前桥上。

驱动力由内燃机和电机共同提供，通过行星齿轮机构传递给变速器。与并联式混合动力系统设计不同，两种形式的动力输出并不能全部传递给车轮。其中一部分动力输出用于驱动车辆，而另一部分则以电能的形式储存在高压蓄电池中，如图2-7所示。

3）串联式混合动力系统。

采用串联式混合动力系统的车辆只通过电机来驱动，内燃机与驱动轴是没有机械连接的。内燃机带动一个发电机，该发电机在车辆行驶时为电机供电或者给高压蓄电池充电，如图2-8所示。

4）分支式串联混合动力系统。

分支式串联混合动力系统就是把分支式混合动力系统和串联混合动力系统综合在一起了。该系统有一个内燃机和两个电机。内燃机和电机1装在前桥上，电机2装在后桥上。这种结构用于四轮驱动车。

内燃机和电机1可以通过行星齿轮机构来驱动车辆变速器。要注意的是：在这里也是不能将内燃机和电机各自的功率加起来传递到车轮上。后桥上的电机2在需要时才会工作。因结构原因，高压蓄电池布置在前、后桥之间，如图2-9所示。

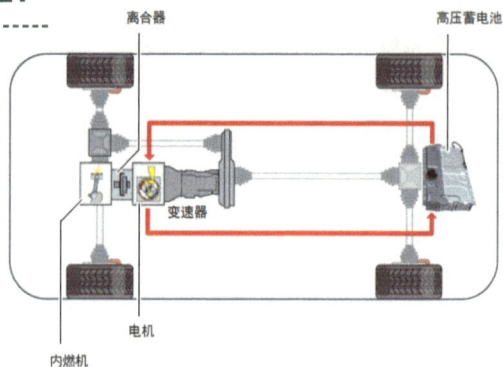

图2-6 并联式混合动力系统

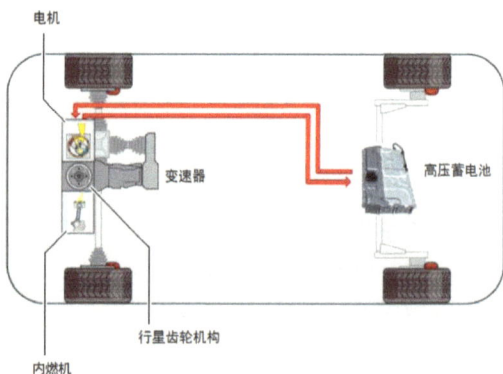

图2-7 分支式混合动力系统

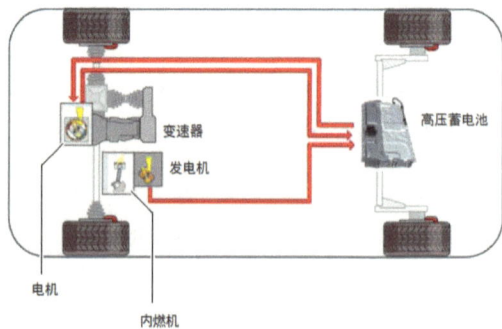

图2-8 串联式混合动力系统

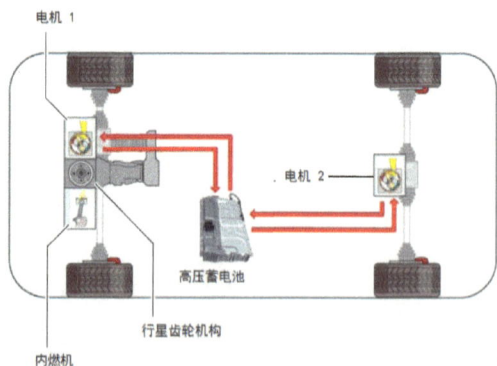

图2-9 分支式串联混合动力系统

■串联式混合动力汽车长什么样？

串联式混合动力结构，顾名思义就是发动机和电动机"串"在一条动力传输路径上，如图2-10所示。串联式系统最大的特点就是发动机在任何情况下都不参与驱动汽车的工作，它只能通过带动发电机为电动机提供电能。串联式混合动力汽车的动力来源于电动机，发动机只能驱动发电机发电，并不能直接驱动车辆行驶。因此，串联式系统中的电动机功率一般要大于发动机功率。

代表车型：雪佛兰沃蓝达、宝马i3增程式混合动力汽车（见图2-11）、传祺GA5增程式混合动力车型。串联式混合动力系统的特点：结构简单、使用方便。

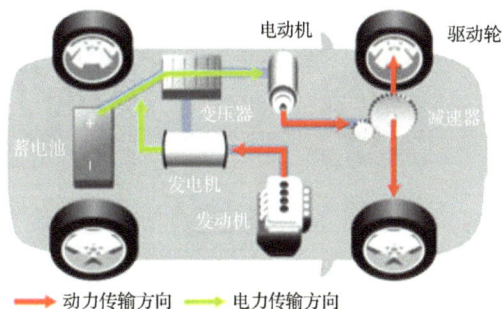

图2-10 串联式混合动力结构

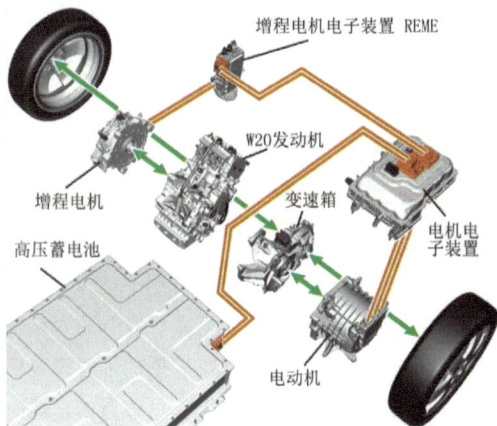

图2-11 宝马i3增程式混合动力汽车

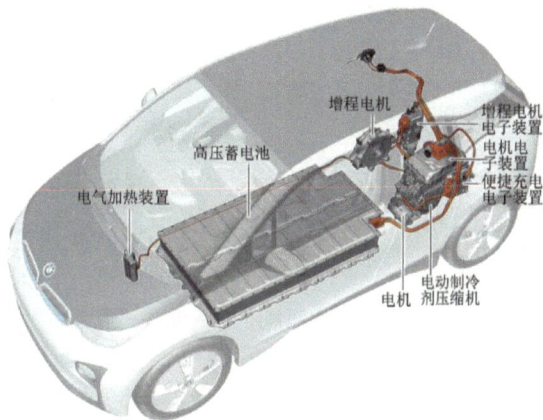

■混联式和并联式混合动力哪个技术更好？

并联式混合动力系统的结构比较简单，在动力系统中增加了电动机、电池组及能量回收系统，且保留有传统的变速器。在动力输出中，以内燃发动机作为主动力，电动机作为辅助动力，车辆有制动能量回收系统。它主要以内燃发动机驱动行驶，利用电动机具有的在启动时能产生巨大扭矩的特性，在汽车起步、加速等内燃发动机燃料消耗较大的情况时用电动机辅助驱动。现在的并联式混合动力车功能比它们的前辈有了提升，国产的比亚迪、奥迪A3 e-tron（其混合动力系统见图2-12）和BMW530Le的插电混合动力都来自于这种混合动力系统。

混联式也称为串并联式，它结合了串联和并联两种混合动力系统的优点，如图2-13所示。它的结构复杂程度超过这两种混合动力系统，但是技术优势更是十分明显。同时，它是目前市场上最成功的混合动力系统，丰田和雷克萨斯的混合动力系统就是混联式。2014年，美国混合动力车销售榜的前十名中的九名是丰田、雷克萨斯及采用丰田授权技术的福特混合动力车型，所占市场份额超过90%。

图2-12 奥迪A3 e-tron混合动力系统

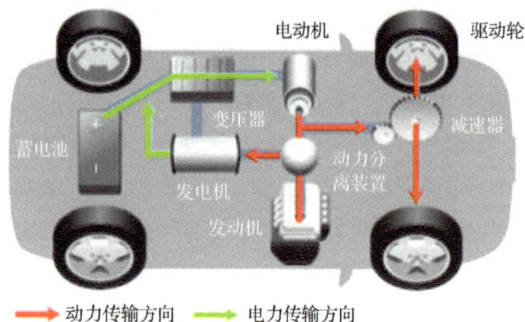

图2-13 混联式

从混合动力系统的效率上看，采用涡轮增压发动机、并联混合动力系统的插电混合动力车，其动力系统的高效工作区间比较窄。由于系统本身的不足，这种混合动力汽车"油"和"电"的衔接不好，电池充不上电，最后它就成了一个背着大包袱（插电混动车电池很重）的汽油车，在拥堵的大城市低速行驶时动力系统的效率和普通动力汽车没什么区别。相比之下，采用自然吸气阿特金森循环发动机的丰田混联式混合动力汽车的动力系统高效工作区域更宽，尤其在中低速行驶时优势更明显。

■如何区别混联式与并联式混合动力系统？

与并联式混合动力系统一样，混联式混合动力也有两套驱动系统，但不同的是，混联式混合动力系统有两个电机，如图2-14所示。一个电动机仅用于直接驱动车轮，还有一个电机具有双重角色：当需要极限性能的时候，充当电动机直接驱动车轮，整车功率就是发动机及两个电机的功率之和；当电力不足的时候，就充当发电机，给电池充电。

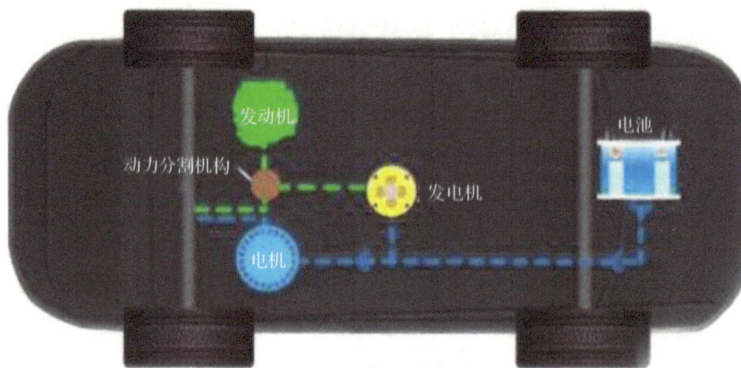

图2-14 混联式混合动力汽车

■插电式混合动力汽车是什么样的？

插电式混合动力（plug-in hybrid）是指可以外接充电的混合动力，能降低发动机的使用率，进一步实现节能目的。插电式混合动力汽车的混动系统可以是串联、并联或者混联式中的任何一种。

插电式混合动力汽车（Plug-in Hybrid Vehicle，PHEV），简单说就是介于电动汽车与燃油汽车两者之间的一种汽车。它既有传统汽车的发动机、变速器、传动系统、油路、油箱，也有电动汽车的电池、电机、控制电路。而且电池容量比较大，有充电接口，整车构造如图2-15所示。

与雷克萨斯RX450h这种非插电式混合动力汽车相比，插电式混合动力汽车电池容量更大，可以支持行驶的里程更长。如果每次都是短途行驶，有较好的充电条件，插电式混合动力汽车可以不用加油，当作纯电动车使用，具有电动汽车的优点。

与特斯拉Model S这种纯电动汽车相比，插电混合动力汽车的电池容量要小很多，但是带有传统燃油汽车的发动机、变速器、传动系统、油路、油箱。在无法充电的时候，只要有加油站就可以一直行驶下去，行驶里程不受充电条件的制约，又具有燃油汽车的优势。

但是，因为一辆车内要集成电动汽车、燃油汽车两套完整的动力系统，插电式混合动力汽车的成本较高，结构复杂，重量也比较大，相对于单纯的燃油汽车和电动汽车又有劣势。不过，在充电站大面积普及、充电效率大幅提高之前，插电式混合动力汽车作为燃油汽车与电动汽车之间的过渡产品将长期存在下去。

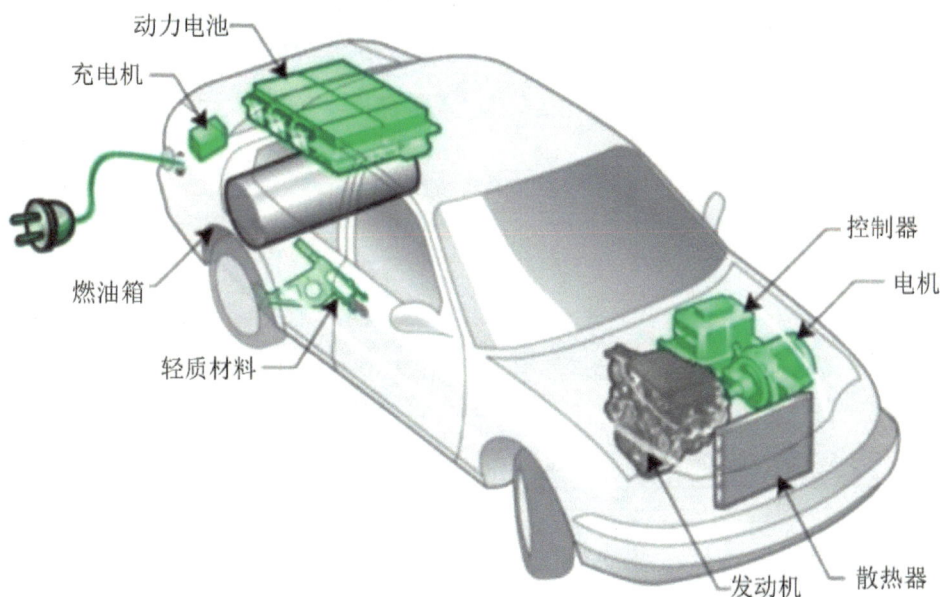

图2-15　插电式混合动力汽车构造

■混合动力汽车和插电式混合动力汽车有什么区别?

其实还有一种普通混合动力汽车,它的动力电池容量很小,如雷克萨斯CT200h的动力电池容量为6.5Ah,相当于一些强力探照灯的蓄电池而已,它在纯电模式下最远行驶距离仅为3千米。这种车型一般通过刹车时回收动能为动力电池充电,或者利用车辆在行驶时发动机的多余功率驱动发电机充电即可,完全不存在纯电动汽车到处找"插座"的困扰。

插电式混合动力汽车比起混合动力汽车,简单来说就是多个插电口,能够外接充电,如图2-16所示。电动机功率足够大,确保汽车能够以比较高的速度行驶,电池容量也要比普通混合动力汽车大很多,足以在纯电模式下行驶几十千米,续航里程较长(一般为50千米以上)。插电式混合动力汽车的百公里综合油耗比混合动力汽车更低,如普锐斯插电版在纯电模式可以行驶30千米,使百公里油耗低至2L,比混动版节油约3L(普锐斯混动版和凯美瑞混动版油耗相当),而且充电时间也不长,一般数小时即可充满。如果能够保持良好的充电习惯,用车费用直追纯电动汽车,并且无须担心任何续航问题。但是插电式混合动力汽车由于动力电池的容量更大,电池组的增大也进一步提高了整车售价,而部分地区不对其进行补贴,如北京就只补贴纯电动汽车,不补贴插电式混合动力汽车。

(a)插电式混合动力汽车

(b)混合动力汽车:雷克萨斯CT200h

图2-16 普通混合动力汽车和插电式混合动力汽车

■并联式插电混合动力汽车长什么样？

并联式插电混合动力汽车（见图2-17）内有两套驱动系统，大多是在传统燃油车的基础上增加电动机、电池、电控而成，电动机与发动机共同驱动车轮。车内只有一台电机，驱动车轮的时候充当电动机，如图2-18所示，不驱动车轮的时候充当发电机给电池充电。

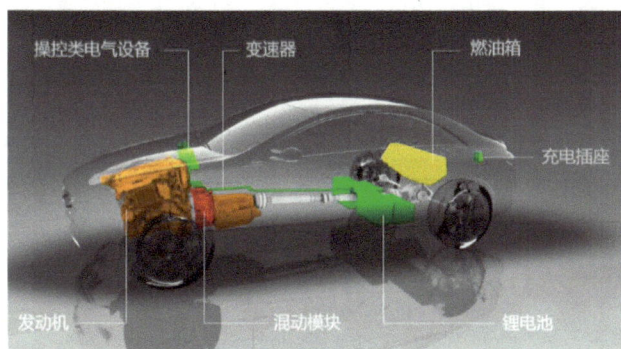

操控类电气设备　变速器　燃油箱
充电插座
发动机　混动模块　锂电池

图2-17　并联式插电混合动力汽车结构

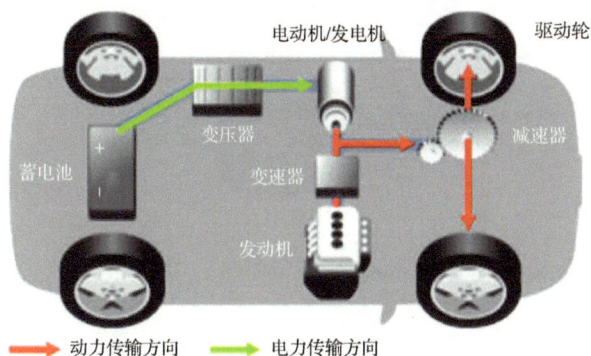

电动机/发电机　驱动轮
变压器
蓄电池　减速器
变速器
发动机

→ 动力传输方向　→ 电力传输方向

图2-18　并联式插电混合动力系统的能量及动力传递

并联式插电混合动力的优势在于：电动机、发动机共同驱动车轮，没有功率浪费的问题，譬如电动机功率为50kW，发动机功率为100kW，只要传动系统能承受，整车功率就是150kW；

在纯电模式下，同样有电动汽车安静、使用成本低的优点。而在混合动力模式下，有非常好的起步扭矩，加速性能出色；

因为只是在变速器上增加了一台电动机（有变速器输入端和输出端两种增加方法），在传统燃油车基础上改动较小，成本也比较低。

这种模式的缺点是：在混合动力模式下，发动机不能保证一直在最佳转速下工作，油耗比较高。只有在堵车时因为可以自带发动机启停功能，油耗才会低；

因为只有一台电机，不能同时发电和驱动车轮，所以发动机与电动机共同驱动车轮的工况不能持久。持续加速时，电池的能量会很快耗尽，转成发动机单独驱动模式。

这一类的代表车型包括：比亚迪秦、奔驰S500并联式插电混合动力版（百公里油耗2.8L）如图2-19所示。

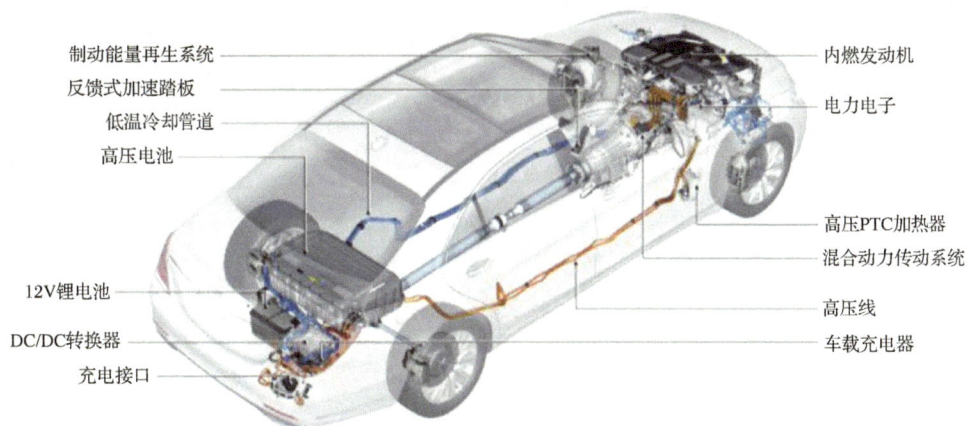

制动能量再生系统　内燃发动机
反馈式加速踏板
低温冷却管道　电力电子
高压电池
高压PTC加热器
混合动力传动系统
12V锂电池
高压线
DC/DC转换器　车载充电器
充电接口

图2-19　奔驰S500并联式插电混合动力版

■双电机插电式混合动力四驱车长什么样？

双电机插电式混合动力四驱车一般是一前一后放置两台电机，其中一台电机与发动机集成在一起，另外一台电机则单独放置，如图2-20所示。这种系统最大的特点是可以在前轮驱动、后轮驱动、四轮驱动三种模式间切换。追求加速性能的时候，采用四轮驱动模式；高速行驶时，车辆重心后移，可以用后轮驱动，以便拥有更高的效率，达到省电（省油）的目的；低速行驶时，前轮驱动有更高的效率，可以采用前轮驱动模式。比亚迪唐、保时捷918等（见图2-21）都是双电机插电式混合动力四驱车型。

双电机的优点：在纯电模式下，具有安静、使用成本低的优点，发动机可以一直控制在最佳转速，油耗低、噪声小、振动小。在混动模式下，两台电机与发动机一起工作，使车辆具有非常好的起步和加速性能。在充电模式下，一台电机充当发电机为动力电池充电。

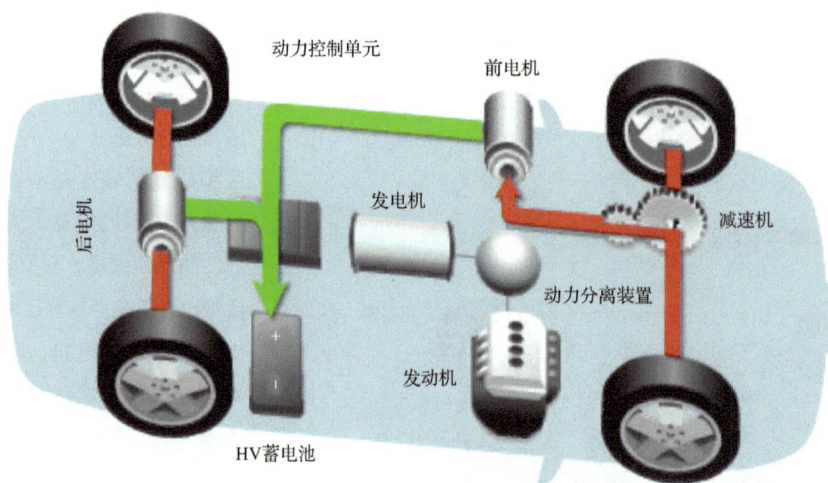

图2-20　双电机插电式混合动力结构

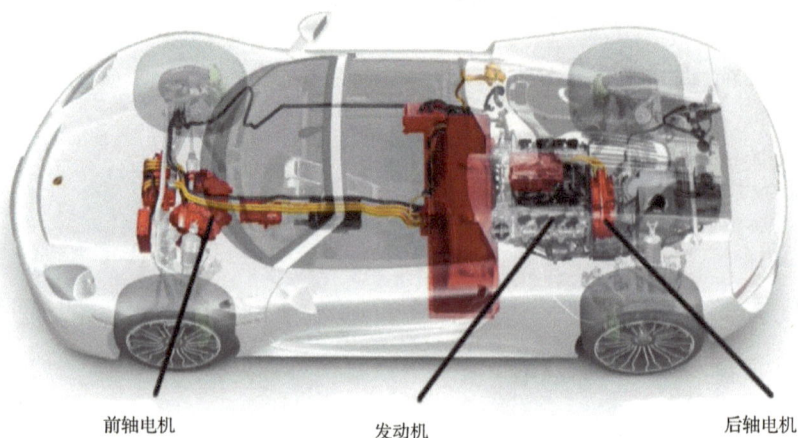

（a）保时捷918

图2-21　双电机四驱插电式混合动力车型

高压蓄电池

发动机

后驱动电机

前驱动电机

（b）比亚迪唐

图2-21 双电机四驱插电式混合动力车型（续）

双电机的缺点：结构复杂，拥有两台电机、一台发动机、一个变速器，配套的控制器、电池、传动系统、油路等一个也不能少，制造成本要高于其他类型的插电式混合动力车型，车的总重量也会大一些。为了让两台电机和一台发动机能够协调配合，需要不同的工作模式，控制系统相对比较复杂，对控制技术的要求比较高。

■什么是三擎四驱汽车？

"三擎四驱"中的"三擎"，指的是三个"引擎"，分别是一个汽油发动机、两个电机；四驱是指四轮驱动。以比亚迪唐为例，其三擎是指"2.0TI发动机（见图2-22）+前桥电机（见图2-23）+后桥电机（见图2-24）"这三个"引擎"，可同时实现动力输出，提供更强劲的动力享受，如图2-25所示。

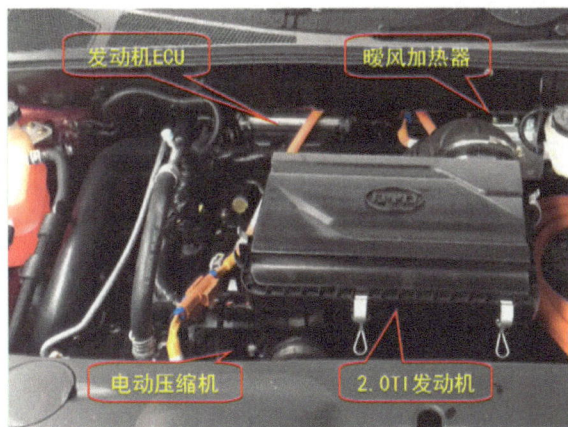

发动机ECU

暖风加热器

电动压缩机

2.0TI发动机

图2-22 比亚迪唐的2.0TI发动机

前桥电机

图2-23 比亚迪唐的前桥电机

图2-24 比亚迪唐的后桥电机

搭载的2.0TI发动机，额定功率为151kW，最大扭矩为320N·m，前、后桥电机最大功率、最大扭矩分别为110kW、250N·m。三个"引擎"同时发力，最大扭矩可达820N·m，相当于传统自然吸气6.0升发动机的动力水平，百公里加速仅需4.9秒。

根据中国工信部的工况法测试，"唐"旗舰型纯电续航里程80km，豪华型/尊贵型纯电续航里程为60km，而且"唐"是双模车（油电混合模式和纯电动模式），混动模式可保证续航需求。

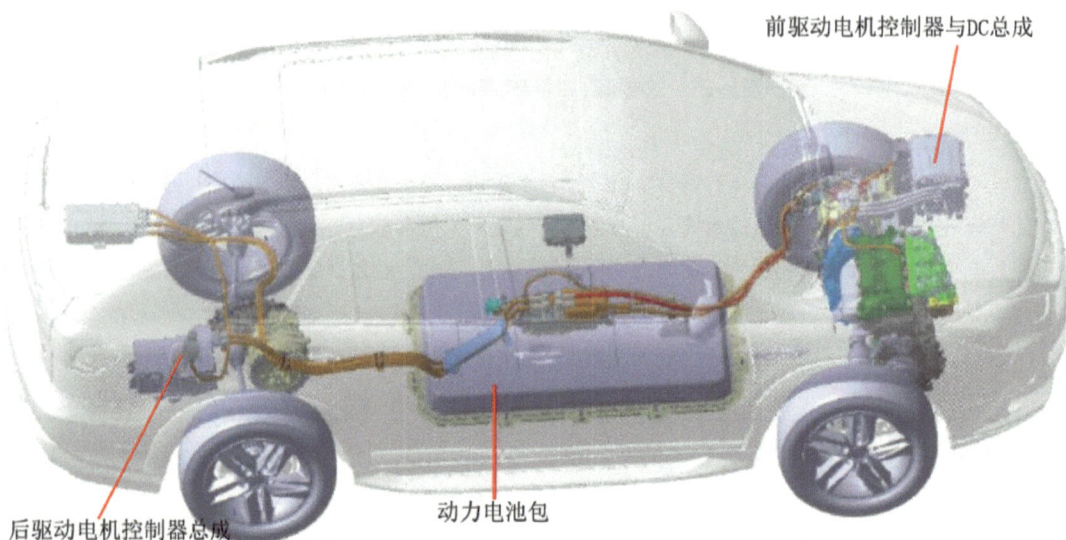

图2-25 比亚迪唐的汽车结构

■比亚迪唐的542是什么意思？

比亚迪唐的混动系统所能实现的性能革新，比亚迪官方称之为"542战略"，详见图2-26，比亚迪唐是该战略下诞生的首款车型。与传统厂商的混动系统不同，"唐"不仅在前置发动机旁边布置了一个电机，在后轴也布置了一个电机，每个电机都有独立的电机控制系统和逆变器，这样一来就让"唐"获得了前后轴单独控制的能力。

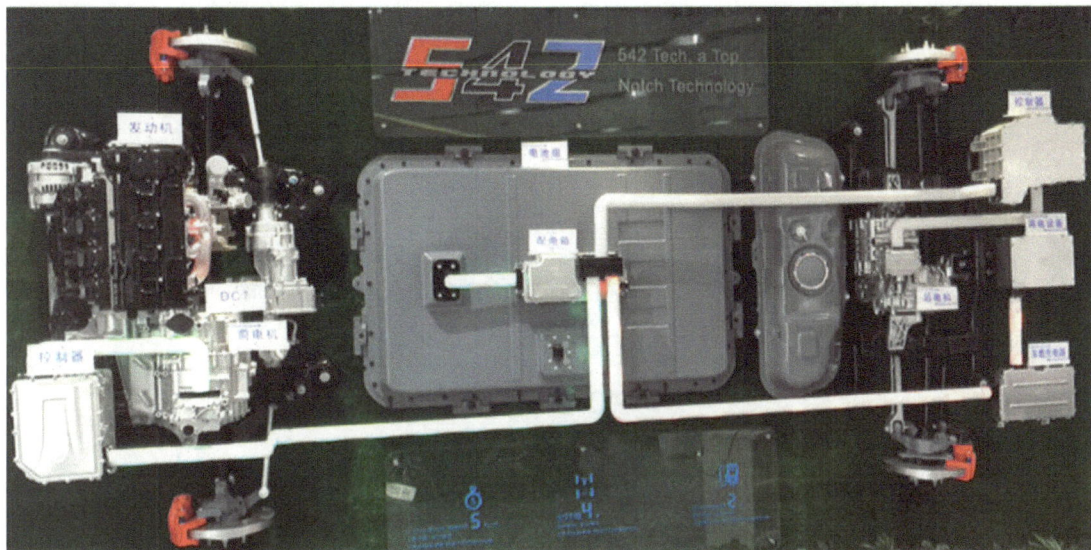

0~100千米/小时加速时间 **5** 秒以内
不再是跑车专属而是汽车的性能标准

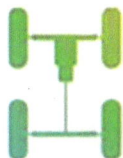

极速电 **4** 驱
不再是特殊稀有而是汽车的安全标准

百公里油耗 **2** 升以内
不再是节省幻想而是汽车的耗油标准

图2-26　比亚迪唐的结构及其性能

■比亚迪唐长什么样?

　　打开比亚迪唐的发动机盖，一台151kW/320N·m的2.0T直喷增压发动机位于车头前方，能看到的除了几根橙色高压电线之外，其余的部分与一台普通汽油车没有太大区别。前桥的上方安装着一台110kW的大功率电机，而把视线投到汽车尾部下方位置，就能惊奇地发现驱动桥上也安装了一台110kW的大功率电机。淘汰传统四驱模块中重要的传动轴之后，前后电机的联动桥梁变成了一根电线。其整车结构如图2-27所示。

　　比亚迪唐的电动机是永磁同步电机，最大转速高达12000rpm/min，同类型的BWM i3电机转速只有11400rpm/min，特斯拉Model S的三相交流电机转速仅为8600rpm/min。更快的转速在效能利用率上更好，这款电机的功率密度达到了3.9kW/kg，BWM i3仅为1.9kW/kg。在环比竞争力上，比亚迪的110kW电机最高效率已经达到96%，而雷克萨斯LS600H的电机功率只有95%，综合同类型产品仅在94%左右。

　　"唐"的驱动结构比较特别，综合输出功率几乎可以"叠加"计算，也就是前后电机加起来220kW的功率，以及500N·m的最大扭矩。如果在混动模式下，2.0T+6HDT45变速器再叠加更多的动力，全车综合最大功率371kW，最大扭矩达到820N·m。或许你还不知道820N·m是什么概念，打个比方，这个扭矩数值相当于两台兰博基尼Gallardo LP560-4在跑步机上同时做功。

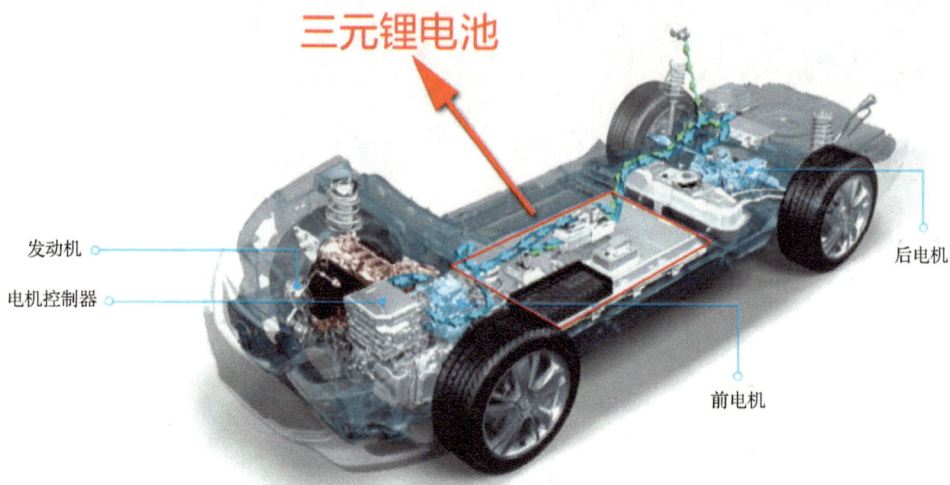

三元锂电池

发动机

电机控制器

后电机

前电机

图2-27 比亚迪唐整车结构

■比亚迪唐三擎汽车是如何工作的?

在比亚迪唐甚至是所有搭载"542技术"的车型上,不仅第二排不受地台突出的困扰,而且在四驱传动效率上比传统结构至少高出一倍。更重要的是,当汽油车还在豪砸金钱优化前后传动比的时候,极速电四驱已经能达到最极致的50:50传动效率,并且比传统结构更优秀的是拥有多种模式以应对不同路况。

1)最强劲模式:四驱+运动+混合动力汽车。

在混合动力汽车混动模式下选择"运动"驾驶模式之后,三擎共同释放最大功率,实测4.98秒的百公里加速成绩俨然成为这个领域的性能标杆。最强劲模式下的能量与动力传递如图2-28所示。

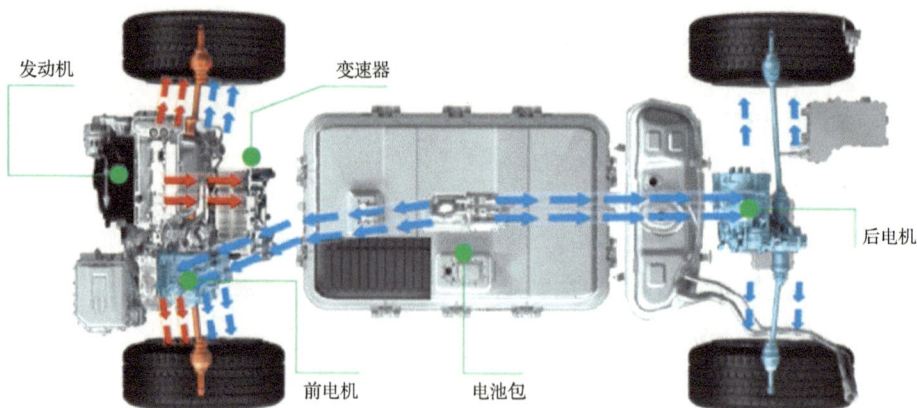

发动机

变速器

后电机

前电机

电池包

图2-28 最强劲模式下的能量与动力传递

2)最经济模式:四驱+经济+纯电动汽车。

在纯电动汽车纯电模式下选择"经济"驾驶模式之后,前后方电机协同工作,在必要时会降低输出功率以达到最经济模式,实测百公里纯电能耗仅为17kW·h/100km,比特斯拉Model S 90D的24kW·h/100km要更低。最经济模式下的能量与动力传递如图2-29所示。

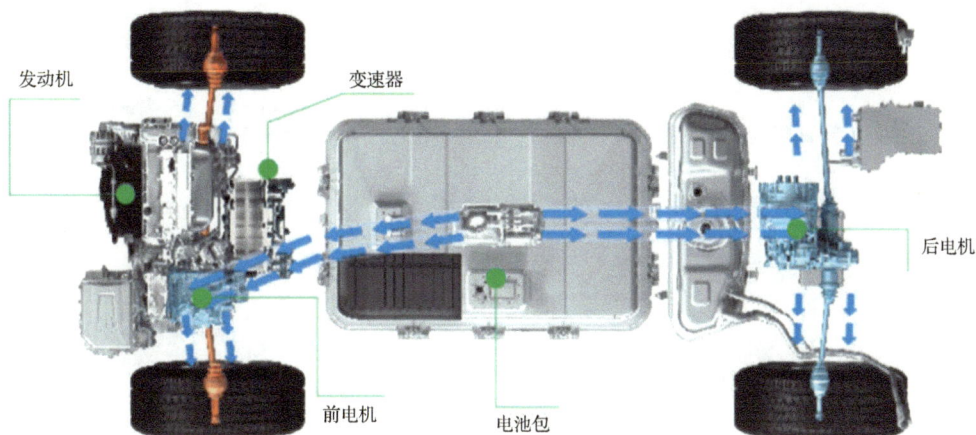

图2-29 最经济模式下的能量与动力传递

3）行驶发电模式。

在行驶过程中，用户可以调整SOC（State of Charge）剩余电量的预设值，一旦剩余电量即将小于预设值，系统自动切换成"行车发电模式"。前方电机切换至发电模式，后电机搭配内燃发动机形成"前油后电"的驱动形式。在城市环境中行驶，实测每1.5km能补充1% ～ 2%的电能，长途驾驶时电池电量最高能回充至70%，为下一段城市纯电行驶带来强有力的电能保障。行驶发电模式下的能量与动力传递如图2-30所示。

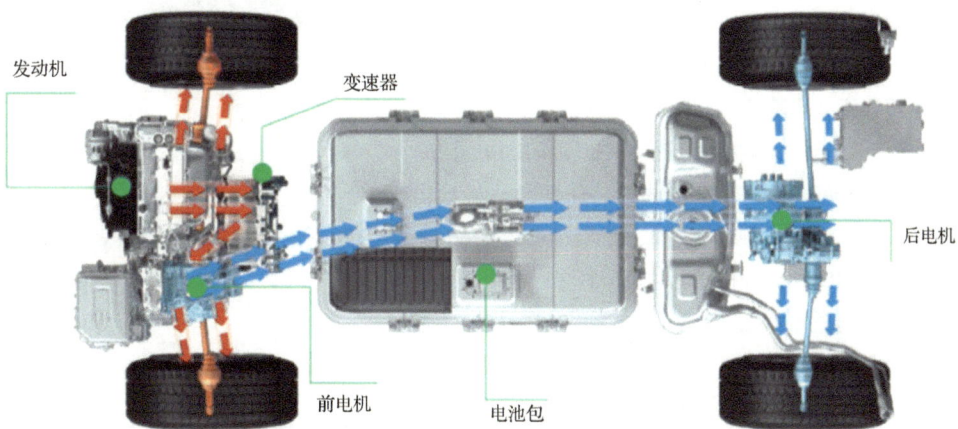

图2-30 行驶发电模式下的能量与动力传递

4）怠速发电模式。

车辆在SOC低于15%时行驶，在等红绿灯时，系统自动切换至内燃发动机带动前电机为电池充电，实测大约5分钟能补充1% ～ 2%的电能。在必要时可以采取强制原地发电，在P挡模式下把加速踏板踩到底即可激活。这种模式主要用于应急使用，一旦遇上意外灾害，可以通过这种方式为电池充电，保证VTOL 220V家用电源输出功能。怠速发电模式下的能量传递如图2-31所示。

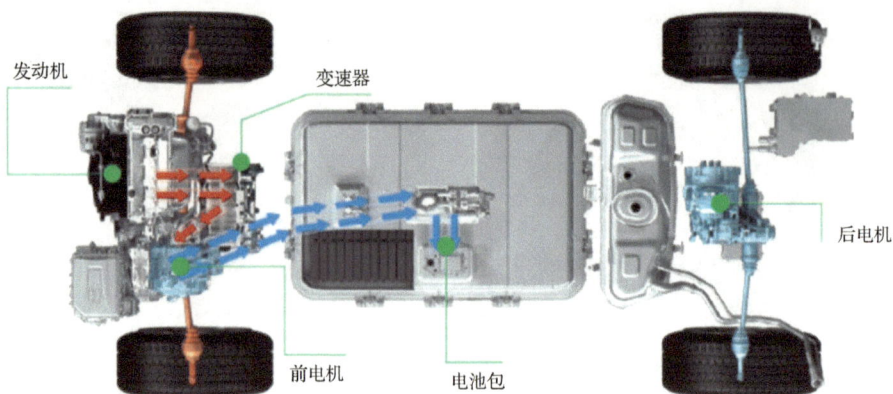

图2-31　怠速发电模式下的能量传递

■比亚迪唐是如何进行工作模式切换的？

比亚迪唐的模式切换开关如图2-32所示。

1）"EV-ECO"：EV按键上的指示灯（绿色）亮表示在EV模式（纯电动工作模式），将MODE旋钮逆时针旋转，进入ECO（经济）模式，在保证动力的情况下，最大限度地节约电量。

在纯电动工作模式下，动力电池提供电能，以供电机驱动车辆，可以满足各种工况行驶，如起步、倒车、怠速、急加速、匀速行驶等，该模式下的能量及动力传递如图2-33所示。切换至该模式需满足：车速<140km/h且SOC>15%。

2）"EV-SPORT"：EV指示灯亮时将MODE旋钮顺时针旋转，进入到SPORT（运动）模式，将保证较好的动力性能。

3）"HEV-ECO"：HEV按钮上的指示灯（绿色）亮表示在HEV模式（油电混合模式），MODE旋钮逆时针旋转，进入ECO模式，可以保证较好的经济性和动力性。该模式下的

图2-32　比亚迪唐的模式切换开关

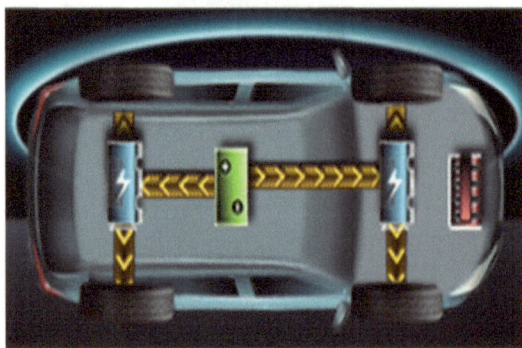

图2-33　EV-ECO模式下的能量及动力传递

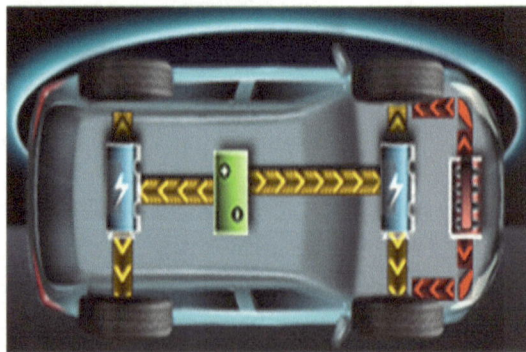

图2-34　HEV-ECO模式下的能量及动力传递

（a）沙地

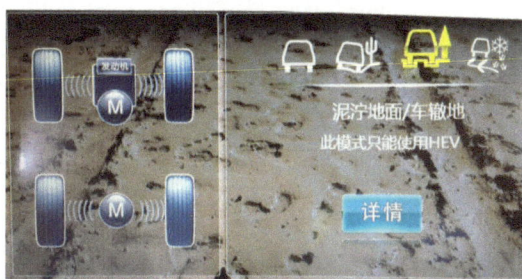

（b）泥泞地面/车辙地

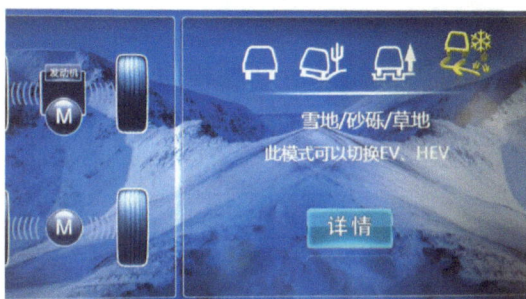

（c）雪地/砂砾/草地

图2-35 HEV模式使用场景

图2-36 发动机驱动模式下的能量及动力传递

能量及动力传递如图2-34所示，HEV模式使用场景如图2-35所示。

① 电量低于5%时，发动机一直启动；

② 当电量大于5%且车速较低时，将不会启动发动机。

4）"HEV-SPORT"：HEV指示灯亮时MODE旋钮顺时针旋转，进入SPORT（运动）模式，发动机会一直工作，来保持最充沛的动力。

5）"EV强制模式"：EV模式行驶过程中，在高压系统无故障、无启动发动机需求的情况下，当电量下降到15%时，整车自动由EV模式切换到HEV模式。若仍需进入EV模式，可长按EV按钮3秒以上，直到仪表盘上EV指示灯持续闪烁，表明整车进入EV-ECO模式，此时输出功率受到一定限制；直到电量下降到5%时，整车将自动切换到HEV-ECO模式。

当电量不足或高压系统故障时，可单独使用发动机驱动，实现燃油系统的独立供能，此时的能量及动力传递如图2-36所示。

■奇瑞插电式混合动力车辆控制器（HCU）有何功用？

混合动力车辆控制器（HCU）是整个混合动力汽车控制的中心，它能够识别驾驶人驾驶意图，实现前进、倒退、再生制动及停车，可以实现动力模式切换和控制，能够对高压动力系统实施最优的能量管理，全面保护动力电池、驱动电机及其他子系统。车辆控制器还可实现OBD（车载诊断系统）故障诊断、CAN收发、掉电数据保存、车身及附件管控、热管理等多种功能。车辆控制器作为整车的最顶层的控制单元，负责整车驾驶模式管理、动态扭矩分配、发动机管理、离合器控制、制动能量回收、高压电池电量平衡控制、CVT（无级变速器）目标速比控制等。如图2-37所示为奇瑞插电式混合动力结构。

图2-37　奇瑞插电式混合动力结构

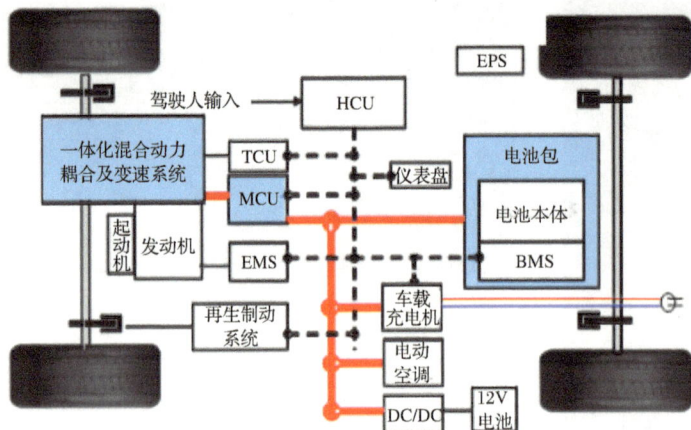

HCU—整车控制器；
MCU—电机控制器；
DC/DC—高低压转换器；
TCU—变速器控制器；
BMS—电池管理系统；
CAN—总线控制器；
EMS—发动机控制器；
EPS—电动转向

■丰田混合动力汽车"牛"在哪里？

有人说世界上只有三种混合动力系统，一种是丰田，一种是本田，另外一种就是其他的了，丰田的混合动力一直都是行业领先的，原因不单单是省油，更重要的是毛病非常少，故障率低。虽然电动汽车似乎已经成为大家对未来的寄望，弯道超车也是因电动汽车而起的，但是笔者对此比较悲观，电池容量和充电时间未解决前，混合动力依然是最优秀的解决方案，看看丰田做的混合动力为什么能接地气一些。

除了电机之外，传统的汽油动力系统还是不能少的，雷克萨斯ES300H只是搭载了一款2.5升自然吸气发动机，相比丰田目前的技术来看，这款2AR-FXE发动机没有搭载双喷射更没有涡轮，所有的技术都十分传统、稳定。由于混合动力对发动机高转的要求非常低，基本稳定在2000 ~ 3500rpm左右，所以多点喷射自然是优先选择，也是故障率低的原因之一，如图2-38所示，现在无论欧洲还是韩国的混合动力技术都走在这条路上。

雷克萨斯ES300H搭载了丰田第三代PCU（功率控制单元）技术（见图2-39），从体积可以判断，该单元应该是采用了最新的碳化硅半导体技术，除体积减小之外，更重要的是耗电少了，也就是说用于驱动的电力多了，油耗当然能够节省。PCU内部是一些极其复杂的继电器与电路板，即使是丰田认证的4S店也无法修理，大多是更换，幸运的是其故障率极低。

在电子部件上，日本企业几乎都用本土品牌，尤其

由于发动机只在某一区间运作，所以发动机的故障也少一些。

图2-38　故障率低的原因之一

这应该是目前混合动力汽车中最先进的PCU，但近年欧系、韩系的混合动力技术也追上来了。

图2-39　雷克萨斯ES300H
搭载了丰田第三代PCU技术

是混合动力车，混合动力的ECU需要处理的数据量远远大于内燃机，所以无论是传感器、PCU、ECU都由日本电装公司提供，单一品牌的供应更容易使复杂的系统顺畅。

点火线圈同样来自日本电装出品，虽然与2.0T不能通用，但是从产品代号看两者属于同一等级，只是点火能量有所区别而已，此款点火线圈耐用性非常好，性能也十分稳定，点火系统如图2-40所示。

进口的点火线圈相对更耐用，当然价格也更贵。

图2-40 点火系统

■丰田普锐斯混合动力汽车结构是什么样子的?

丰田普锐斯混合动力汽车采用混联式混合动力系统（见图2-41），它有一台电动机和一台发动机，其中电动机的最大功率为53kW（72hp），最大转矩为163N·m。发动机则采用1.8L自然吸气汽油发动机，最大功率72kW（98hp），最大转矩142N·m。电动机、发电机和发动机三者之间通过一个行星齿轮机构协调配合构成混合动力变速器ECVT，其结构如图2-42所示，其构造如图2-43所示。

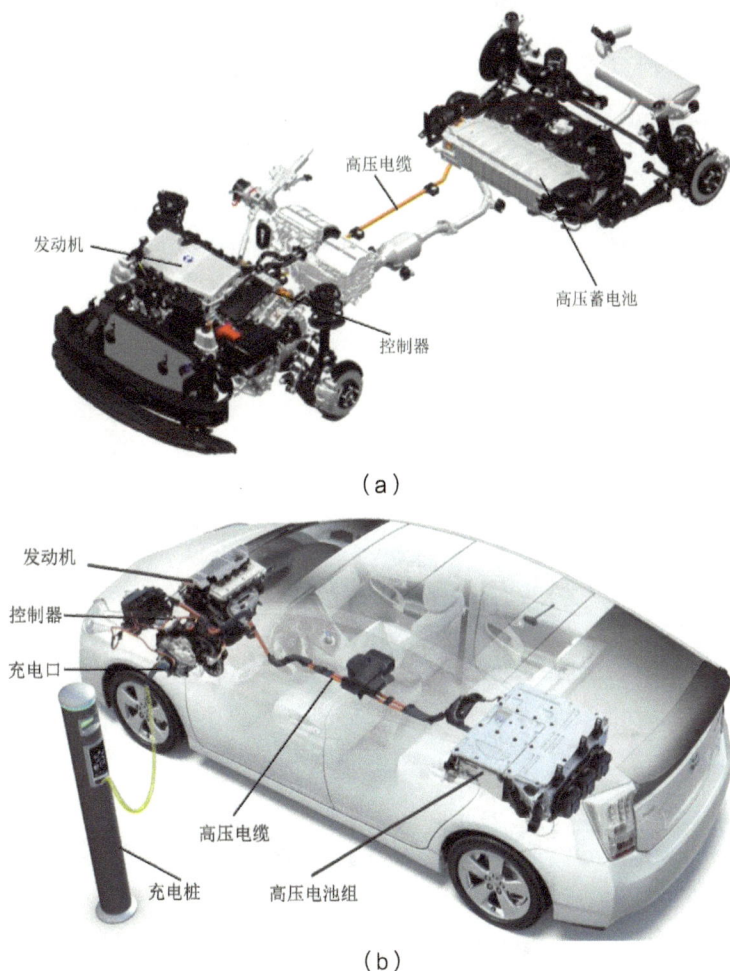

发动机
高压电缆
高压蓄电池
控制器

（a）

发动机
控制器
充电口
高压电缆
充电桩
高压电池组

（b）

图2-41 丰田普锐斯混联式混合动力系统

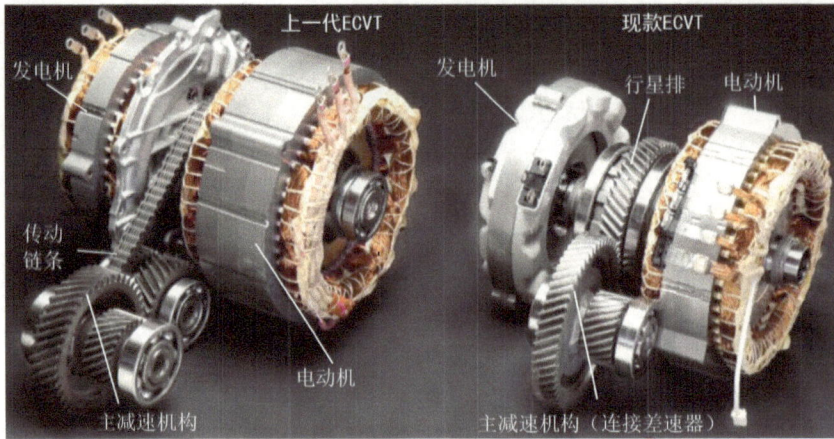

（a）

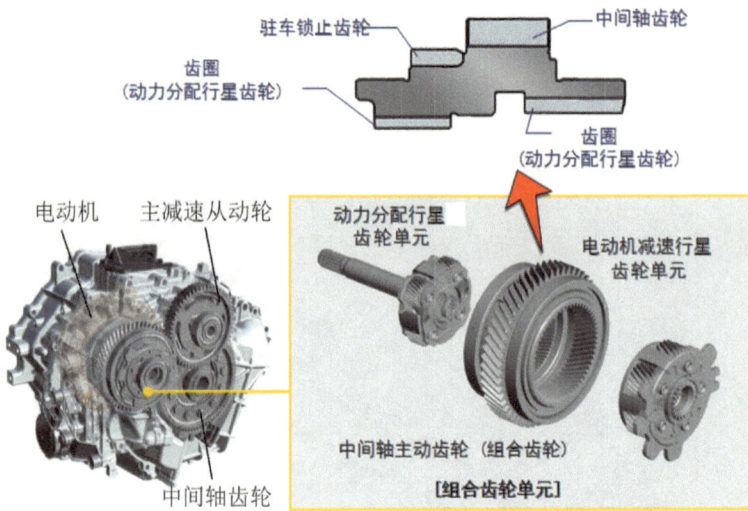

（b）

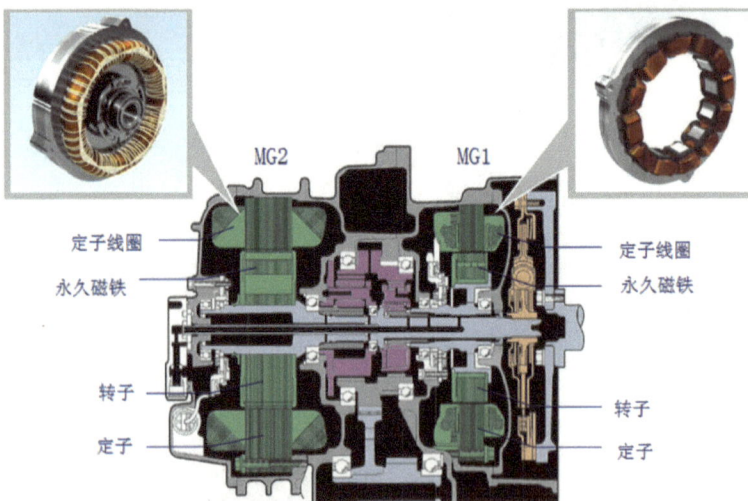

（c）

图2-42　丰田普锐斯EVCT结构

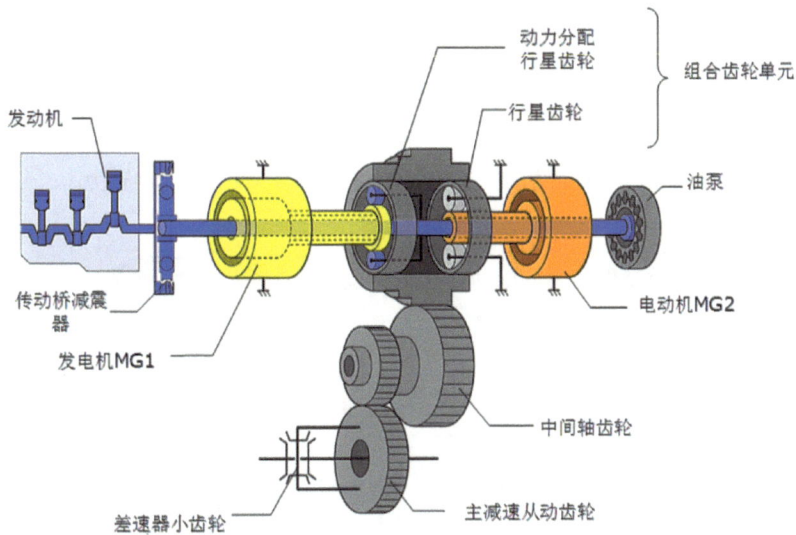

图2-43 丰田普锐斯EVCT构造

■丰田普锐斯是如何工作的？

1）起步、启动时。

丰田普锐斯在起步时有电机参与工作，发动机不启动。因为发动机不能在低转速时输出较大转矩，而电机可以在低速时输出较大的转矩，保证车辆平稳起步，因此可充分利用电动机启动时的低速扭矩。当汽车启动时，丰田油电混合动力系统仅使用由HV蓄电池提供能量的电动机的动力启动，这时发动机并不运转，如图2-44所示。

注：点火启动时，发动机将进行运转，直至充分预热。

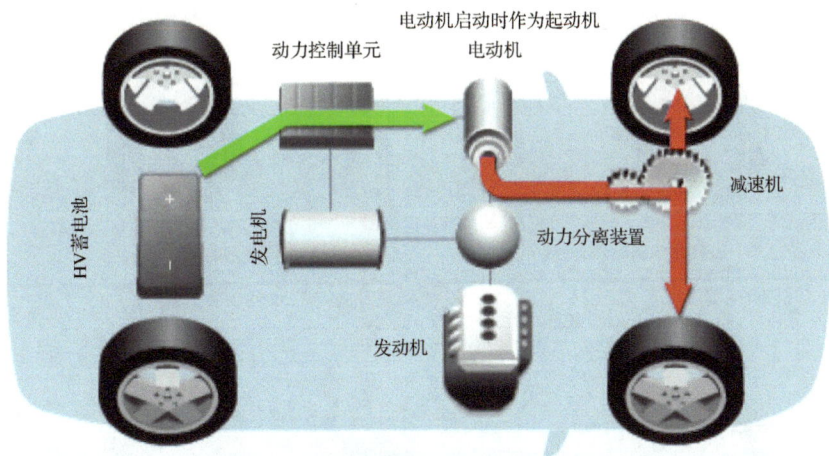

图2-44 丰田普锐斯启动时

2）低速—中速行驶时。

对于发动机而言，在低速—中速带的效率并不理想，而电动机在低速—中速带性能优越。因此，在用低速—中速行驶时，油电混合动力系统使用HV蓄电池的电力，为电动机供能，驱动车辆行驶，能量及动力传递如图2-45所示。

注：HV蓄电池的电量少时，利用发动机来带动发电机发电，为电动机提供动力。

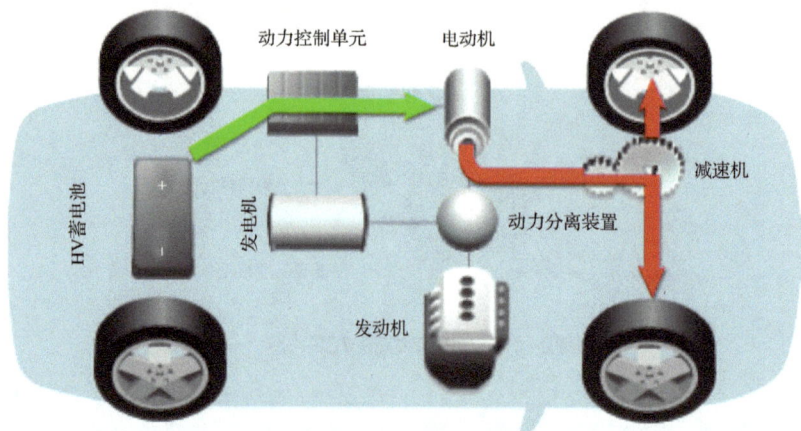

图2-45　丰田普锐斯低速－中速行驶时能量及动力传递

3）一般行驶时。

在低油耗的驾驶场景下，丰田普锐斯使用发动机作为主要动力源。丰田油电混合动力系统使发动机在能产生最高效功率的速度带运转驱动。由发动机产生的动力直接驱动车轮，根据驾驶状况，部分动力被分配给发电机。由发电机产生的动力用来驱动电动机和辅助发动机。利用发动机和电动机这一双重传动系统，发动机产生的动力以最小消耗被传向地面，此时的能量及动力传递如图2-46所示。

注：HV蓄电池的电量少时，发动机输出功率会被提高以加大发电量，来给HV蓄电池充电。

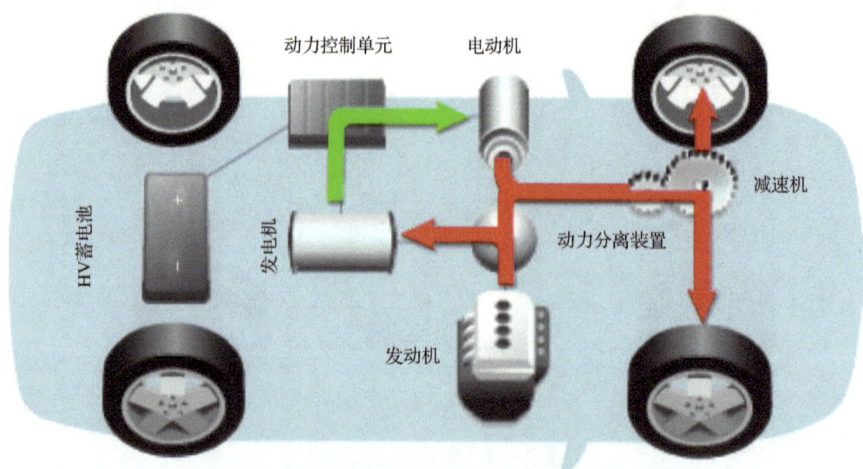

图2-46　丰田普锐斯一般行驶时能量及动力传递

4）一般行驶时/剩余能量充电。

此时将剩余能量用于HV蓄电池充电。因为丰田油电混合动力系统在高速运转时是采用发动机来驱动的，而发动机有时会产生多余的能量。这时多余的能量由发电机转换成电力，储存在HV蓄电池中，能量及动力传递如图2-47所示。

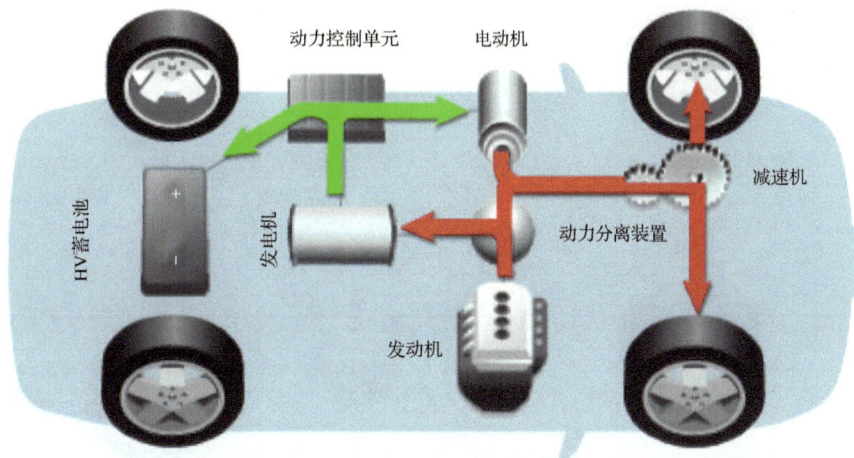

图2-47　丰田普锐斯一般行驶时/剩余能量充电（混联式）能量及动力传递

5）全速开进（行驶）时。

丰田普锐斯利用双动力来获得更高一级的加速，在需要强劲加速力（如爬陡坡及超车）时，HV蓄电池也提供电力，来加大电动机的驱动力。通过发动机和电动机双动力的结合使用，丰田油电混合动力系统得以实现与高一级发动机同等水平的强劲而流畅的加速性能，能量及动力传递如图2-48所示。

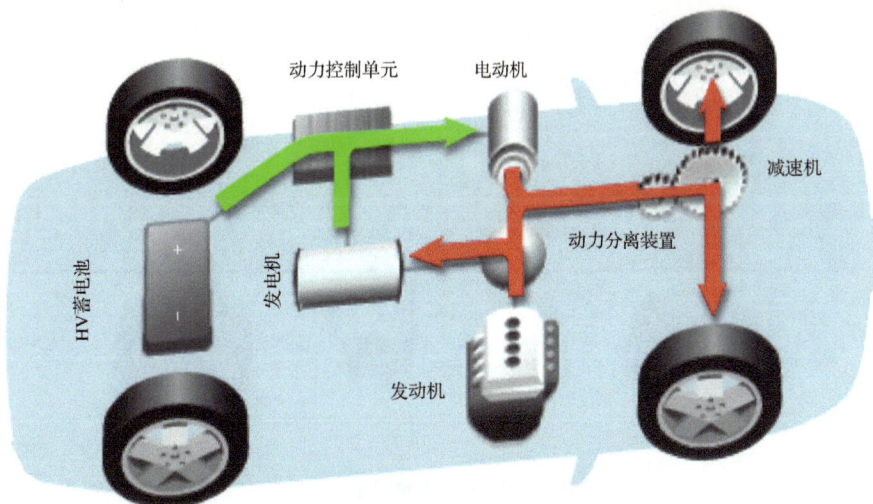

图2-48　丰田普锐斯全速开进（行驶）时能量及动力传递

6）减速/能量再生时。

此时系统将减速时的能量回收到HV蓄电池中用于再利用。在踩制动踏板和松加速踏板时，丰田油电混合动力系统使车轮的旋转力带动电动机运转，将其作为发电机使用。减速时通常被摩擦散失掉的能量在此被转换成电能，回收到HV蓄电池中进行再利用，能量传递如图2-49所示。

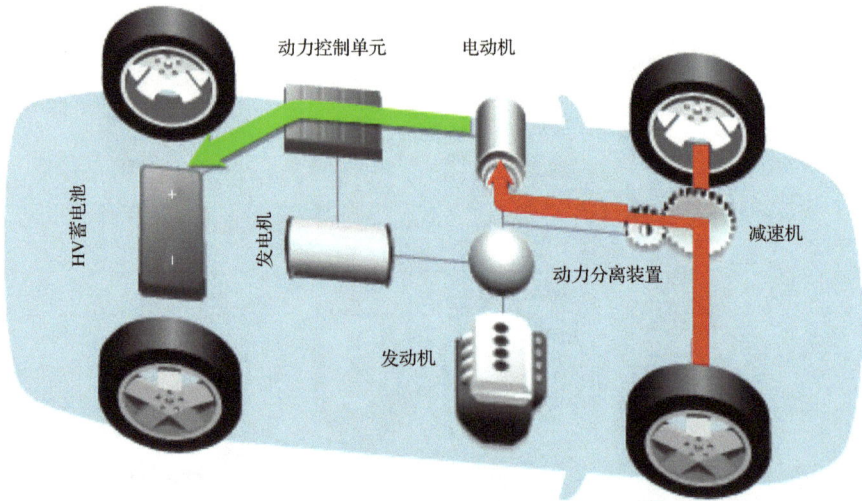

图2-49 丰田普锐斯减速/能量再生时能量传递

7）停车时。

丰田普锐斯停车时动力系统全部停止。在停车时，发动机、电动机、发电机全部自动停止运转，不会因怠速而浪费能量，如图2-50所示。

注：当HV蓄电池的充电量较低时，发动机将继续运转，以给HV蓄电池充电。另外有时因与空调开关连动，发动机会仍保持运转。

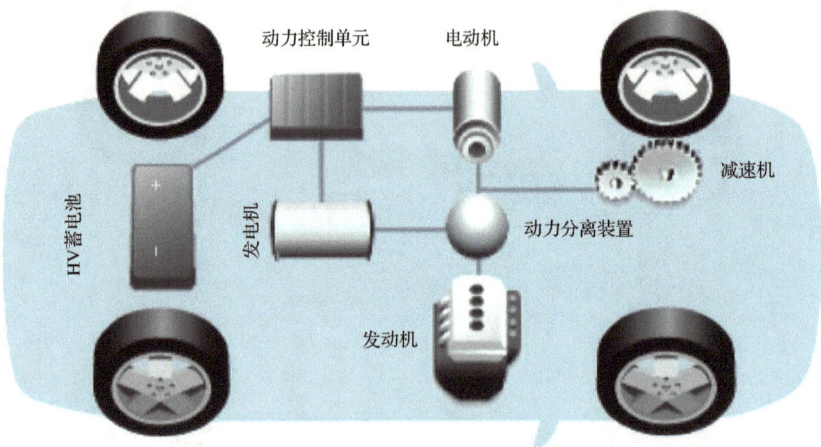

图2-50 丰田普锐斯停车时

■沃尔沃S60L插电式混合动力汽车长什么样?

S60L插电式混合动力（PHEV）是Volvo专为中国市场打造的一款汽车，其构造如图2-51所示。

S60L PHEV插电式混合动力车提供纯电动、混动和高性能三种以上的驾驶模式。采用了全新的动力总成——Drive-E"E驱智能科技"，2.0升四缸汽油涡轮增压发动机为车辆带来238马力的澎湃动力和350N·m的最大扭矩。

该高效动力系统的其他核心部件包括，位于发动机和8速自动变速器之间与曲轴相连的集成式起动发电机（ISG），一个直接驱动后轴最大输出功率达68马力的电动机，以及一组位于车辆后方容量达11.3千瓦时的锂电池组。在纯电动模式下可行驶50km；在混合动力模式下，一箱汽油加一次充电，最大续航里程高达1000km；高性能模式下百公里加速时间仅为6秒，且动力方面的卓越表现丝毫不会影响车辆的动态驾驶、安全和舒适性，具有极低的排放性能。

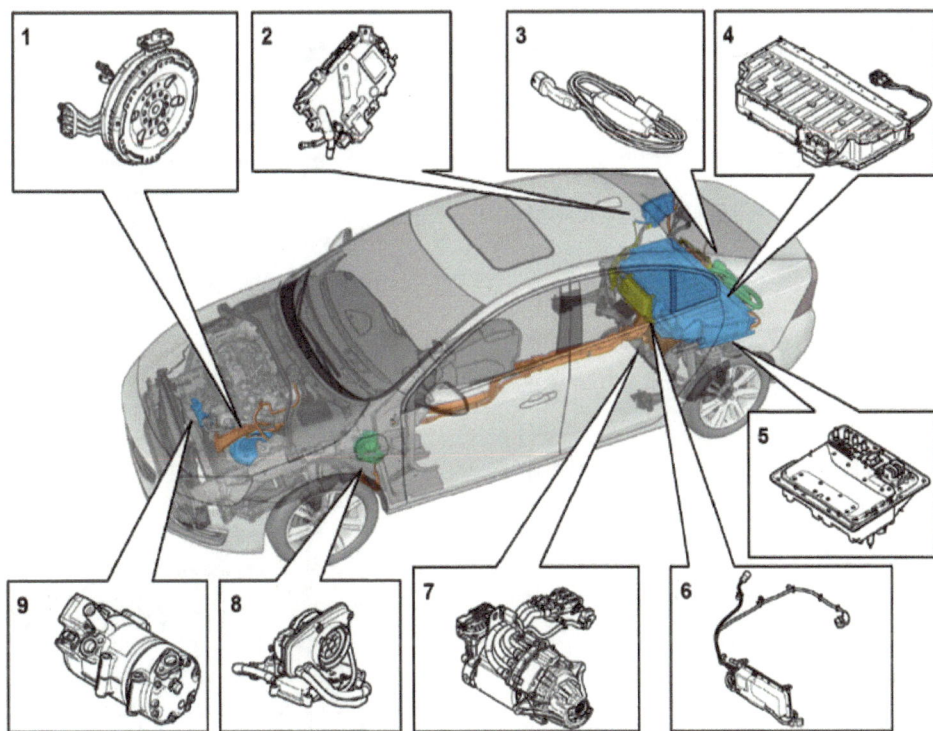

1—ISG（集成起动发电机）；2—DC/DC转换器；3—充电电缆；4—高压蓄电池；5—ISC（逆变器系统控制器）；6—OBC（车载充电器）；7—ERAD（电气后桥驱动）；8—充电插座；9- EL-A/C（电动 A/C）

图2-51 S60L插电式混合动力汽车构造

■沃尔沃S60L混合动力汽车主要部件长什么样?

ISG(集成起动发电机)是一个30kW的三相电机/发电机,如图2-52所示。它具有以下功能:1)起动内燃机;2)在内燃机操作期间,产生高电压网络耗电元件所需的电流。

ISG作为发电机,在内燃机操作期间用于产生高电压系统所需的电流。该策略在于保持高压蓄电池的现有充电水平,并且只产生EL-A/C、DC/DC转换器和ERAD所需的功率输出。当ISG无法提供所需的功率输出时,将由高压蓄电池提供其余输出。

ERAD(电气后桥驱动)是一个具有以下功能的三相电机/发电机:在电动和混合动力模式期间提供驱动。同时,在制动期间向高压蓄电池充电,结构如图2-53所示。

ERAD作为电机由三相交流电驱动,可提供20kW(最高峰值50kW)的连续功率输出。电压转换器IEM通过控制交流电的频率调节其旋转速度。

ERAD作为电力制动器在车速为5 ~ 150km/h的制动期间作为发电机回收能量,供高电压系统使用。在更高的车速时,ERAD可能会产生有害的高充电电压。再生功率取决于车速和制动力,当车速为120km/h时达到最大功率输出(50kW)。

ERAD在轻载制动期间单独使用,摩擦制动器只在更高的制动压力下启用。

BCM(制动器控制模块)通过传感器-CAN 控制 ERAD 相对摩擦制动器的制动作用调节。 如果后轮在电动制动期间锁定,则制动作用将重新分配给摩擦制动器。

电压转换器ISC(逆变器系统控制器)是一个包含两个电压转换器的装置:IEM(逆变器ERAD 模块)和IGM(变频发电机模块)。如图2-54所示为电压转换器ISC。

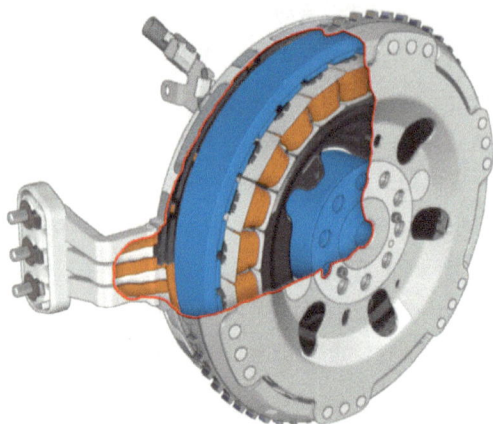

图2-52 集成起动发电机

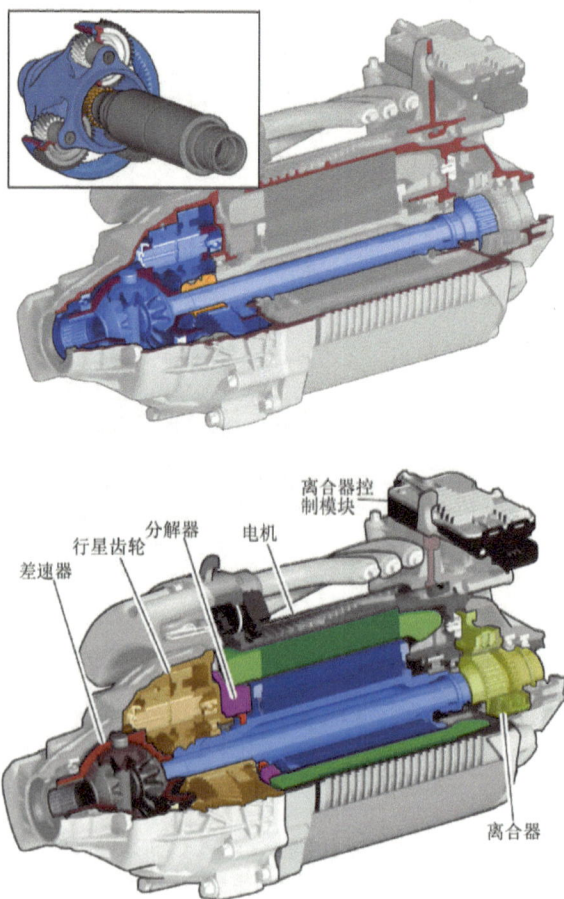

图2-53 ERAD电机

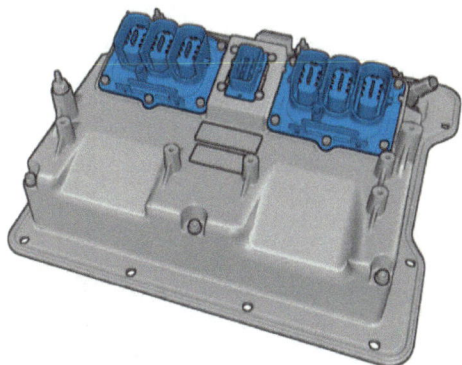

IEM和IGM分别将高压蓄电池与ERAD和ISG部件之间的直流电转换为交流电，反之亦然。除共用冷却和用于信号和高压直流电的接头外，IEM和IGM是具有独立电路的独立部件。

ISC通过传感器-CAN与ECM、CEM、BCM和BECM通信，以便控制ERAD和ISG。ISC还与HS-CAN连接，用于软件下载和诊断。

图2-54　电压转换器ISC

■沃尔沃S60L插电式混合动力汽车电气后桥驱动的结构如何？

电气后桥驱动ERAD是沃尔沃S60L PHEV混合动力汽车中的重要部件。

ERAD位于后副车架上，方式与AWD（全轮驱动）车辆上的"正常"机械后桥相似，只是略大，如图2-55所示。

ERAD用于：电动操作期间及汽油发动机操作期间作为推进支持；高压蓄电池充电；电动操作期间提供发动机制动特性。

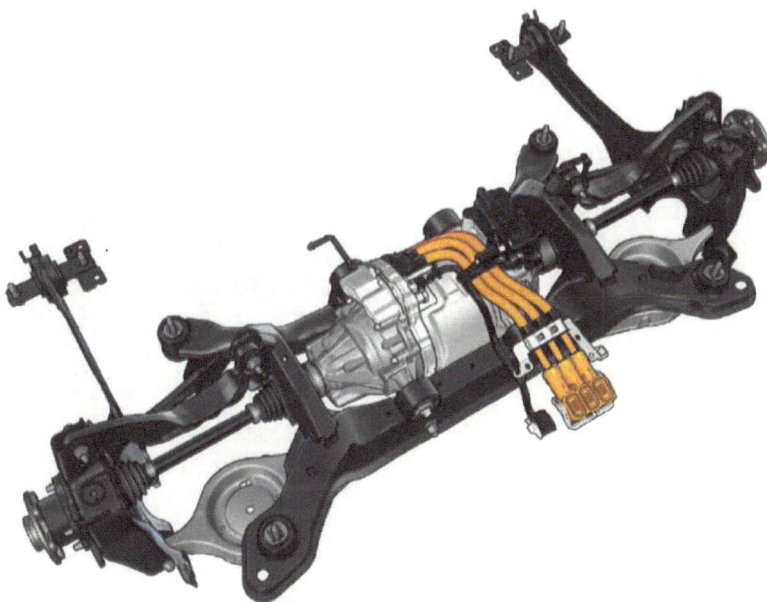

图2-55　沃尔沃S60L插电式混合动力汽车电气后桥

ERAD中的行星齿轮具有9.14∶1的固定传动比，其中的行星齿轮托架还起到差速器壳体的作用，内啮合齿轮固定在壳体上，不能转动。如图2-56所示为行星齿轮。

行星齿轮的太阳齿轮是电机转子轴的一部分。当ERAD未启用时，行星齿轮的太阳齿轮/电机的转子轴通过离合器从其余旋转部件上分离。

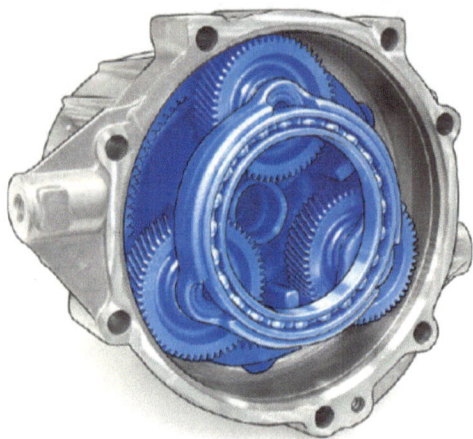

图2-56　行星齿轮

图2-57　差速器

　　ERAD中的差速器是一个不带制动器的常规齿轮差速器，如图2-57所示。如果ERAD未启用，则差速器壳体将静止不动。当连接到左侧驱动轴的差速器齿轮高速旋转时，差速器使驱动轴沿"错误"方向旋转。

■沃尔沃S60L插电式混合动力汽车是如何工作的？

　　沃尔沃S60L插电式混合动力汽车共有五个不同的驱动模式可供选择：三个主要模式和两个衍生模式。

　　变速杆前面的小键盘上有三个主要模式选项：纯电动PURE、混合动力HYBRID、动力模式POWER，如图2-58所示为其操作面板。

　　从CCM（空调控制面板）上还可以选择另外两个衍生模式选项：四驱AWD、能量回收SAVE。

　　驾驶人在选择驱动模式时不会"犯错误"，因为当特定情况下的任一条件没有满足时，系统将会自动选择另一个更适合的驱动模式。

　　驱动模式的所有操作均由ECM（发动机控制模块）中一个称为CVC（整车控制）的单独硬件/软件部分进行处理。CVC通过ECM管理所有的混合动力决策，并与BCM（制动器控制模块）、TCM（变速器控制模块）、IGM（变频发电机模块）、IEM（逆变器ERAD模块）和BECM（蓄电池电子控制模块）通信。

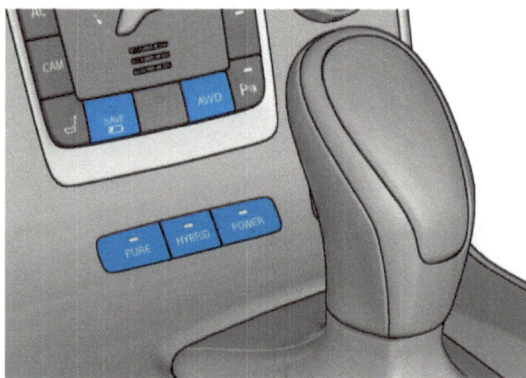

图2-58　三个主要驱动模式操作面板

　　无论随后选择哪种驱动模式，ECM都将检查驾驶性能、驾驶体验、环境影响和燃油经济性的组合，以确认当前的驱动模式始终是最佳的。如果驾驶人所选驱动模式无法激活，则将通过DIM（驾驶员信息模块）上的一条文本消息说明原因。

1) 混合动力模式。

混合动力始终是车辆的预设驱动模式，参与模块如图2-59所示。混合动力模式单独或并联使用电机、ERAD（电动后桥驱动）和汽油发动机。ECM将优化驱动模式的燃油消耗。

当沃尔沃S60L插电式混合动力汽车启动时，ECM起动并检查蓄电池状态。该模式首选使用电动驱动车辆。当蓄电池电量低时，汽油发动机起动，并作为主要的动力源。ERAD仍将保持机械接合（最高65km/h），但不会用于推进，不过，当出现急加速等情况时，ERAD将随时提供支持。

仅使用混合动力模式中的电动马达时，车辆运行的能力取决于混合动力蓄电池的能级（电池的剩余电量）。处于高能级时，仅采用电动方式驱动的能力与在纯电动模式中相同，即车辆像电动汽车一样易于驱动（可获得高电力输出）。处于低能级时（混合动力蓄电池电量几乎为零），必须要同时保持蓄电池能级，从而导致燃油发动机频繁起动。

通过下列方式可以恢复混合动力模式中仅采用电力驱动的功能：（1）通过220V AC插座使用充电电缆对蓄电池进行充电；（2）使用SAVE功能。需要注意的是，燃油发动机即使在混合动力蓄电池处于高能级条件下也可能起动，诸如升高/降低乘客室的温度。

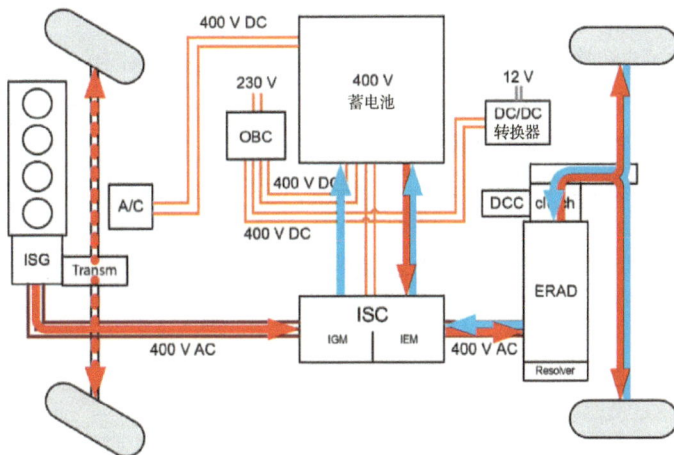

图2-59　混合动力模式的参与模式

2) 纯电动模式。

只有当高压蓄电池的电量足够高时，才可以选择纯电动驱动模式，参与模块如图2-60所示。此选项着重于电力驱动和低能量消耗，并且有助于驾驶人尽可能地使用高压蓄电池行驶。由于主要使用电动机驱动车辆，这意味着在低于120km/h的大多数行驶情况下，将只会通过后轮驱动。ERAD用于纯电动模式和其他驱动模式，以便回收制动能量，在纯电动模式下还可以模拟发动机制动。

纯电动模式的可用功率有限，踏板特性针对平稳的驾驶风格做了优化。如果需要更多功率，例如，用于执行超车动作，则驾驶人可以更加用力地踩下加速踏板，从而起动汽油发动机，以支持额外的功率输出要求。

此驱动模式只能在混合动力蓄电池有足够高的能级时选择。

燃油发动机可能在某些情况下自动起动，不受选定纯电动模式的影响，例如：（1）车速超过125km/h；（2）驾驶人请求的模式起动力大于电动方式所能提供的水平；（3）混合动力蓄电池能级过低，必须充电；（4）受到系统/部件限制，如车外温度过低。

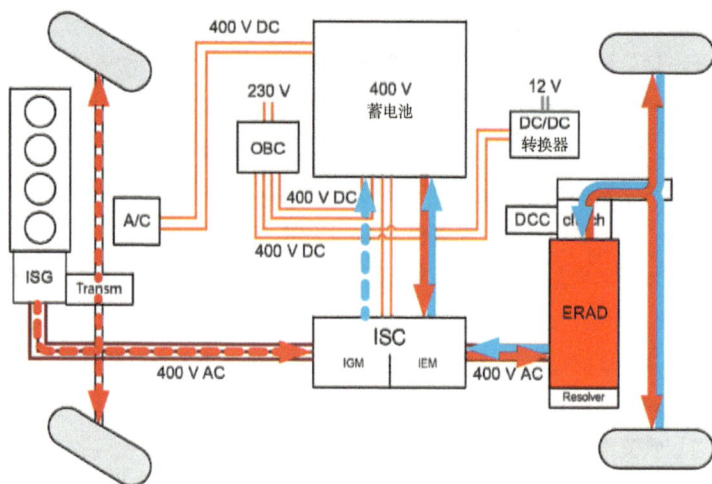

图2-60 纯电动模式的参与模块

3）动力模式。

如果需要最佳的响应和性能，则选择动力模式，参与模块如图2-61所示。在此驱动模式下，汽油发动机和 ERAD并行启用。汽油发动机持续运转。驱动方式以单纯的前轮驱动为主。ERAD始终机械接合（最高150km/h），但不提供功率，除非情况需要，如高扭矩请求、前轮打滑。

当车速高于150km/h时，ERAD机械分离，以避免电机过分加速运转的危险。

动力模式下的踏板响应经过编程设定，使驾驶感觉相比其他驱动模式更具运动性。这意味着通过填充和助力功能，以及采用更低挡位的换挡程序，和类似于运动模式的特定升挡延迟，加速踏板的响应变得更快。

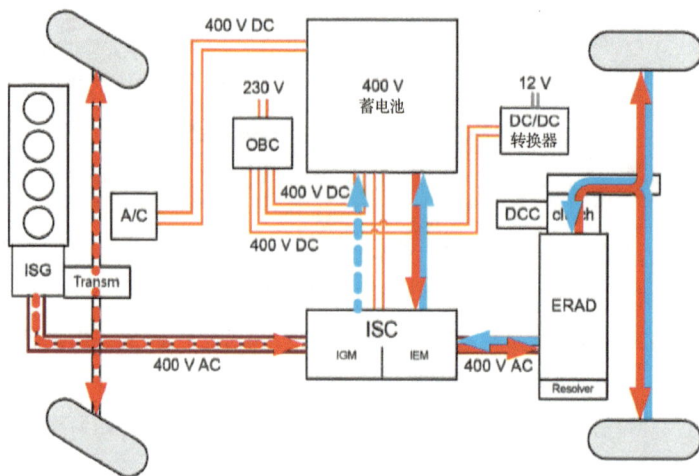

图2-61 动力模式的参与模块

4）AWD模式。

在AWD模式下，汽油发动机可同时驱动前轮和后轮，参与模块如图2-62所示。汽油发动机持续运转并驱动前轮，同时它还可通过ISG向ERAD提供动力。此时的蓄电池既不充电也不供电。与动力模式相比，AWD模式并不具有与其相同的运动型踏板特性和换挡点。除此以外，AWD模式与动力模式相同，例如，除非一个前轮打滑，车辆实际是通过前轮驱动的。当出现打滑时，ERAD将驱动后轮，车辆将变为全轮驱动。

当需要牵引车辆、在冰上行驶或需要全轮驱动时，适合选择AWD模式。

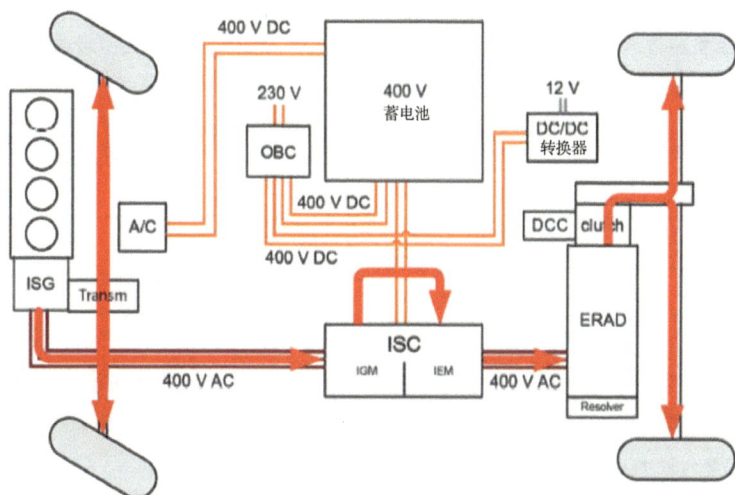

图2-62　AWD驱动模式的参与模块

5）能量回收模式。

在此驱动模式下，汽油发动机驱动前轮，并尽可能为高压蓄电池充电。ERAD不用于推进，而是在制动期间用于充电。此模式的参与模块如图2-63所示。

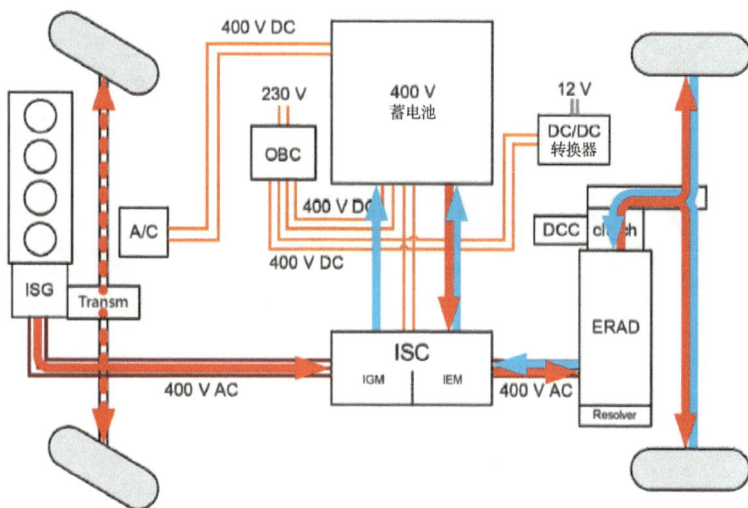

图2-63　能量回收模式的参与模块

如果按下SAVE按钮时混合动力蓄电池能级过低，燃油发动机会首先对其充电，使其行驶能力达到相应的约20km的电动行驶里程。其理念是为了能够将这部分能量节省下来用于更适合电动作业的情况，如市内驾驶。

在混合动力蓄电池的能级可支持相应约20km以上的电动行驶里程时按下SAVE按钮，可保持混合动力蓄电池的当前能级。

由于低速电机行驶比高速电机行驶更加省油，因此在高压蓄电池电量高时应首选能量回收驱动模式，并且计划中的行驶应始于高速远距路段（如高速公路行驶），终于低速路段（如城市行驶）。

请注意：

（1）此驱动模式会导致油耗增加。

（2）燃油发动机将混合动力蓄电池充电至SAVE能级后，控制系统将停止/起动燃油发动机，方式与在纯电动模式的低能级情况相同。

■路虎混合动力汽车的动力结构长什么样？

路虎揽胜运动版动力电动汽车（HEV）为并联式驱动系统，车辆驱动可完全由3.0L V6柴油发动机或电动-发电机MG提供，或同时由两者提供。MG包含一个转子，转子通过花键连接至变速器输入轴。MG转子和发动机飞轮由多盘离合器总成K0分隔。当离合器接合时，发动机耦合到MG；当离合器打开时，发动机与MG分离。路虎混合动力系统相关部件如图2-64所示。

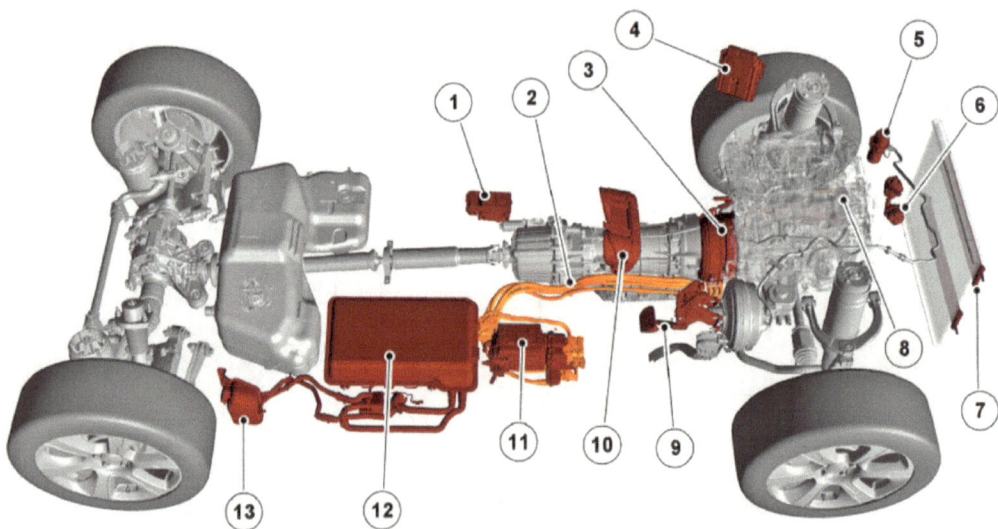

1—全地形反馈适应系统开关组；2—高压电缆；3—电动-发电机MG；
4—发动机控制模块（ECM），包含车辆监控控制器（VSC）；5—电动真空泵EVP；6—电动水泵；
7—中间温度冷却电路冷却器；8—空调电动压缩机（EAC）；9—带有位置传感器的制动踏板；10—仪表盘；
11—电力变频转换器（EPIC）；12—高压蓄电池（HVB）；13—蓄电池冷却电路脱气罐

图2-64 路虎混合动力系统相关部件

■路虎混合动力汽车的仪表盘是如何显示的？

路虎混合动力汽车的仪表盘有两个级别的混合显示，即完全混合显示和混合降低显示，如图2-65所示。在显示减少混合动力时，显示正常转速表，而不是功率计。

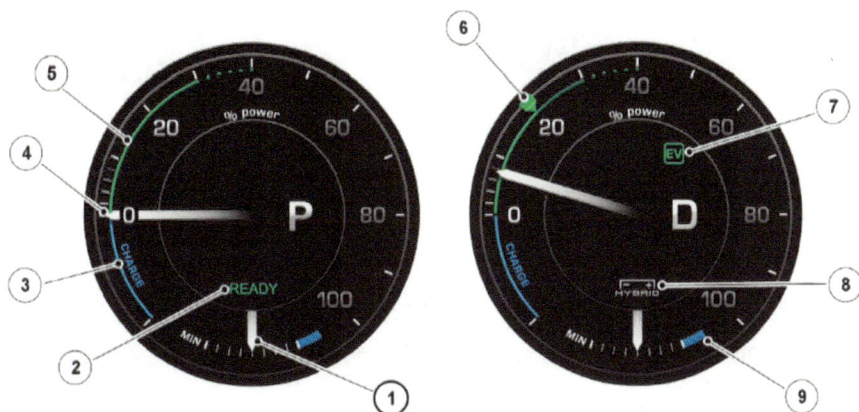

（a）起动状态　　　　　　　　（b）驱动状态

1—HVB荷电状态指示；2—混合动力系统状态（就绪）；3—再生制动；4—电量计指针；5—电量计；
6—发动机起动标志；7—EV模式图标；8—混合动力系统状态（活动状态）；9—扩展的充电区

图2-65　路虎混合动力汽车的仪表盘

1）通电。

点火开关打开时，电量计仅显示HVB荷电状态，显示的图标"OFF"（关闭）表明混合动力系统未处于活动状态，其中还显示12V蓄电池图标以提示12V蓄电池系统尚未充电，如图2-66所示。提示：红色——激活；橙色——高压活动状态；蓝色——高压正在充电。

图2-66　通电时仪表盘状态

2）启动。

如果高压蓄电池HVB电量充足且车辆环境允许，则可以从起动开始仅使用电力驱动。"READY"（就绪）图标显示在仪表盘上且发动机未启动，如图2-67所示（该图标仅在车辆静止时显示）。选择挡位且踩下加速踏板后，车辆行驶，"Hybrid"（混合动力）图标显示在仪表盘上。

图2-67　发动机未启动时仪表盘状态

3）HVB需要充电。

启动时，如高压蓄电池荷电水平较低、需要充电时，汽车环境不支持仅依靠电力驱动的模式，此时将启动发动机。

发动机运转并处于怠速时，电量计指针指向0，表明驾驶人不需要动力发动汽车。混合动力系统状态及仪表盘显示如图2-68所示（HVB需要充电）时，系统处于活动状态，但并未启车就绪。

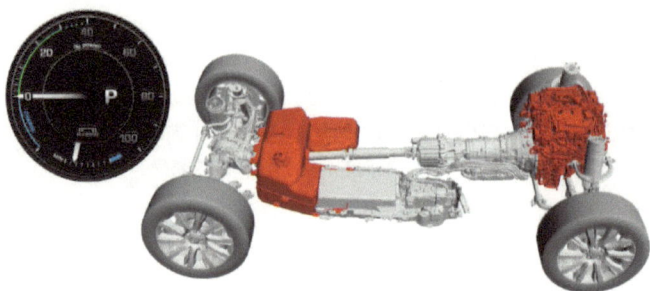

图2-68　HVB需要充电

4）HVB正在充电。

发动机提供动力以驱动汽车，并旋转MG转子，转子发挥其发电机功能，为HVB充电，系统及仪表盘显示如图2-69所示（HVB正在充电）。这种状况会增加发动机负载，从而消耗更多的燃油，但我们要考虑系统整体效率。

增加的载荷可缩短发动机达到工作温度的时间，从而满足ECO停止/起动条件。

HVB充满电后，发电机将停止工作。混合动力系统可辅助汽车驱动，并随着汽车获得速度，馈给可能损失掉的动能。

注意：HVB荷电状态通常保持在50%至55%。在制动再生期间，可帮助回收最大量动能，这有助于延续蓄电池的使用寿命。

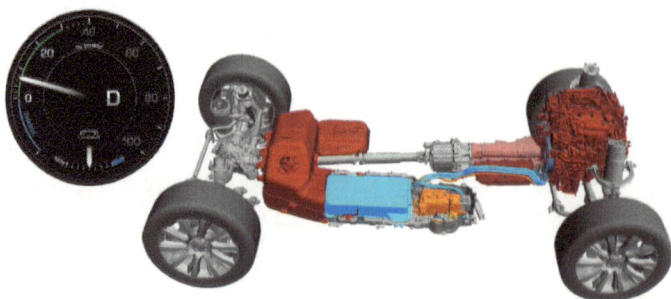

图2-69　HVB正在充电

■路虎混合动力汽车的驾驶模式是什么样子的?

路虎混合动力汽车的系统具有6个驾驶模式。设计的目的是在满足驾驶人对车辆的需求的同时,维持车辆性能和燃油经济性。发动机的常规ECO停止/起动功能可在任何情况下使用。混合动力系统管理器会选择哪个模式最适合驾驶人当前的需求,同时更改模式之间的系统传输以确保车辆牵引能力不会降低。

1)并联式混合动力模式。

发动机在特定负载范围内时工作效率最高。当发动机以部分负载(低于负载范围)或满负载(高于负载范围)工作时,燃油的效能将无法有效利用。

电机的优势之一是一旦电机开始转动,便可提供满载扭矩。当汽车动力需求低于MG能力时,汽车仅靠电力驱动。如图2-70所示为电机驱动。当动力需求超出MG能力(相当于48km/h)或HVB不能维持电力驱动(荷电量低)时,发动机将重新起动。

图2-70 电机驱动

因为动力需求超出MG能力,所以发动机重新起动,这会将驱动力传输至变速器。如图2-71所示为电机与发动机同时驱动,发动机在特定负载范围内工作,因此燃油效率最高。

利用两种驱动特性从而让发动机在燃油效率负载范围内工作更长时间,此概念有助于提高车辆的整体燃油经济性。

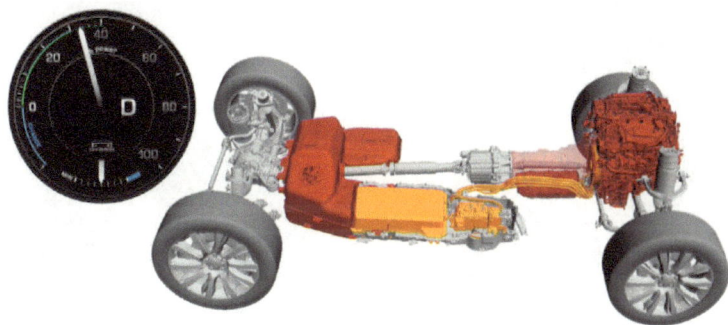

图2-71 电机与发动机同时驱动

2)助推模式。

通过结合内燃机和发电机来满足高电力需求,两种动力并联供电。

尽管这不是最经济的驾驶方式,然而混合动力系统可提供接近于TDV8 4.4升的高性能输出,却并不超出TDV6 3.0升的燃油消耗。

3）再生制动模式。

在制动情况下，VSC（Vehicle Stability Control，车辆稳定控制系统）启动能量回收策略。松开加速踏板时，发动机进入ECO停止状态（如果满足所有的ECO停止条件）。电量计指针指向0位置。

先踩下制动踏板（自由运转）移动4毫米（0.16英寸），MG作为发电机工作并生成制动扭矩以让车辆减速。仪表盘通过用蓝色内芯充盈电量表的界面来显示电量水平；电量表越满，表示电量越足。

进一步踩下制动踏板4毫米（0.16英寸）时，液压制动与MG制动同时作用，产生扭矩用于降低车速，MG仍作为发电机工作直到车辆停住或踩下加速踏板为止。

系统会再生损失的动力和热能，因此可用"免费能量"为HVB充电，这非常有助于整体燃油的节省。

无论选定的驾驶模式如何，再生制动均处于活动状态。如图2-72所示为再生制动模式。

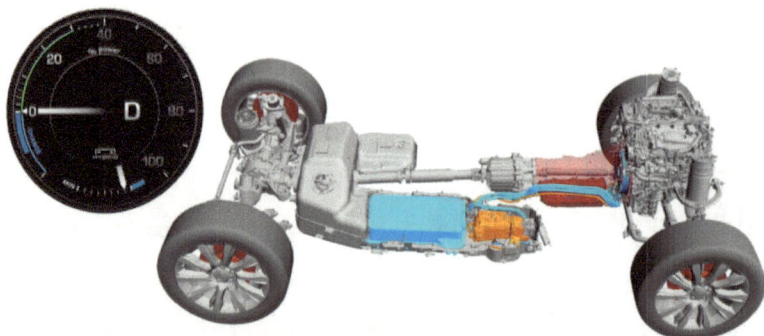

图2-72　再生制动模式

4）滑行模式。

如果已松开加速踏板但未踩下制动踏板，则车辆进入滑行状态，仪表盘显示及动力系统状态如图2-73所示。发动机进入ECO停止状态（如果满足所有的ECO停止条件），MG作为发电机工作，但充电等级受到严格监控。发电机的制动扭矩将保持在最小水平，因此其对降低车速的作用不大。MG输出较低并用于为12V的蓄电池系统充电，同时还为EAC（空调压缩机）提供动力，因此维持HVB荷电状态（约1到4格内芯亮起）。驾驶人可通过仪表盘观察充电等级。

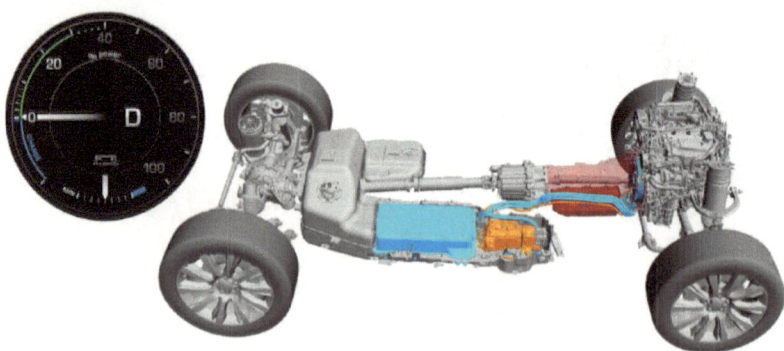

图2-73　滑行模式

5）EV模式。

通过按下位于全地形反馈适应系统开关组上的EV模式开关，选中EV模式。此模式可用且处于活动状态时，开关LED将点亮，如图2-74所示为EV模式开关。

EV模式在下列情况下不可用：

（1）处于低挡域；（2）全地形反馈适应系统处于活动状态；（3）处于越野高度模式；（4）高压蓄电池处于低荷电水平；（5）高压蓄电池未处于所需的工作温度；（6）发动机处于非常冷的条件下；（7）ECO停止已禁用；（8）选择了运动模式。

注意：如果操作手动变速杆换挡开关，则EV模式将暂停。

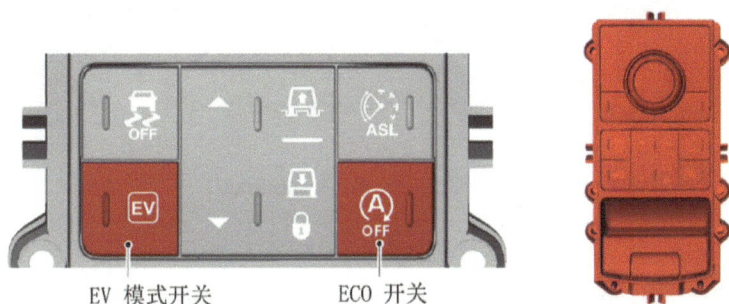

图2-74 EV模式开关

仪表盘显示绿色EV模式图标以提示驾驶人车辆处于EV模式。发动机起动标志还会亮起绿色以鼓励驾驶人将动力需求保持在发动机起动标志以下，从而实现零排放。标志位置由当前车辆的工作条件决定（在图2-75中显示为20%处）。

例如，在上坡时标志位于功率计上更低的位置，在下坡时标志位置升高。在后台，ATCM（自动温控模式）放松性能要求以最大限度地降低HVB能耗。在EV模式下，变速器采用不同的换挡策略以充分利用电动机MG的能量。

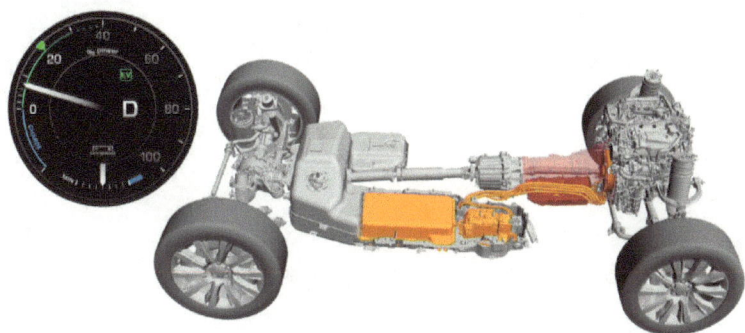

图2-75 EV模式仪表状态

EV模式可能不是最具燃油经济性的驾驶模式，但将为驾驶人提供更长的零排放或无噪声行驶时间。车辆起动后能以中等速度（动力需求低于发动机起动标志）行驶约1.61千米（1英里），而不使用发动机。VSC将利用电力驱动直到HVB荷电状态不再维持电力驱动，此时发动机必须运转为蓄电池充电，发动机会承受额外负载并消耗更多的燃油。荷电状态达到相应水平时，可再次依靠纯电力驱动，此周期将一直重复直到驾驶人关闭EV模式为止。

如果动力需求超出发动机起动标志，则发动机重新起动，EV模式图标变成灰色以提示驾驶人发动机正在提供驱动力（见图2-76），仪表盘显示及动力系统状态如图2-76所示。动力需求低于发动机起动标志时，返回至EV模式激活的显示屏。

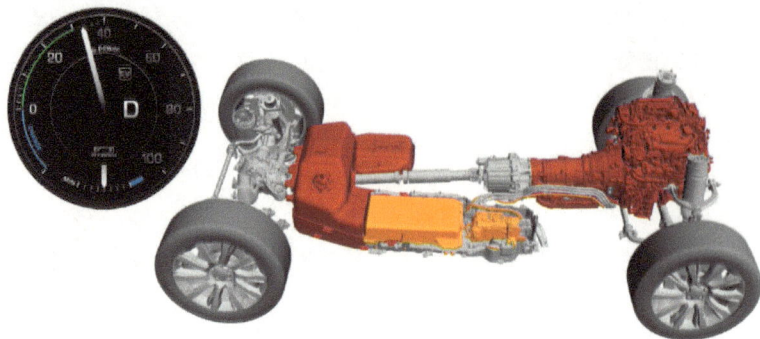

图2-76 发动机正在提供驱动力

EV模式-再生制动（见图2-77）：

车辆处于EV模式下时，再生制动参数增加。

要有效利用动能，提高高压蓄电池荷电状态以提供延伸的电力驱动范围。

蓝色电量内芯表示充电速度，如果荷电状态指针进入荷电状态表的蓝色区，即提示驾驶人已达到更高荷电水平，如图2-77所示。

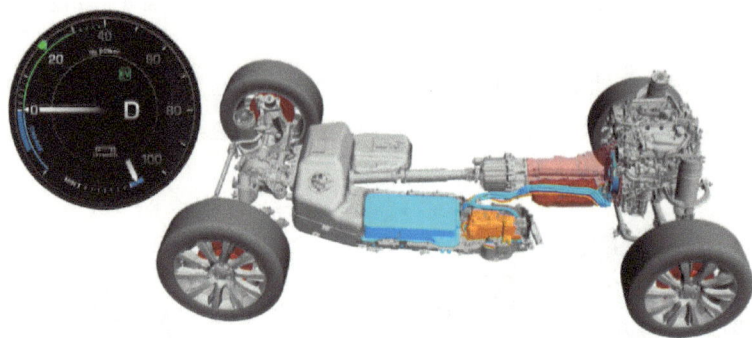

图2-77 EV模式-再生制动

EV禁用和运动模式（见图2-78）：

驾驶人可通过按下ECO停止开关选择EV禁用模式。同所有配备了ECO停止/起动功能的路虎车型一样，当开关LED未点亮时，发动机将被禁止执行ECO停止。仪表盘显示ECO停止禁用图标以提示驾驶人此模式已被选中，如图2-78所示。制动时MG仍提供助推辅助并回收制动能量。处于此模式下时，动力系统提供更强大性能，但禁用纯电力驱动。

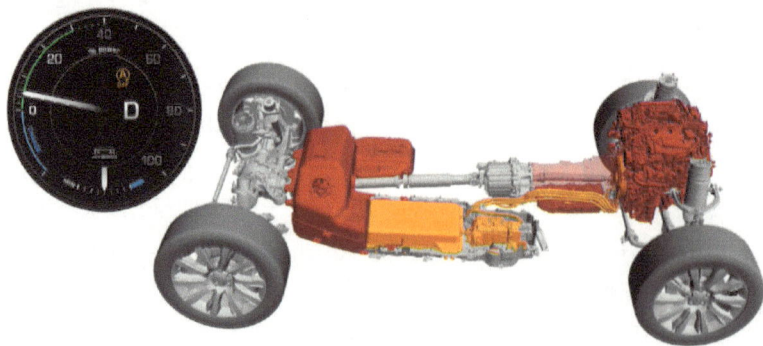

图2-78 EV禁用和运动模式

6）运动模式（见图2-79）。

如果选中运动模式或操作变速杆，则标准转速表将替换电量计，因为这被视为运动型驾驶的正常显示。此时并联操作发动机和MG提供增强性能，同样禁用纯电力驱动。

注意：如果发动机温度偏高，则HVB荷电状态表将由正常温度表替换，以提示驾驶人。

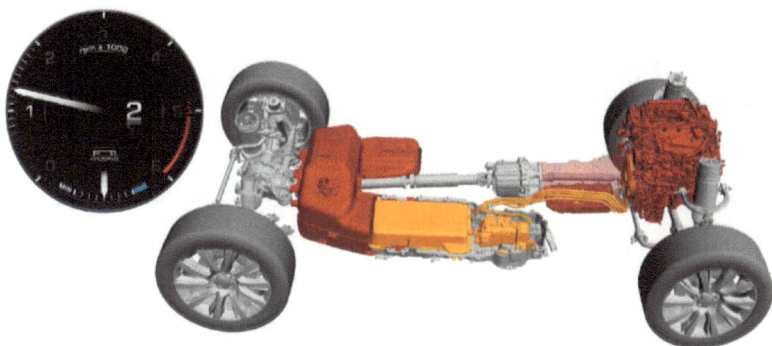

图2-79 运动模式

■奥迪Q7插电式混合动力驱动系统是什么样子的？

奥迪Q7插电式混合动力驱动系统（见图2-80）的节能表现，主要得益于它优秀的动力总成，其混合动力汽车模块如图2-81所示，它主要的动力组成单元为2.0 TFSI发动机、电动机、8速tiptronic变速器、发电机和电池（见图2-82）组合。

2.0 TFSI发动机能达到185kW(251PS)的输出功率，最大扭矩能达到370N·m。纯电动模式下，该车的续航里程为53km，配合TFSI发动机协同工作，总续航里程可达1020km。

它的纯电机最大功率达到了94kW（127PS），最大扭矩为350N·m。奥迪的四驱系统可以自动将动力分配到四个车轮上去。锂电池组由168个性能优异的电池单元组成。在专业插座上充电时，2.5小时可以充满，充电时间不算太长。

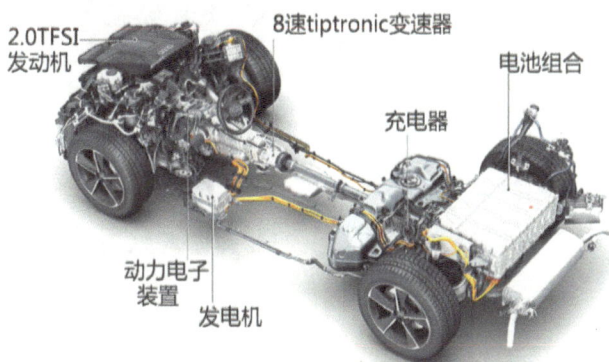

（a）总体动力布局

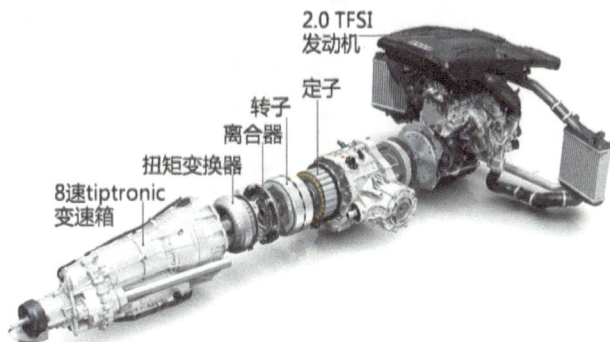

（b）动力单元

图2-80 奥迪Q7插电式混合动力驱动系统

散热装置

阻尼器

驱动盘

离合器

电机

电子离合
执行器

（a）混合动力模块，主要包含电机散热、离合和驱动三个单元

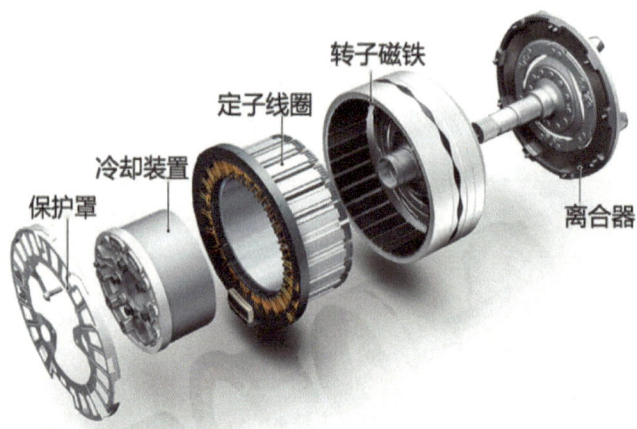

转子磁铁

定子线圈

冷却装置

保护罩

离合器

（b）电动机详解

图2-81　奥迪Q7插电式混合动力汽车模块

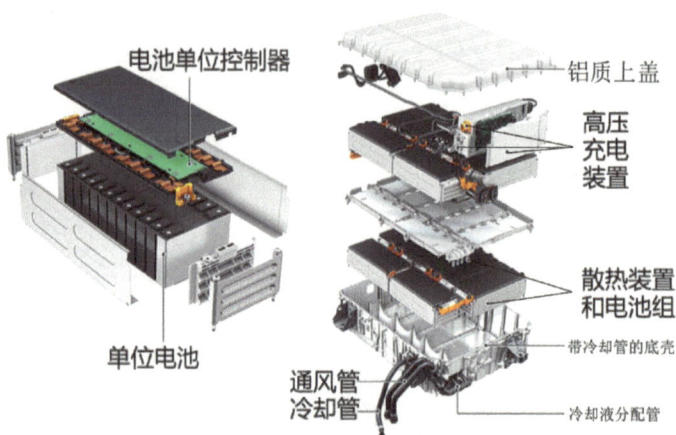

电池单位控制器

铝质上盖

高压
充电
装置

散热装置
和电池组

带冷却管的底壳

单位电池

通风管
冷却管

冷却液分配管

图2-82　奥迪Q7插电式混合动力电池

■奥迪A3 e-tron插电式混合动力系统是什么样子的?

A3 e-tron是在奥迪A3基础上开发的插电式混合动力车型,通过在1.4TFSI和6速双离合变速器之间增加一台接于飞轮上的电动机(也包括为电动机提供电源的电池组)来达成混合动力的改造。其动力系统构造如图2-83所示。系统总输出150kW(204PS)/350N·m,较A3常规动力版本有较大增长,所以加速性能甚至比常规动力版车型更好。电机可以单独驱动车辆,也可以与汽油机同时推动车辆,还可实现能量回收。

发动机与电动机通过分离离合器进行连接(见图2-84),通过离合器的开闭实现纯电动模式和混动模式的切换。

作为插电式混动车型,能够充电也是它的一大优势。A3 e-tron搭载了8.8千瓦时的锂电池,内部包含8个模块合计96个单体电池,如图2-85所示。在我国,如选用工业电压充电,约2小时可充满;如选用家用电压充电,则约5小时能够充满。纯电动模式下,最高车速可达130千米/小时,最大续航里程为50千米(一个星期内的短途应该够了)。以家庭充电为例,将电池充满需要5小时,即便没有充满,也能开出家门——只要油箱里面还有油。

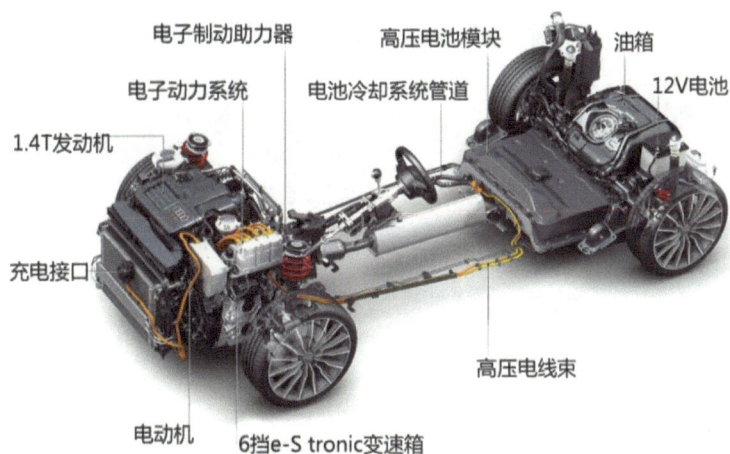

图2-83 奥迪A3 e-tron插电式混合动力系统构造

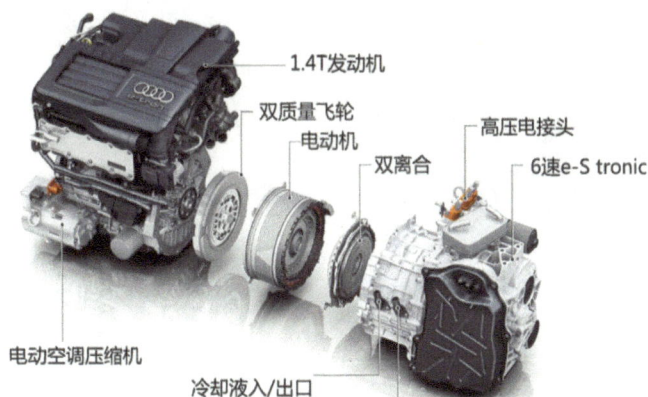

(a)混合动力系统结构

图2-84 发动机与电动机通过分离离合器进行连接

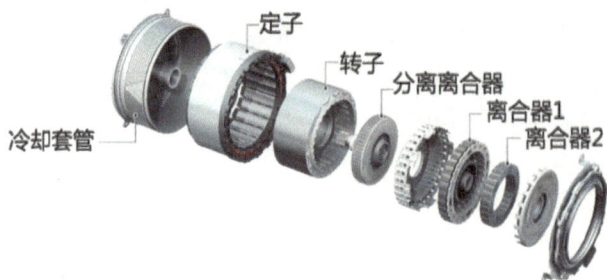

定子
转子
分离离合器
离合器1
离合器2
冷却套管

（b）电动机与双离合器详解

图2-84　发动机与电动机通过分离离合器进行连接（续）

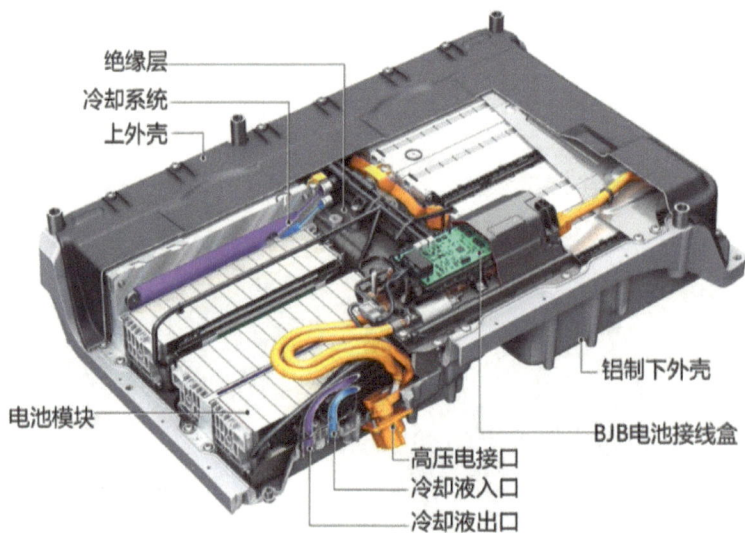

绝缘层
冷却系统
上外壳
铝制下外壳
BJB电池接线盒
电池模块
高压电接口
冷却液入口
冷却液出口

（a）动力电池模块

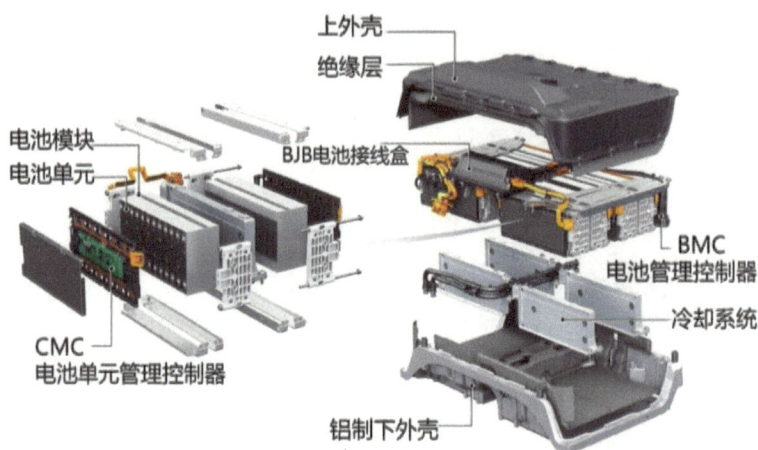

上外壳
绝缘层
电池模块
电池单元
BJB电池接线盒
BMC
电池管理控制器
冷却系统
CMC
电池单元管理控制器
铝制下外壳

（b）动力电池模块详解

图2-85　奥迪A3 e-tron插电式混合动力系统动力电池

第三章
混合动力汽车控制系统

■奇瑞艾瑞泽7的电机控制器长什么样？

电机控制器作为驱动系统的关键核心部件，其主要作用是在EV模式下实现驱动电机加速、减速，并响应HCU（Hybrid Control Unit，混合动力整车控制器）请求指令，实现电机正转和反转，从而实现控制整车前进和后退，同时在车辆怠速条件下或刹车制动时实现再生制动和能量回收功能。

电机控制器简称为IPU（集成控制器），其内部集成了DC/DC转换器和高压分线盒，如图3-1所示。冷却方式为水冷。

其主要功能有：（1）直流转化交流：电动状态将电池直流转化成电机三相交流；（2）交流转化直流：制动发电状态，将交流转化成直流回馈电池；（3）控制电机工作并监控电机状态：接收整车指令，控制电机运行状态；（4）高压附件电源管理：空压机、PTC和POD高压电源的分配和保护；（5）集成DC/DC转换器功能：将高压直流转化成14V低压；（6）高压安全保护功能：高压环路互锁，安全接地保护。

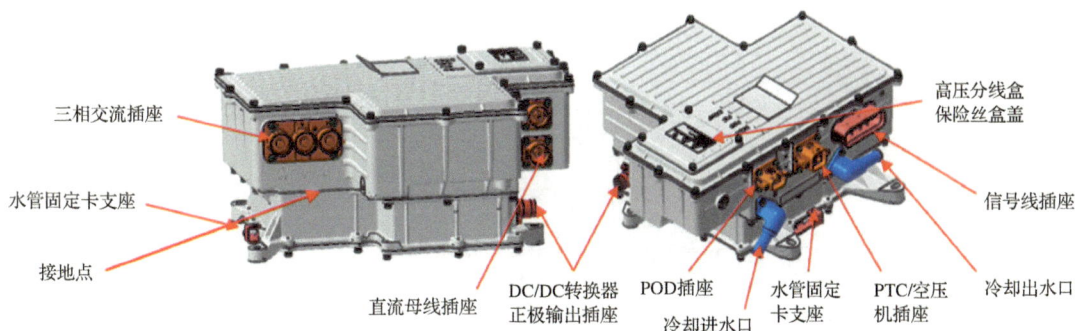

三相交流插座
水管固定卡支座
接地点
直流母线插座
DC/DC转换器
正极输出插座
POD插座
冷却进水口
水管固定
卡支座
PTC/空压
机插座
冷却出水口
信号线插座
高压分线盒
保险丝盒盖

图3-1　奇瑞艾瑞泽7电机控制器

■奇瑞混合动力变速器长什么样？

奇瑞混合动力变速器（见图3-2）由耦合机构和CVT变速器本体组成。CVT变速器本体是奇瑞公司自主研发的QR019CH系列无级变速器，取消了传统的液力变矩器，取而代之的是一个单排单级行星齿轮机构和一个电机集成的耦合机构。耦合机构位于发动机和变速器本体之间。电机提供纯电驱动和电动助力所需的动力及能量再生制动所需的制动力矩，还有发电和启动发动机的功能。耦合机构能够灵活地实现发动机动力和电机动力的切换和耦合，使系统具有纯电驱动模式、并联模式、行驶中启动发动机、制动能量回收、怠速发电等相关模式，并能实现多种模式快速平稳地切换。

耦合机构集成了行星轮系统、电机、制动器、离合器和单向离合器等部件，设置在变速器前箱体中。通过对离合器和制动器的控制，可以实现混合动力汽车的各种功能。

驱动电机

（a）奇瑞混合动力变速器

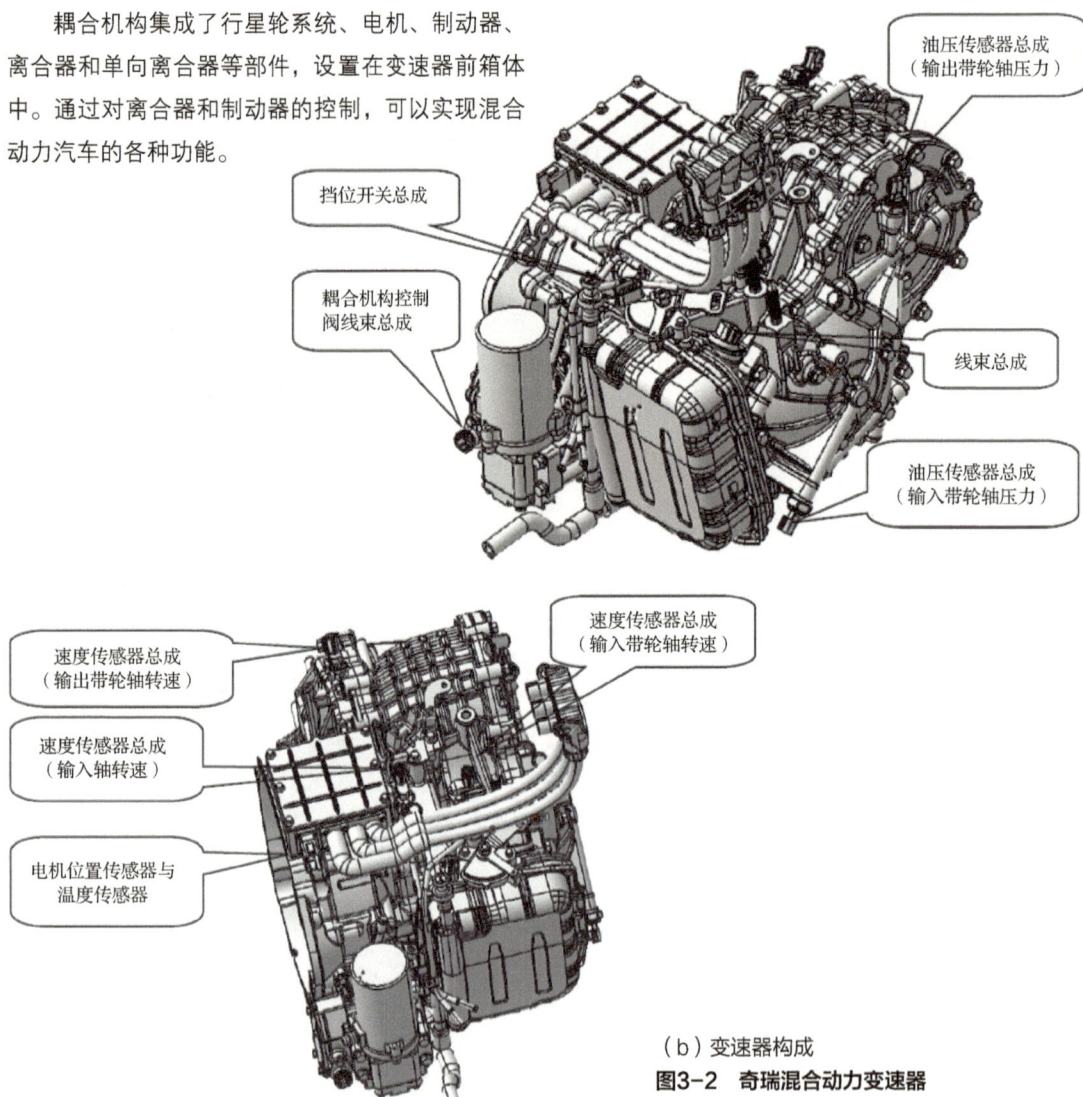

挡位开关总成

耦合机构控制阀线束总成

油压传感器总成（输出带轮轴压力）

线束总成

油压传感器总成（输入带轮轴压力）

速度传感器总成（输出带轮轴转速）

速度传感器总成（输入带轮轴转速）

速度传感器总成（输入轴转速）

电机位置传感器与温度传感器

（b）变速器构成

图3-2　奇瑞混合动力变速器

■混合动力汽车逆变器长什么样？

电压型变频器又称为电压源逆变器，丰田卡罗拉混合动力汽车逆变器总成（带升压转换器）和逆变器结构分别如图3-3和图3-4所示。最简单的电压型变频器由可控整流器和电压型逆变器组成，用晶闸管整流器调压、逆变器调频，电源电流经过整流器整流为直流电，经平滑大电容滤波，使得中间直流电源近似恒压源和低阻抗。经过逆变器输出的交流电压，具有电压源性质，不受负载性质的影响，适合于多电动机的驱动，但调速动态响应较慢，由于反馈能量传送到中间直流电源环节并联的电容中，会导致直流电压上升，为防止换流器件被损坏，需要在功率电路配置专门的放电电路。

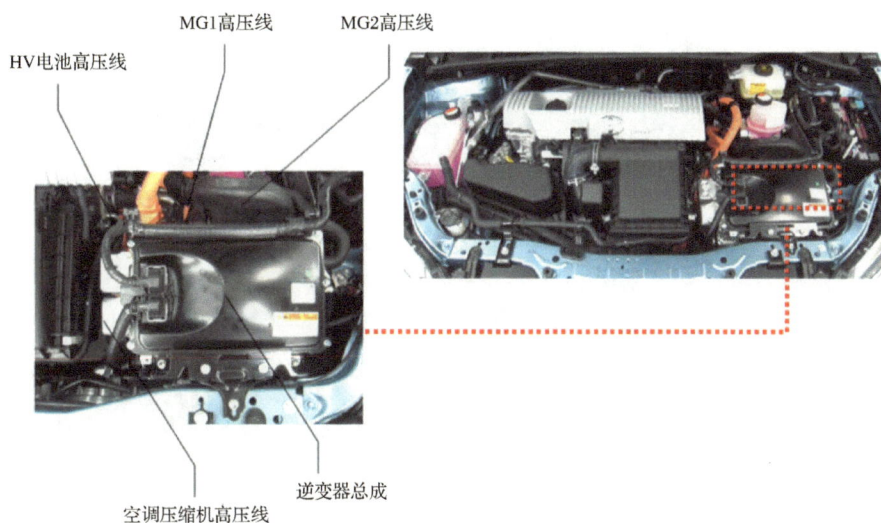

图3-3　丰田卡罗拉混合动力汽车逆变器总成（带升压转换器）

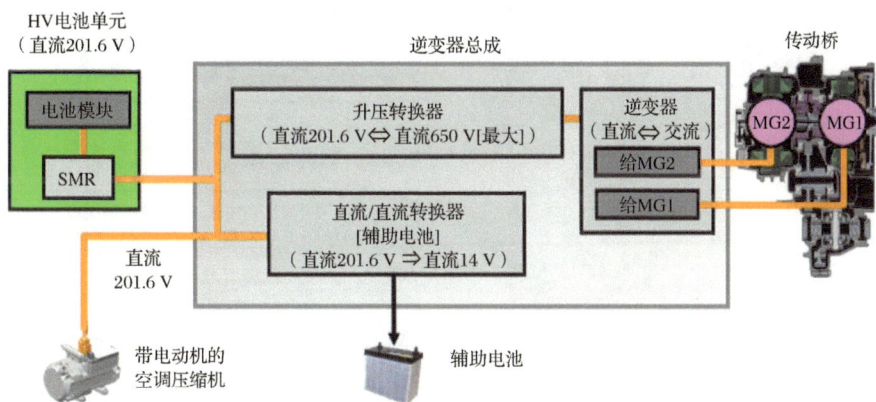

图3-4　丰田卡罗拉混合动力汽车逆变器结构

■丰田凯美瑞带转换器的变频器长什么样？

在混合动力汽车上，采用动力电池组的直流电作为电源、三相交流电动机作为驱动电动机时，三相交流电动机不能直接使用直流电源，并具有非线性输出特性，需要应用变频器中的功率半导体变换器件，来实现直流电源与三相交流电动机之间电流的传输和变换，并要求能够实现频率调节，在所调节的频率范围内保持功率的连续输出，同时实现电压的调节，能够在恒定转矩范围内维持气隙磁通恒定，将直流电变换为频率和幅值可调且电压可调的交流电来驱动三相交流电动机。

丰田凯美瑞变频器总成内部为多层结构，结构紧凑，主要由智能动力模块、MG ECU、DC/DC转换器等组成，如图3-5所示，变频器其结构关系如图3-6所示。

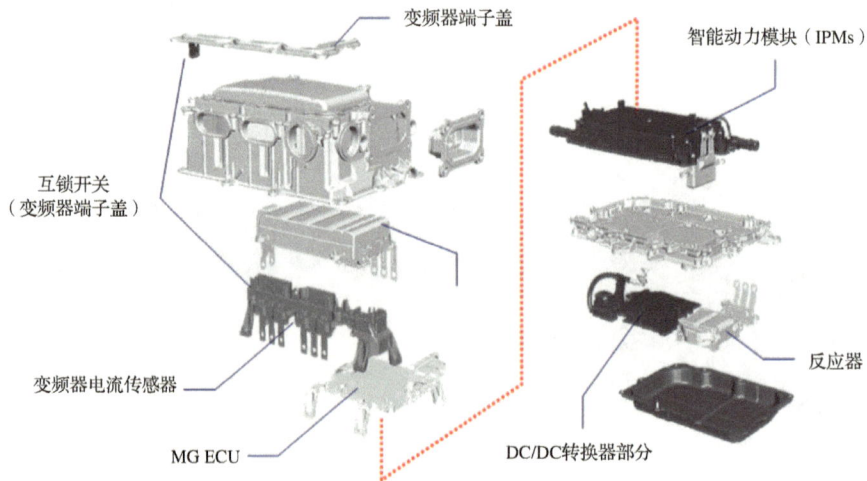

（a）变频器的结构组成

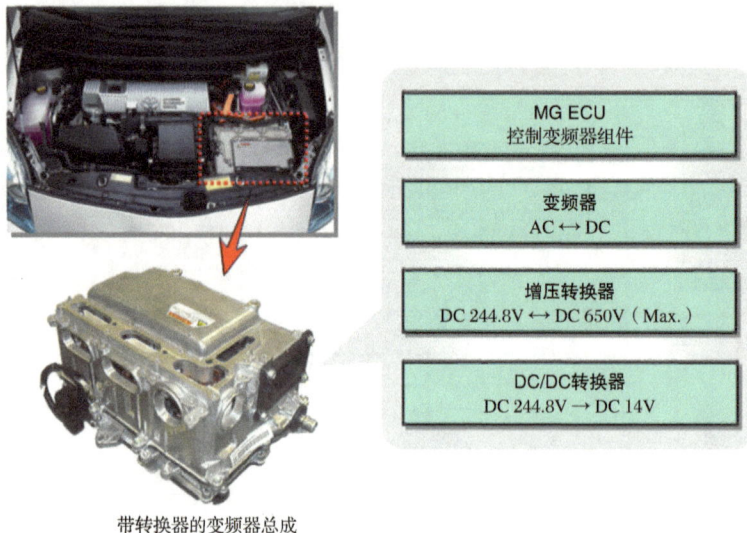

MG ECU
控制变频器组件

变频器
AC ↔ DC

增压转换器
DC 244.8V ↔ DC 650V（Max.）

DC/DC转换器
DC 244.8V → DC 14V

带转换器的变频器总成

（b）带转换器的变频器

图3-5 丰田凯美瑞变频器总成

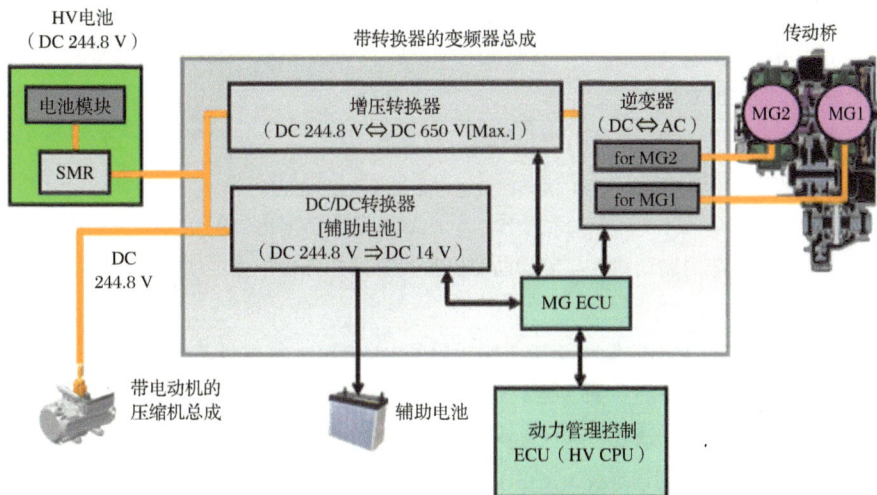

图3-6　丰田凯美瑞变频器结构关系图

■混合动力汽车是如何制动能量再生的？

当汽车减速时，车轮带动驱动电机转动，通过电机控制系统产生电流，再将交流电变为直流电向电池组充电（制动再生能量）。

电动机利用再生制动过程中的部分制动转矩或平稳制动过程中的全部制动转矩产生能量，所产生的电能用于对高压蓄电池进行充电。根据行驶条件，再生制动系统（RBS）控制单元将驾驶人请求的总制动转矩分为一部分再生制动转矩（由传动系统执行）和一部分液压制动转矩（由车轮制动器执行），其功能原理如图3-7所示。

如果仅通过再生方式就能产生所需的总制动转矩，则不会通过液压方式产生制动转矩。在这种情况下，减速仅通过产生的转矩实现。电动机在再生期间所产生的三相电流由电力电子控制单元转换为直流高

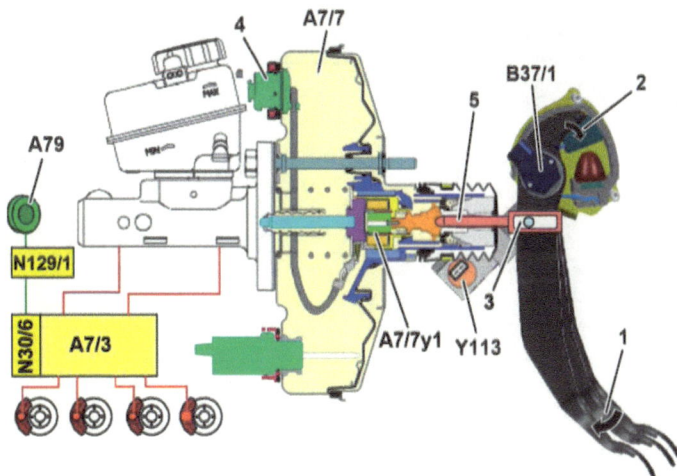

1—制动踏板的行程；2—踏板阻力模拟器的行程；3—空行程；4—再生制动系统（RBS）电磁阀的电气接头；
5—推杆；A7/3—牵引系统液压单元；A7/7—RBS制动助力器；A7/7y1—RBS电磁阀；A79—电动机；
B37/1—踏板角度传感器；N30/6—RBS控制单元；N129/1—电力电子控制单元；Y113—踏板阻力模拟器阀

图3-7　再生制动系统（RBS）的功能原理

压，并供至高压蓄电池。

以下情况下，再生制动由于发动机点火工作顺序而切断：（1）无法正确提供所需的再生制动转矩；（2）混合动力驱动系统发生故障。

如果高压蓄电池充满电，则无法进行再生制动。在这种情况下，车辆仅通过液压制动器制动，直至高压蓄电池再次部分放电并吸收电能。

如果进行防抱死制动系统（ABS）控制干预，则此次制动会结束再生制动，且制动转矩仅由液压车轮制动器提供。再生制动系统的制动踏板与制动助力器推杆之间的连接中集成了一段空行程，用于执行再生制动功能。

正常操作期间，驾驶人发出的制动请求（踏板行程1）由踏板角度传感器记录，并由再生制动系统（RBS）控制单元读入和处理。同时，每次促动制动器时，踏板阻力模拟器都会产生模拟的踏板阻力。

如果进行再生制动，则制动踏板与推杆之间的空行程会随再生制动转矩的增加而逐渐变短。为增大车轮制动器中的液压压力，再生制动系统（RBS）控制单元促动RBS电磁阀，从而使RBS制动助力器增大液压制动器压力。这种情况下，空行程不会变短。

首次施加制动时，必须激活再生制动系统。为此，踏板阻力模拟器被停用，且首次施加制动期间的踏板行程稍稍长于正常操作期间的行程。下次完全松开制动踏板时，会激活再生制动系统。发生故障时，踏板阻力模拟器被停用（后备状态），且模拟的踏板阻力不再存在。然后，与传统制动系统一样，驾驶人将踏板踩下空行程的长度，并通过其脚力产生所需的制动压力。这就意味着踏板行程会稍稍长于正常操作期间的行程。

如果车速低于20千米/小时，则无法进行再生制动。施加制动期间，一旦车速降至20千米/小时以下，系统即会由再生制动切换至液压制动，再生制动的功能原理如图3-8所示。

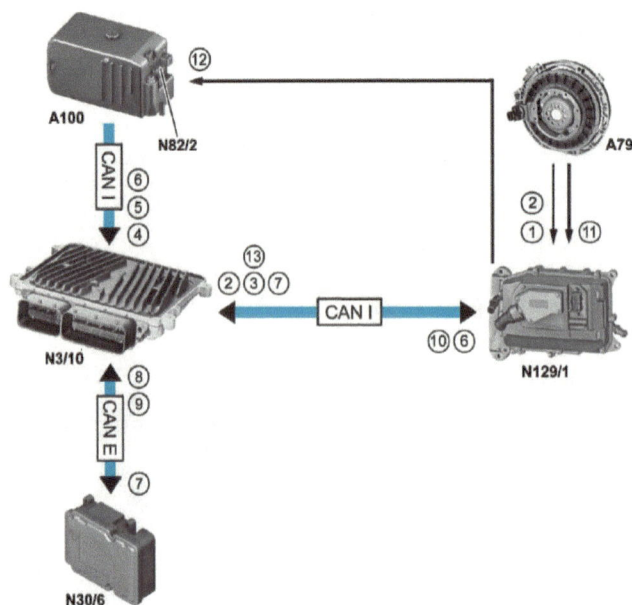

1—电动机温度信号；2—电动机转速信号；3—电动机状态；4—高压蓄电池电压信号；5—高压蓄电池温度信号；
6—允许的充电电压/电流信号；7—产生的再生制动转矩信号；8—再生制动转矩请求；9—车轮速度信号；
10—电动机的规定转矩请求；11—发电机工作的充电电流能量流；12—充电电流能量流；13—充电电压和充电电流信号；
A79—电动机；A100—高压蓄电池模块；CAN E—底盘CAN；CAN I—驾驶驱动数据链CAN；
N3/10—ME-SFI［ME］控制单元；N30/6—再生制动系统（RBS）控制单元；
N82/2—蓄电池管理系统（BMS）控制单元；N129/1—电力电子控制单元

图3-8　再生制动的功能原理

■奇瑞艾瑞泽7搭载的HAS-hev系统是由哪几部分组成的?

奇瑞艾瑞泽7搭载的博世公司的HAS-hev电动液压助力系统由制动执行单元（BOU）、电子稳定控制模块（ESP）、液压助力控制模块（ACM-H）组成，如图3-9所示，其制动管路连接如图3-10所示。

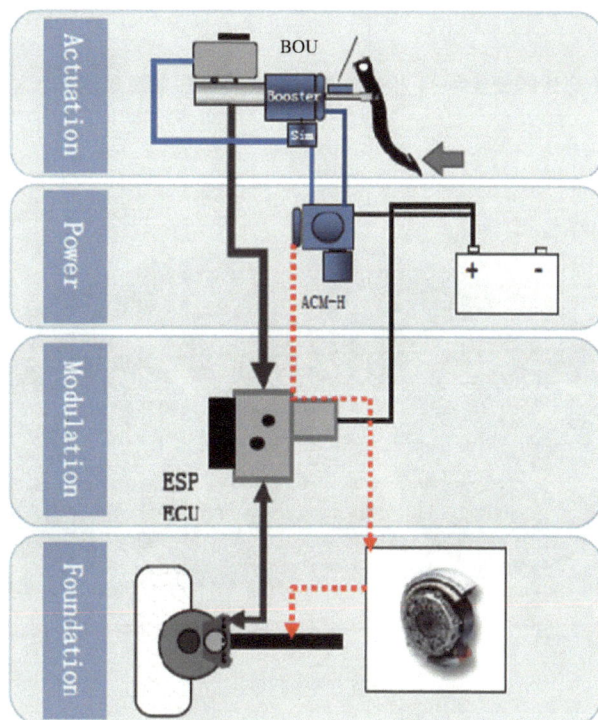

图3-9　HAS-hev系统组成

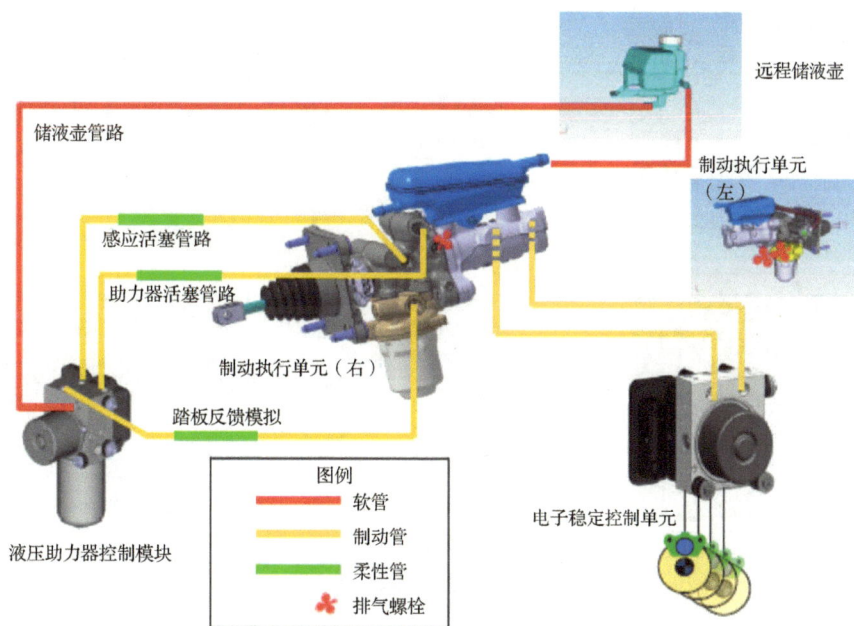

图3-10　制动管路连接

■混合动力汽车仪表盘长什么样？

丰田凯美瑞混合动力汽车的仪表盘是彩色点阵式类型的多信息显示屏，其4.2英寸的多信息显示屏位置如图3-11所示，仪表信息显示如图3-12所示。

瞬时燃油消耗表和ECO DRIVE LEVEL指示器显示燃油消耗，多信息显示屏显示巡航信息和能量监控等，如图3-13所示。

ECO DRIVE LEVEL（环保驾驶显示）：根据仪表环的亮度在多信息显示屏上显示平均油耗（每10秒一次），如图3-14所示。

图3-11 丰田凯美瑞混合动力汽车的多信息显示屏

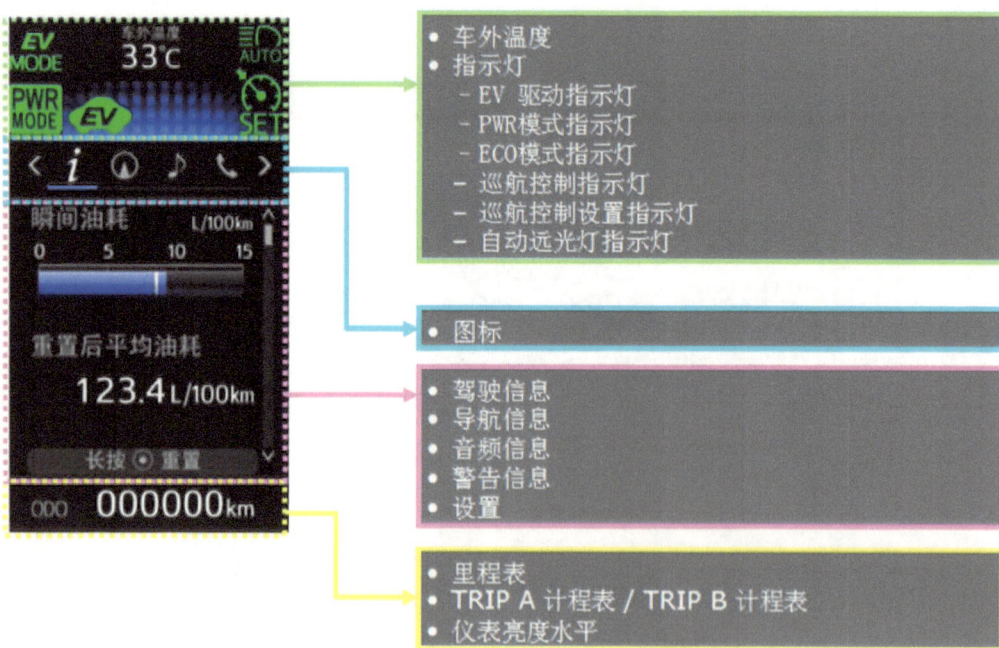

图3-12 丰田凯美瑞混合动力汽车的仪表信息显示

瞬时燃油消耗表　　ECO DRIVE LEVEL（发动以后的平均油耗）

READY灯　　多信息显示屏

图3-13　瞬时燃油消耗显示

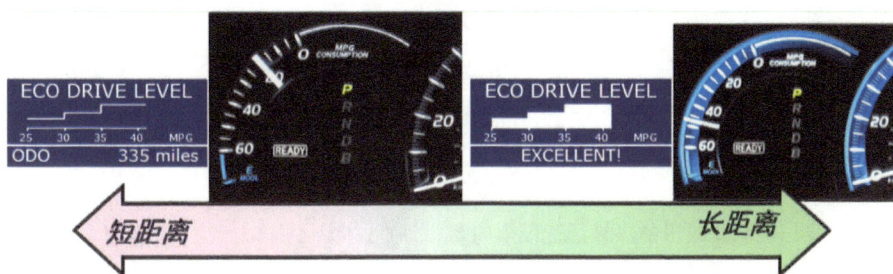

短距离　　长距离

图3-14　环保驾驶显示

■混合动力汽车空调系统与普通汽车空调系统一样吗？

混合动力汽车空调的制冷系统与传统汽车基本相同，主要由一体化压缩机、冷凝器、蒸发器等大部件组成，如图3-15所示。混合动力汽车使用泵气效率较高的涡旋式压缩机是混合动力汽车空调的一个共同特点，与其他诸多类型的空调压缩机如斜盘式、曲柄连杆式、叶片式等压缩机相比，涡旋式压缩机具有振动小、噪声低、使用寿命长、重量轻、转速高、效率高、外形尺寸小等多个优点，更符合混合动力汽车的空调使用要求，其压缩机结构如图3-16所示。

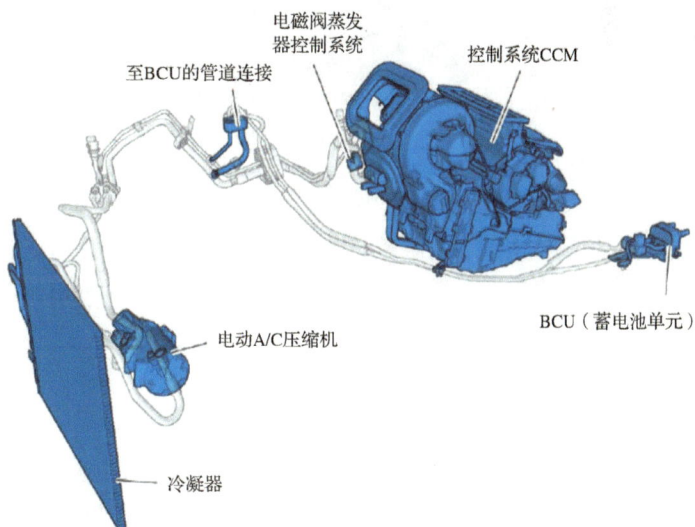

电磁阀蒸发器控制系统

控制系统CCM

至BCU的管道连接

电动A/C压缩机

BCU（蓄电池单元）

冷凝器

图3-15　混合动力汽车空调系统组成

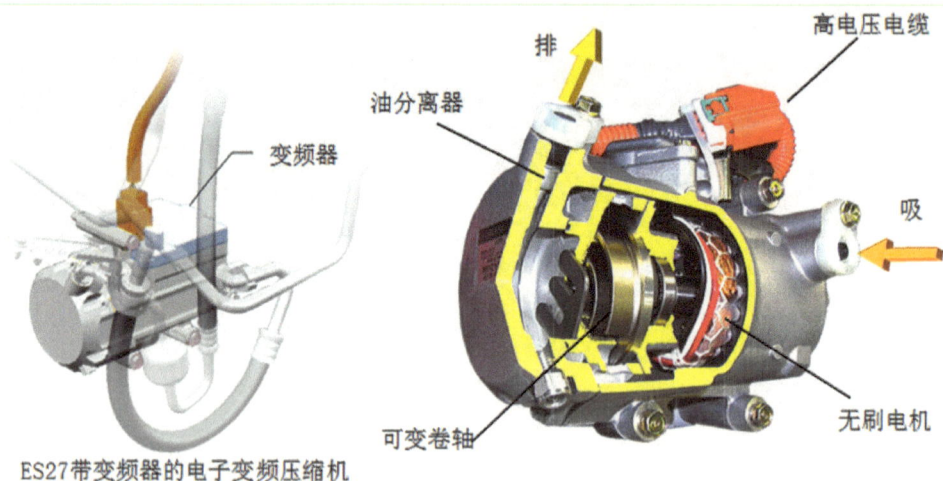

ES27带变频器的电子变频压缩机

图3-16　混合动力汽车的电动压缩机结构

■混合动力汽车是如何取暖的?

由于效率较高,电机释放出的热量远远低于内燃机,因此无法利用电机余热进行加热。为了调节出舒适的车内温度,车上装有一个电气加热装置。

电气加热装置安装在发动机室盖下方空间内,如图3-17所示。电气加热装置上的接口如图3-18所示。

1—电气加热装置;2—冷却液补液罐

图3-17　电气加热装置安装位置

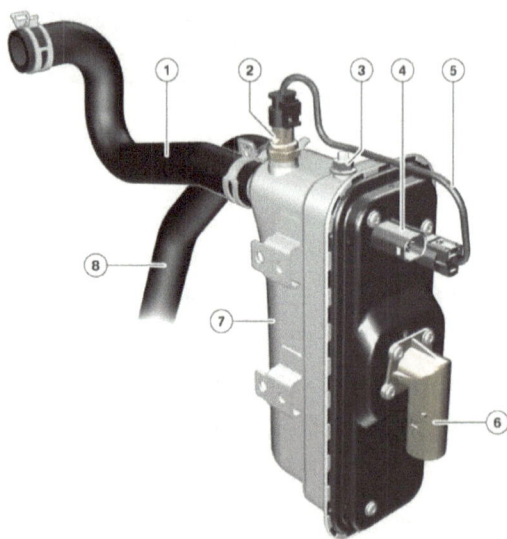

1—冷却液回流管路接口;
2—电气加热装置输出端冷却液温度传感器;
3—电位补偿导线接口;4—信号插头(低电压插头);5—传感器接口;6—高电压插头接口;
7—电气加热装置壳体;8—冷却液供给管路接口

图3-18　电气加热装置上的接口

冷却液在电气加热装置内加热并通过电动冷却液泵(20W)循环,变热的冷却液流经车内的暖风热交换器并在此释放出热量,最终加热的空气通过鼓风机到达车内。制冷剂从暖风热交换器输送至冷却液补液罐的路线,如图3-19所示。

冷却液使用名为"冷却液浓缩液i3"的水与新型冷却液浓缩液的混合物。水与冷却液浓缩液按50∶50比例混合。

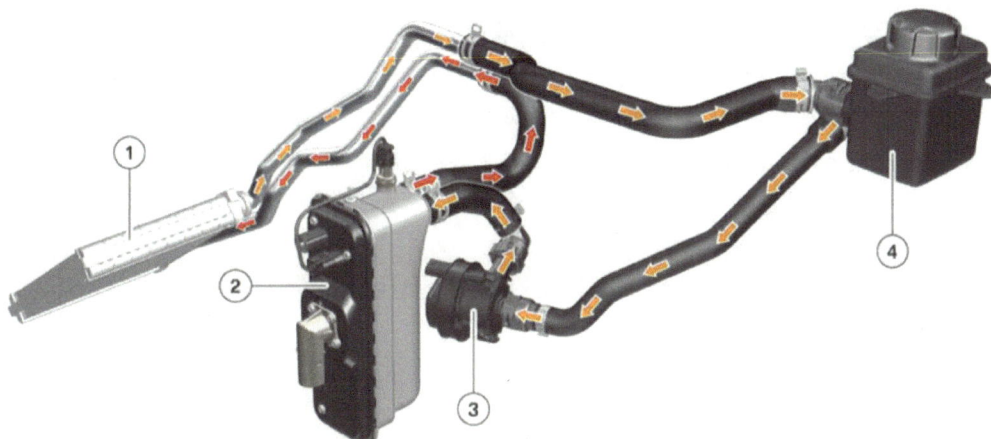

1—车内的暖风热交换器；2—电气加热装置；3—电动冷却液泵（12V）；4—冷却液补液罐

图3-19　标准配置车内的冷却液回路

电气加热装置（见图3-20）的最大电功率为5.5kW（280V、20A）。电气加热装置通过三个功率约为0.75kW、1.5kW和2.25kW的加热线圈实现功能。在电气加热装置内通过电子开关（Power MOSFET）切换加热线圈线路（单独或组合）。

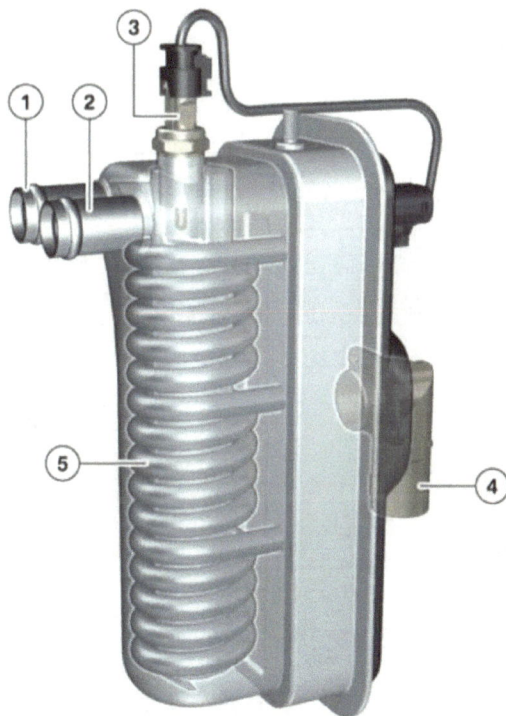

1—冷却液供给管路接口；2—冷却液回流管路接口（至车内的暖风热交换器）；
3—电气加热装置输出端冷却液温度传感器；4—高电压接口；5—三个加热线圈

图3-20　电气加热装置

■丰田卡罗拉混合动力汽车有哪些驱动模式?

丰田卡罗拉混合动力汽车能够多模式驱动,如图3-21所示。

EV驱动指示灯仅用于电动机驱动。该驱动模式需要满足:

1)混合动力系统温度不能太高(在车辆爬长坡、高速行驶或者外界温度高时,混合动力系统温度可能较高)。

2)混合动力系统温度不能太低(在长时间放置或者外界温度低时,混合动力系统温度可能较低)。

3)发动机冷却液温度达到规定值32℃或更高。

4)充电状态达到50%或更高(4格电量或更多)。

5)车速在40km/h(25mph)或更低。

6)加速踏板开度在特定位置或更小。

7)除雾功能关、巡航功能未工作。

ECO MODE指示灯。随着加速踏板的变化,采取逐渐增加动力输出的方式优化燃油经济性和驱动性能。同时,优化空调工作性能以支持经济模式驱动。

PWR MODE指示灯。在同等加速踏板开度下,增加动力输出,优化加速性能。

EV Drive指示灯。在EV驱动模式中,车辆仅由电动机驱动,就像电动车一样。

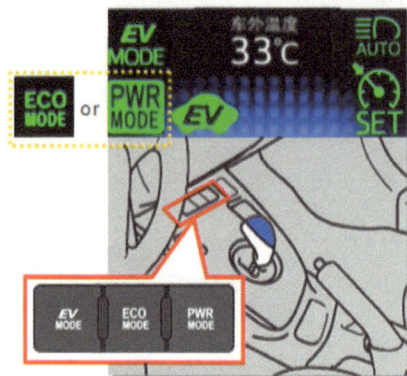

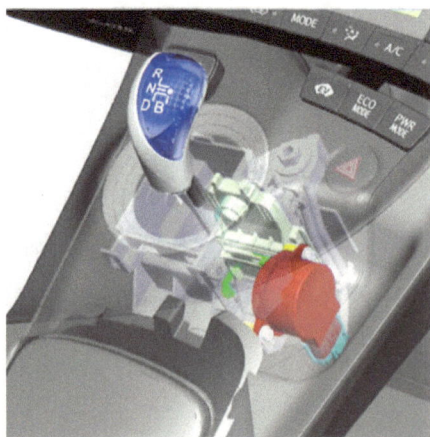

图3-21 丰田卡罗拉的多模式驱动

■路虎混合动力汽车电机长什么样?

路虎混合动力汽车电机MG位于发动机和变速器之间,如图3-22所示,它替代变矩器在电动或机械驱动时为变速器提供驱动力。MG封装于不可维修机组中,只能在重装汽车时更换。

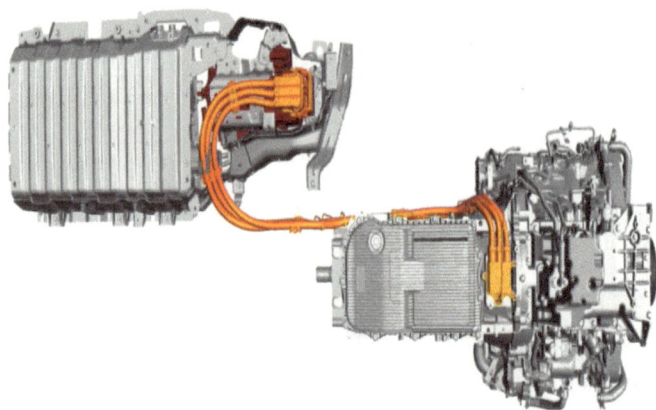

图3-22 电机安装位置

MG是一个交流同步电机,最大输出功率为35kW,或输出最大170N·m的扭矩。

"同步"一词是指转子速度与交流输入频率成正比(转子速度将与施加到定子线圈的交流频率同步)。定子由24个线圈排列构成。

线圈分为三组,每组有8个线圈,它们串联在一起。每组线圈对应于三相输入中的一个单相。线圈缠绕于定子,以产生交替、均匀的磁场。电机结构如图3-23所示。

转子是多极永磁设计，可提供恒定的磁场输出。转子花键连接至变速器输入轴，通过转子旋转，实现发动机或MG对变速器的驱动。

当三个独立相位通电时，线圈排列形成了一个旋转磁场，如图3-24所示。旋转磁场的速度与交流输入的频率直接成正比。

旋转磁场可确保按正确的旋转方向驱动电机。定子的旋转磁场效应牵引转子磁场，带动转子转动。

随着转子速度和定子旋转磁场逐渐同步，电机将进入"锁定"状态，此状态下电机可实现最大扭矩输出。

为指示三相输入正确的相位时间，EPIC（嵌入式单板计算机）必须时刻清楚转子的确切位置。为实现这一要求，MG模块中安装了精度极高的位置和速度传感器（分解器电路）。

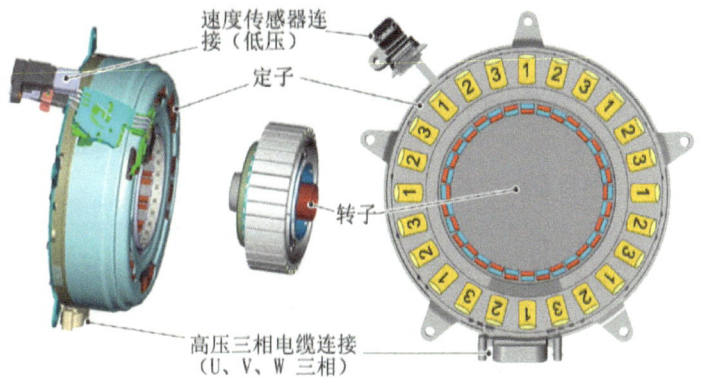

图3-23 电机结构

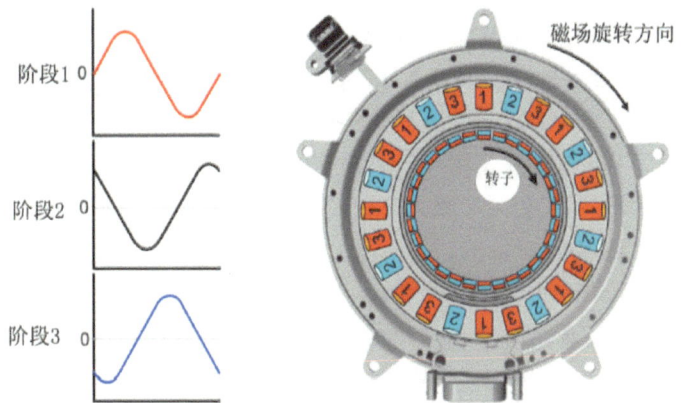

图3-24 电机工作原理

■路虎混合动力汽车分离式离合器结构如何？

该分离式离合器为湿式4片式液压离合器，其结构如图3-25所示。离合器通过变速器阀块提供的液压油压力实现接合。

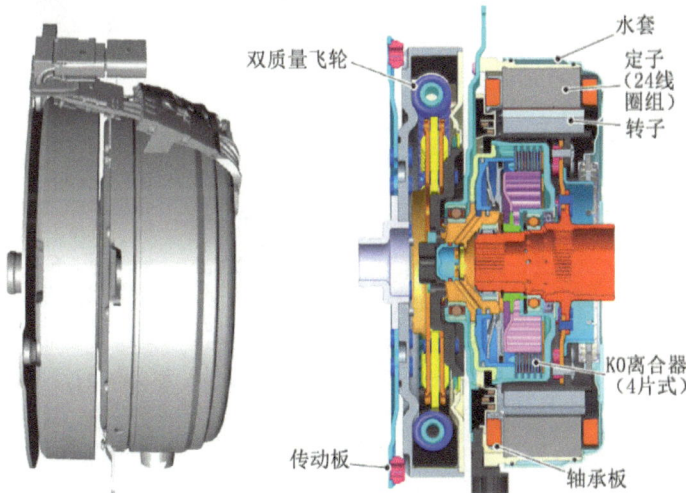

图3-25 分离式离合器结构

当离合器接合时，转子与内燃机接合；当离合器分离时，内燃机脱离转子。这种离合器允许VSC调节至变速器的每一次传动，从而为汽车提供（串行或并行）驱动力。

离合器组件的热容量受操纵方式及连动位置限制，因此操纵时需特别留意以确保尽可能克服打滑。离合器接合或分离的命令由VSC给出，并通过液压CAN总线传递至TCM（自动变速器控制模块）。TCM负责调节分离式离合器的液压压力以实现连动或不连动。

离合器接合时，发动机每分钟转数与之相适应，这样当离合器接合时，分离式离合器处仅有极微打滑现象，从而实现平滑传动。VSC与TCM共同负责计算所需发动机转速以符合当前车辆状况。

示例1：如果由停车开始缓慢加速，MG须从静止开始提供原始驱动力，因此离合器分离。随着所需扭矩超过MG限度，发动机开始点火，VSC将发动机转速调节至与MG匹配的转速，即速度同步。离合器接合时，实现平滑连动。

示例2：由停车开始猛加速。猛加速时，MG负载增加。如果发动机和MG速度同步，当离合器接合时，MG负载将影响发动机速度，从而影响驾驶体验。为抵消降速，VSC在计算发动机转速时将负载考虑在内。离合器接合时，提升的转速可补偿预计的降速，从而提供平滑连动。

■沃尔沃XC90混合动力电动机长什么样？

XC90 T8中的电动机就像是V60混合动力汽车上装备的电动机，如图3-26所示。该电动机半独立，变速器和差速器在一个单元（ERAD）中。最大输出功率60kW、最大扭矩240N·m、最大电流300A、最大转速13000rpm。

电动机为三相同步电动机，或者更准确地说是PMSM（Permanent Magnetic Synchronous Motor）类型，这还意味着转子部分由永磁体预先磁化。

带永磁体的同步电动机比同等的异步电动机更小、更轻。输水管连接至外壳周围的低温回路，可冷却定子绕组。为检查定子绕组中的温度，配备三个NCT传感器。

前缘和后缘的传动轴轴承通过变速器中的机油进行润滑，右侧传动轴穿过电动机的空心传动轴。

旋转变压器在电动机的后缘，与后轴承分开润滑，其功能是时刻通知IEM（Inverter ERAD Module）转子的位置。

转子：预先磁化的转子直径为143毫米，由4个极对组成，这意味着有4个北极和4个南极。转子与滚珠轴承一起安装在两端，如图3-27所示。

定子：定子（见图3-28）由三个绕组相线组成，其缠绕方式可产生4个极对，即4个北极和4个南极（共8个磁极）。通过控制各相线的电压/电流，可从定子获得使转子旋转的旋转磁场。

霍尔传感器　电磁阀　电动机

回位弹簧　滑动轴承
测量盘

图3-26　XC90 T8中的电动机的结构

图3-27 转子

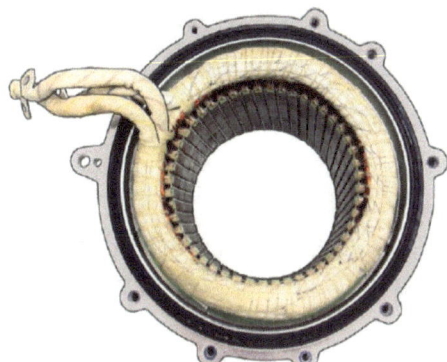

图3-28　定子

　　转子和定子之间的距离（取决于温度）为0.5~1.0毫米。定子的48个绕组通道扭转成弱螺旋形状，以使磁场更均匀，从而使旋转更顺畅。

　　冷却：电动机的外部配备有集成的冷却管道，如图3-29所示。冷却管道连接至车辆的低温回路。如果由于某种原因使定子绕组中的温度超过180℃，电机中的功率输出将降低。

　　在温度过高的情况下，转子的磁体可能会损坏。允许的最高冷却液温度约为75℃。

　　当用冷却液加注低温回路时，系统排气，无须通过VIDA（汽车售后信息及诊断系统）启用任何脚本。

　　旋转变压器：为通知IEM关于转子位置及其相对定子的旋转速度，在电动机的后缘装备一个旋转变压器，如图3-30所示。

　　旋转变压器由一个旋转凸轮盘和一个围绕定子组成，四个凸轮直接安装在转子轴上，围绕定子具有16个磁极。定子由三个绕组（一个励磁绕组和两个接收器绕组）组成，其两端连接至IEM。

　　接收器绕组的信号根据转子旋转更改。信号为正弦和余弦波，通过硬接线发送至IEM。

　　更换ERAD时，电动机必须使用VIDA进行同步。

图3-29　冷却管道

图3-30　旋转变压器

■比亚迪秦混合动力汽车高压配电装置长什么样？

高压配电装置（High Voltage Distribution Assy）简称HVDA，位于后备箱电池包支架右上方，如图3-31所示。

高压配电装置将电池包的高压直流电分配给整车高压电器使用，其上游是电池包，下游包括驱动电机控制器及DC总成、PTC水加热器、电动压缩机、漏电传感器；也将车载充电器的高压直流电分配给电池包。

外部有高压端子、低压线束、漏电传感器检测线、空调熔断器、车载充电熔断器，如图3-32所示。

高压配电装置外部高压端子，如图3-33所示。

高压配电装置内部结构包括各类接触器、熔断器、霍尔电流传感器，如图3-34所示。

图3-31　高压配电装置安装位置

图3-32　高压配电装置的结构

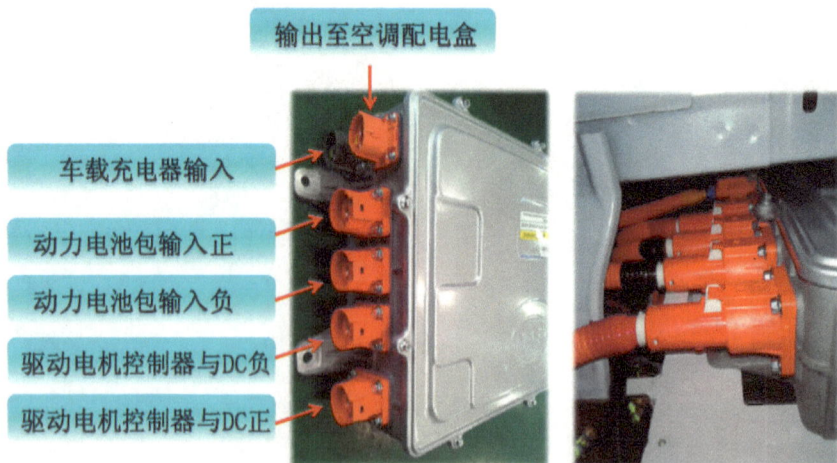

图3-33　高压配电装置外部高压端子

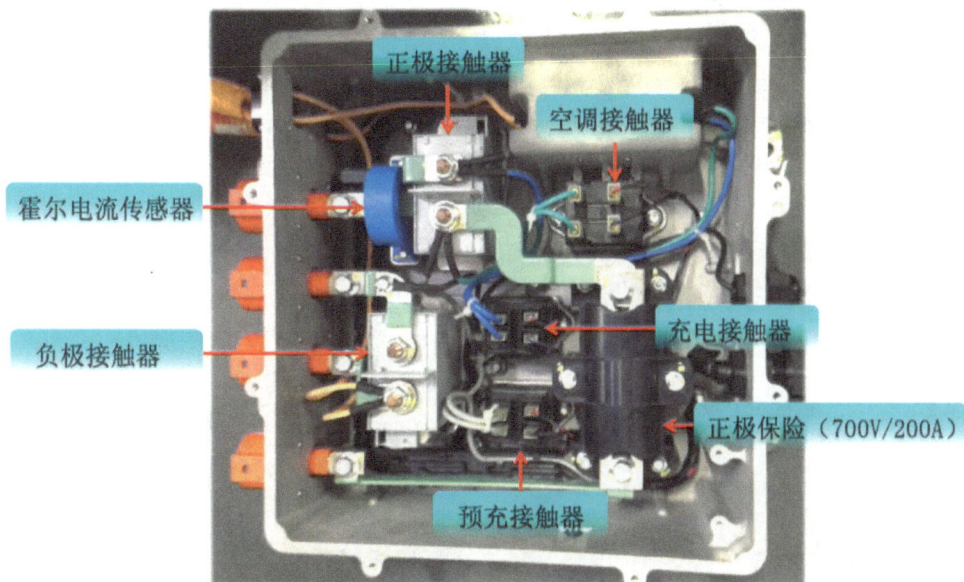

正极接触器

空调接触器

霍尔电流传感器

充电接触器

负极接触器

正极保险（700V/200A）

预充接触器

图3-34　高压配电装置内部结构

■比亚迪秦混合动力汽车漏电传感器总成有何功用？

漏电传感器位于车身后围搁物板前加强横梁上（图3-35），结构如图3-36所示。

漏电传感器用于对电动汽车直流动力电源母线与其外壳、车身底盘之间的绝缘阻抗检测，通常检测与动力电池输出相连接的负极母线与车身底盘之间的绝缘电阻，来判断动力电池包的漏电程度。当动力电池包漏电时，传感器发出一个信号给电池管理控制器，后者接到漏电信号后，进行相关保护操作并报警，防止动力电池包的高压电外泄，造成人或物品的伤害和损失。

负极与车身绝缘阻值≤100~120kΩ为一般漏电，绝缘阻值≤20kΩ为严重漏电。

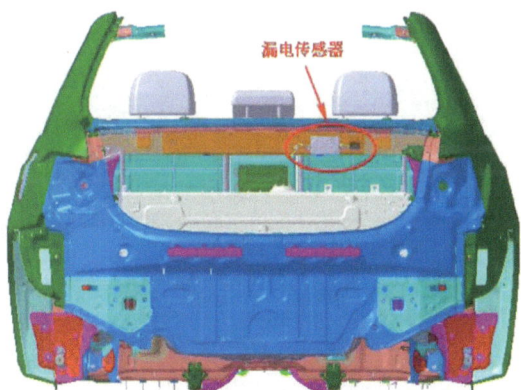

漏电传感器

图3-35　漏电传感器安装位置

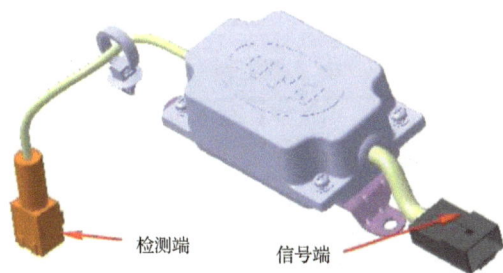

检测端

信号端

图3-36　漏电传感器结构

■比亚迪秦插电式混合动力汽车驱动电机控制器与DC总成的功能是什么？

比亚迪秦插式混合动力汽车驱动电机控制器作为动力系统的总控中心，根据工况控制电机的正反转、功率、扭矩、转速等；协调发动机管理系统工作；硬件采集电机的旋变、温度，以及制动、加速踏板开关信号；通过CAN通信采集刹车深度、挡位信号、驻车开关信号、启动命令、电池管理控制器相关数据和控制器的故障信息。内部处理的信号有直流侧母线电压、交流侧三相电流、IGBT温度、电机的三相绕组阻值，驱动电机控制器与DC总成安装位置及结构分别如图3-37和图3-38所示。

图3-37　驱动电机控制器与DC总成安装位置

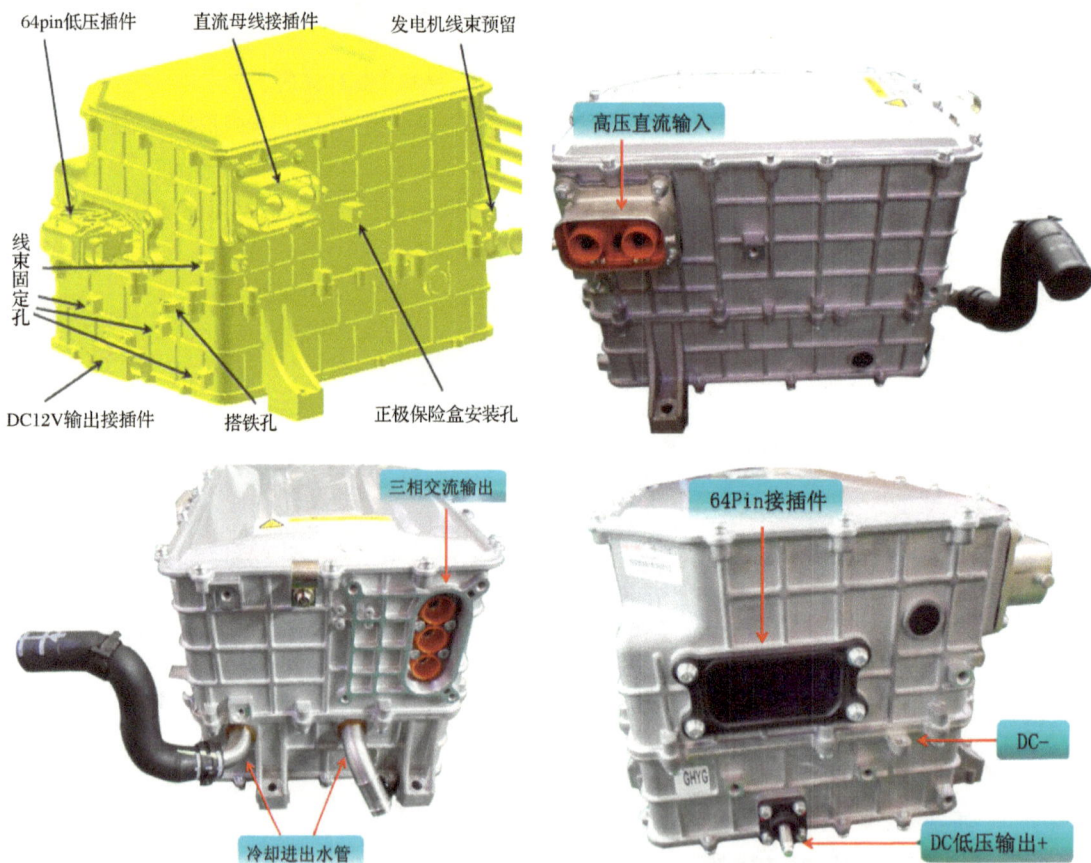

图3-38　驱动电机控制器与DC总成结构

■比亚迪秦插电式混合动力汽车车载充电器结构如何？

比亚迪秦插电式混合动力汽车车载充电器（On-Board Charger）简称OBC，安装于后行李舱右部。它将交流充电口传递过来的交流电源转换为直流高压电，为动力电池充电，其结构如图3-39所示。

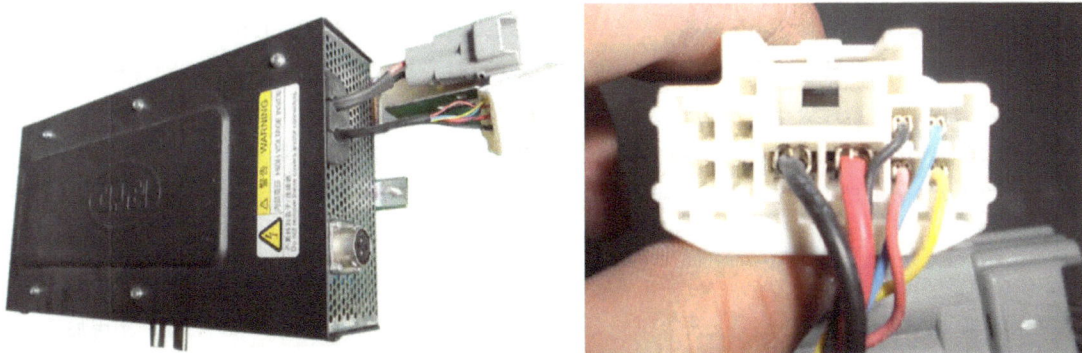

图3-39　车载充电机的结构

■比亚迪秦插电式混合动力交流充电口总成安装在什么位置？

比亚迪秦插电式混合动力汽车交流充电口又称慢充口，位于行李舱舱门上，用于将外部交流充电设备的交流电源连接到车辆充电回路上。车辆外部通过充电连接装置连接到交流充电设备，车辆内部通过高压电缆连接车载充电器上，如图3-40所示。

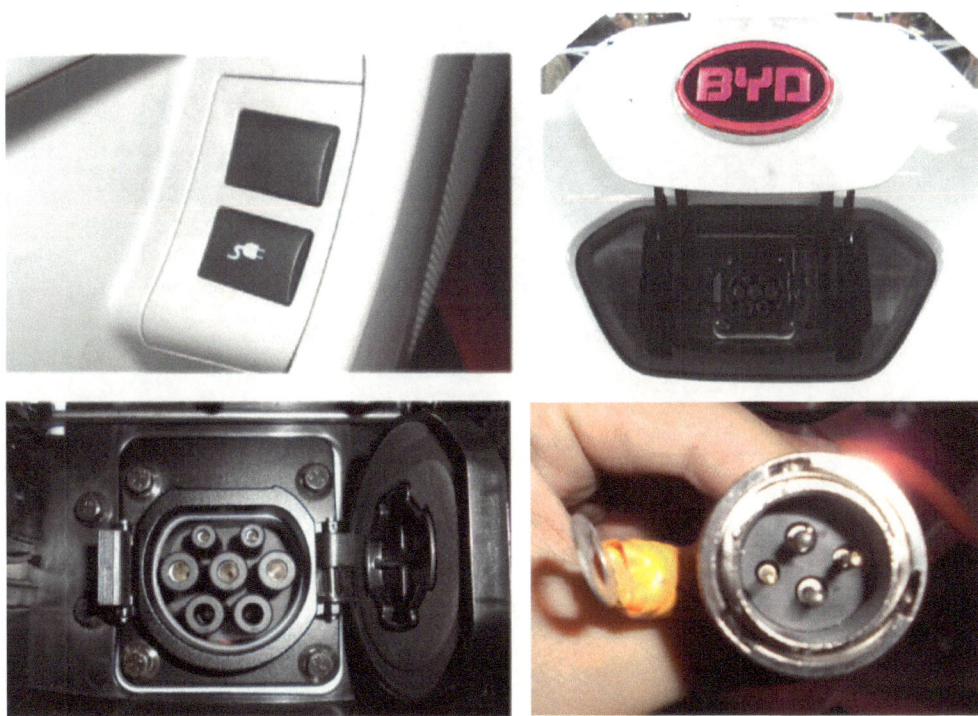

图3-40　交流充电口及充电连接指示灯

■比亚迪秦插电式混合动力系统的工作模式是如何切换的？

比亚迪秦插电式混合动力系统的工作模式开关如图3-41所示。

1）"EV-ECO"：EV按钮上的指示灯（绿色）亮表示EV模式开启，逆时针旋转MODE旋钮，进入ECO（经济）模式，在保证动力的情况下，最大限度节约电量。

2）"EV-SPORT"：将MODE旋钮顺时针旋转，进入SPORT（运动）模式，将保证较好的动力性能。

3）"HEV-ECO"：HEV按钮上的指示灯（绿色）亮表示HEV模式开启，逆时针旋转MODE旋钮，进入ECO模式。此时为了保证较好的经济性，①当电量大于20%时，将不会启动发动机；②电量低于20%时将自动启动发动机充电；③直到SOC达到40%时，发动机自动停机，此后将一直按照①-②-③-①模式循环。

4）"HEV-SPORT"：MODE旋钮顺时针旋转，进入到SPORT（运动）模式，发动机会一直工作，来保持最充沛的动力。

5）EV自动切换为HEV：①SOC（荷电状态）≤5%，BMS允许放电功率≤15kW，坡度≥15%；②EV切换到HEV后，不再自动切换EV，之后发动机工作按HEV策略进行；③SOC≥75%时，重新上电后切换至EV模式。

图3-41 比亚迪秦插电式混合动力系统的工作模式开关

第四章
混合动力系统动力电池

■何谓镍氢电池?

镍氢（Ni-MH）蓄电池是镍镉（Ni-Cd）蓄电池的新发展，是目前人们看好的第二代蓄电池之一，是取代镍镉蓄电池的产品，也是取代铅酸蓄电池的产品。镍氢动力蓄电池刚刚进入成熟期，是目前电动汽车所用的动力电池体系中唯一被实际验证并被商业化、规模化的动力电池体系，全球已经批量生产的混合动力汽车一般采用镍氢动力电池体系。

镍氢蓄电池主要由正极、负极、极板、隔板、电解液等组成。隔板采用多孔维尼纶无纺布或尼龙无纺布等。为了防止充电过程后期蓄电池内压过高，蓄电池中装有防爆装置。

镍氢蓄电池正极活性物质采用氢氧化亚镍，负极活性物质为储氢合金，电解液为氢氧化钾溶液。电池充电时，正极的氢进入负极储氢合金中，放电时过程正好相反。充电时，负极析出氢气，贮存在容器中，正极由氢氧化亚镍变成羟基氧化镍（NiOOH）和H_2O；放电时氢气在负极上被消耗掉，正极由羟基氧化镍变成氢氧化亚镍。

蓄电池过量充电时，正极板析出氧气，负极板析出氢气。由于有催化剂的氢电极面积大，而且氢气能够随时扩散到氢电极表面，因此，氢气和氧气能够很容易在蓄电池内部再化合生成水，使容器内的气体压力保持不变，这种再化合的速率很快，可以有效控制蓄电池内部氧气的浓度。

镍氢蓄电池的反应与镍镉蓄电池相似，只是负极充放电过程中生成物不同，镍氢蓄电池也可以做成密封型结构。镍氢蓄电池的电解液多采用KOH水溶液，并加入少量的LIOH。镍氢（Ni-MH）蓄电池工作原理如图4-1所示。

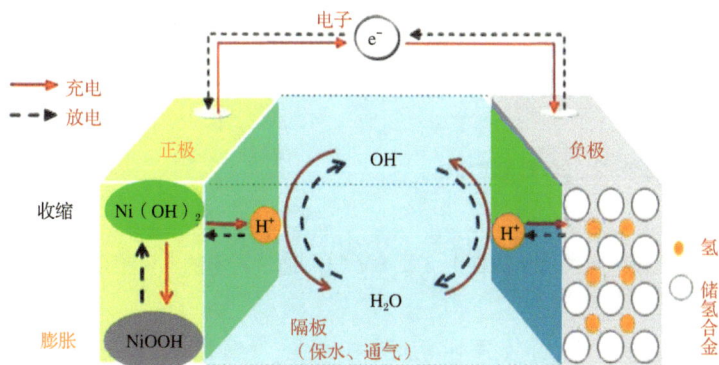

图4-1 镍氢蓄电池工作原理

■丰田普锐斯混合动力电池的结构长什么样？

丰田普锐斯（Prius）混合动力电池采用密封镍氢Ni-MH蓄电池作为HV蓄电池。这种HV蓄电池具有高能、重量轻的特点。车辆正常工作时，由于通过充电/放电来保持HV蓄电池SOC（荷电状态）为恒定数值，因此，车辆不依赖外部设备来充电。HV蓄电池、蓄电池箱位于行李箱中，这样可更有效地使用车内空间。在信号箱中还包含一个检修塞，用于在必要时切断电源，维修高压电路的任何部分时，切记将此塞拔下。充电/放电时，HV蓄电池会散发热量，为保护蓄电池的性能，蓄电池ECU控制冷却风扇工作，帮助散热。HV蓄电池有204个单体电池：6个电池单体（1.2V）×34模块，额定电压为DC244.8V。通过这些内部改进，蓄电池具有紧凑、重量轻的特点，并且蓄电池的内部电阻得以减少，HV蓄电池结构如图4-2所示。

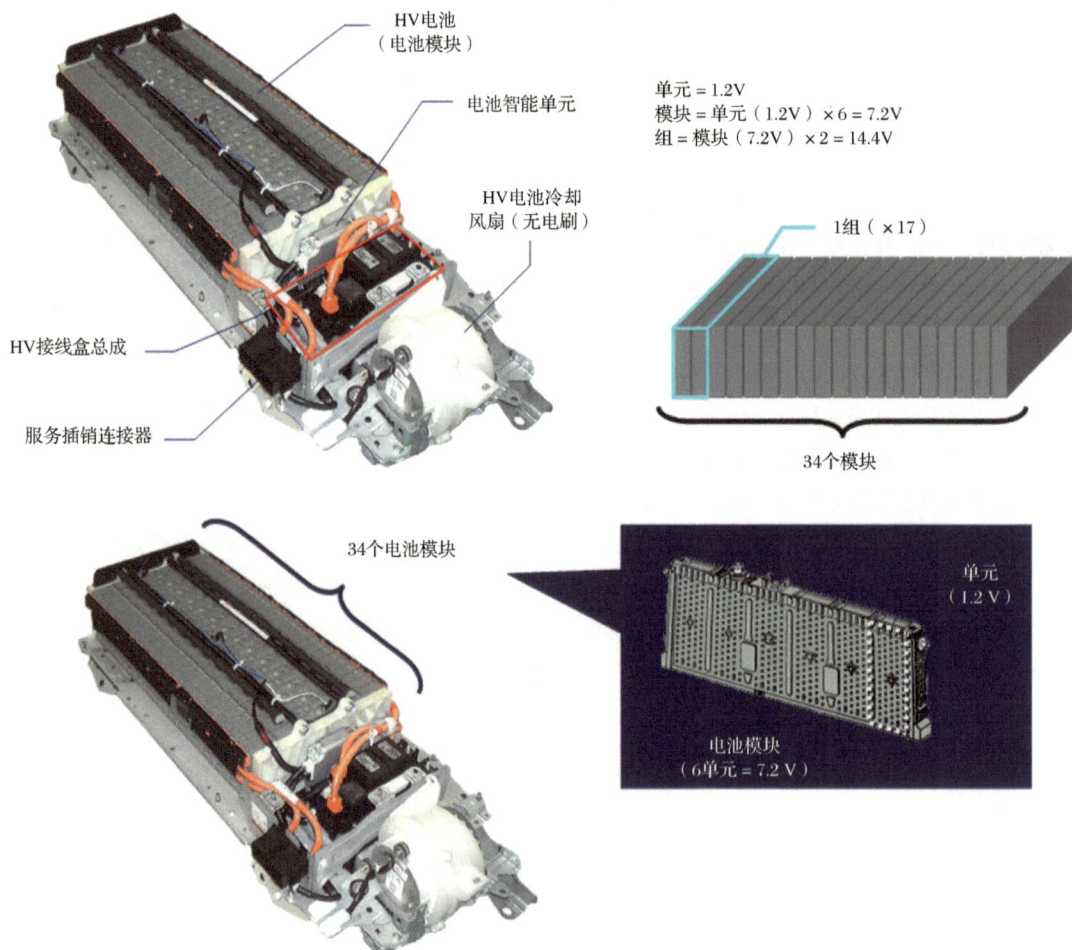

单元 = 1.2V
模块 = 单元（1.2V）×6 = 7.2V
组 = 模块（7.2V）×2 = 14.4V

图4-2　HV蓄电池结构

注：电池电流传感器安装在HV电池正极的电缆上（见图4-3），HV ECU通过累积的电流强度计算SOC（荷电状态）。

HV蓄电池温度传感器安装在HV电池上部3个部位，如图4-4所示。

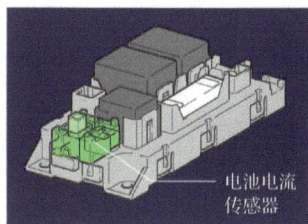

图4-3　电池电流传感器

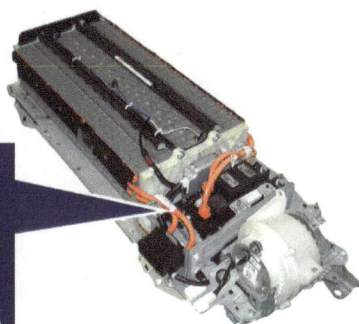

HV蓄电池进气温度传感器探测从进气管进入的空气温度,其位置如图4-5所示。

HV蓄电池散热装置的进气口位置如图4-6所示。

检修塞如图4-7所示。在检查或维修前拆下检修塞,切断HV蓄电池中部的高压电路,可以保证维修期间人员的安全。检修塞总成包括互锁的导线开关。将卡框翻起,关闭导线开关,进而切断SMR继电器。但是,为安全考虑,在拔下检修塞前一定要关闭点火开关。高压电路的主熔丝位于检修塞总成的内部。

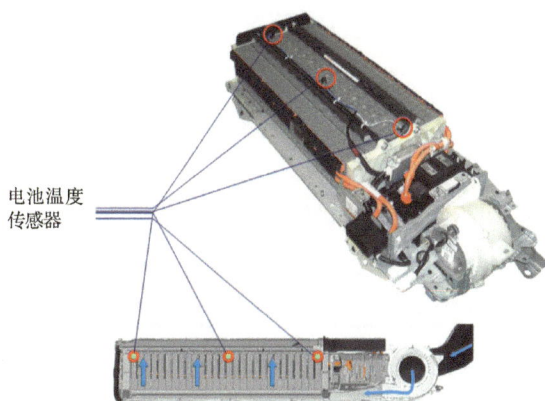

图4-4　电池温度传感器

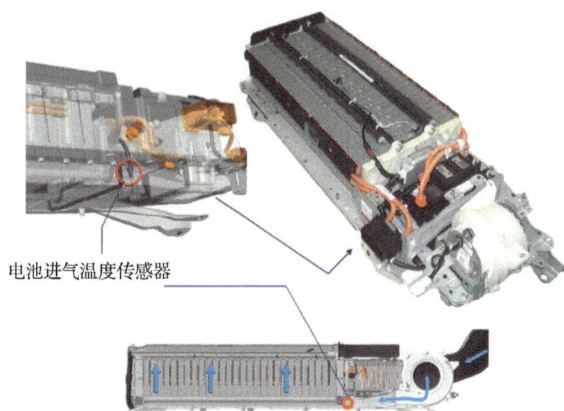

图4-5　电池进气温度传感器

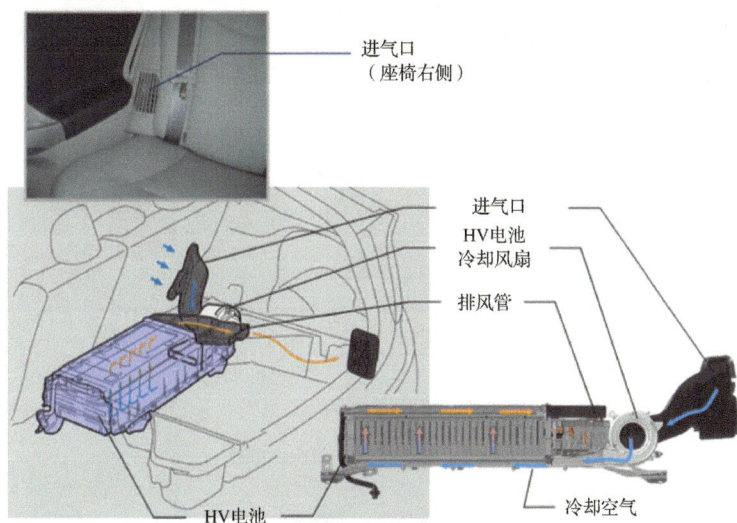

图4-6　HV蓄电池散热口装置的进气口位置

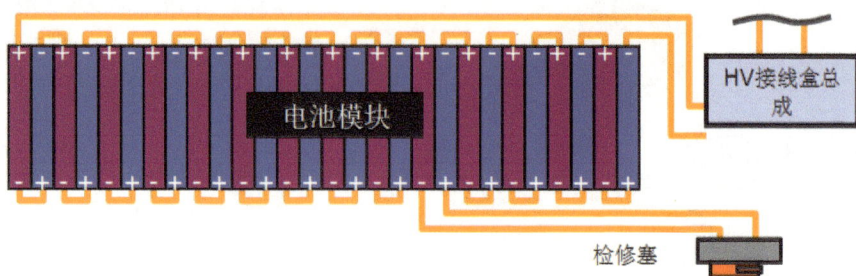

（a）检修塞的工作简图

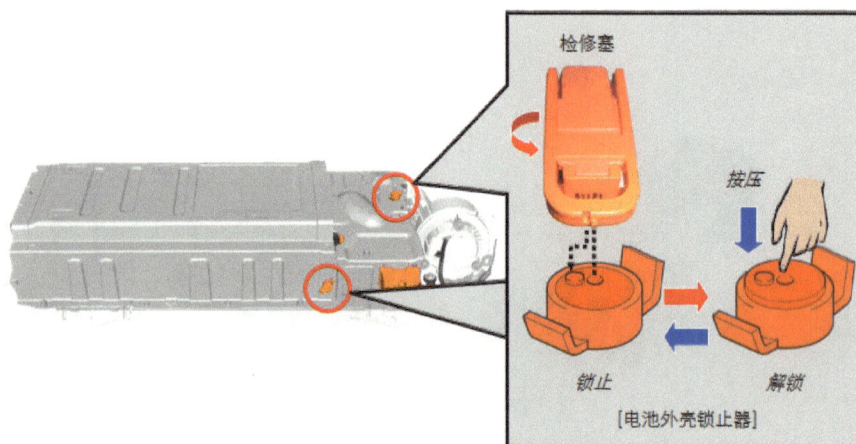

（b）检修塞的使用方法

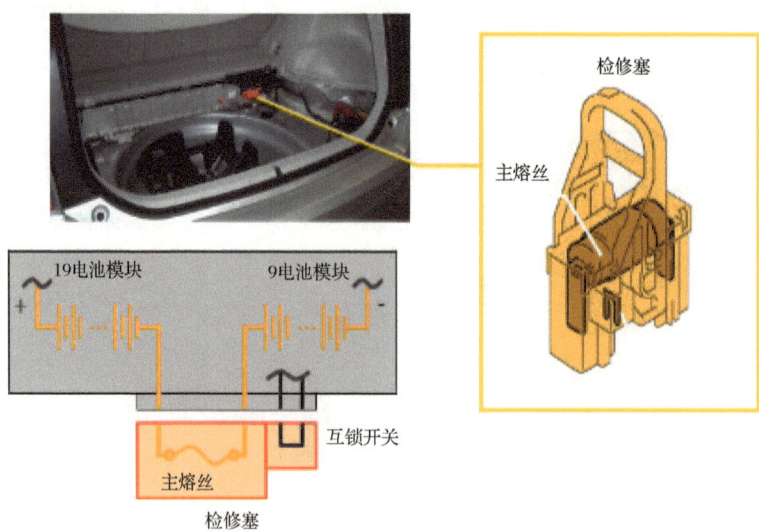

（c）检修塞的位置及保障原理

图4-7　检修塞

■比亚迪秦插电式混合动力汽车的动力电池PACK总成结构长什么样？

比亚迪秦插电式混合动力汽车的动力电池PACK总成包括动力电池模块（分10个模组共152个单体）、动力电池串联线、动力电池采样线、电池信息采集器、接触器、熔断器、电池保护板、安装支架，如图4-8所示。

参数：每个单体3.3V；电池包标称电压501.6V、标称容量26Ah；一次充电消耗13kW·h。

电池包模组装配顺序如图4-9所示。电池包模组高压线束和采样线束分别如图4-10和图4-11所示。

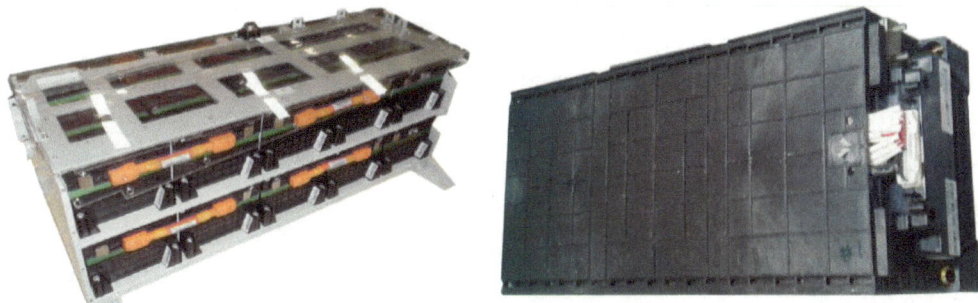

图4-8　动力电池PACK总成

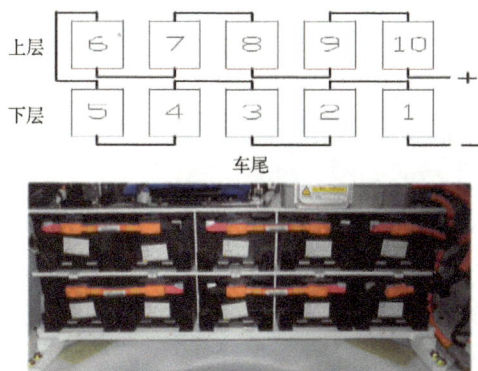

图4-9　电池包模组装配顺序

图4-10　电池包模组高压线束

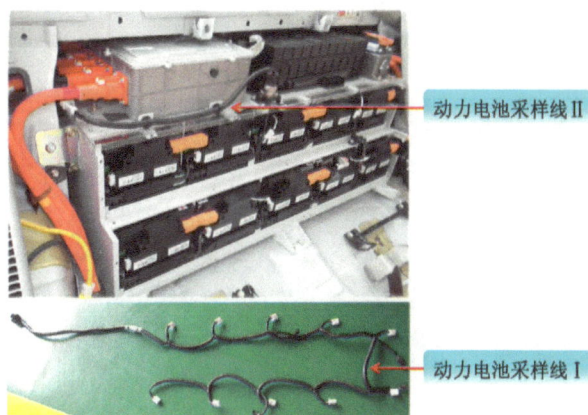

图4-11　电池包模组采样线束

■比亚迪秦插电式混合动力汽车分布式电池管理系统是什么样的?

比亚迪秦插电式混合动力汽车分布式电池管理系统(Distributed Battery Management System)简称DBMS,由10个电池信息采集器(Battery Information Collector,BIC)和1个电池管理控制器(Battery Management Controller,BMC)组成,BMC如图4-12所示。10个BIC分别位于10个动力电池模组的前端(见图4-13),BMC位于车身右C柱内板后段。

BMC的主要功能是总电压监测、总电流监测、SOC计算、充放电管理、接触器控制、功率控制、电池异常状态报警和保护、漏电报警、碰撞保护、自检以及通信等。

BIC的主要功能是电压采样、温度采样、电池均衡、采样线异常检测等。

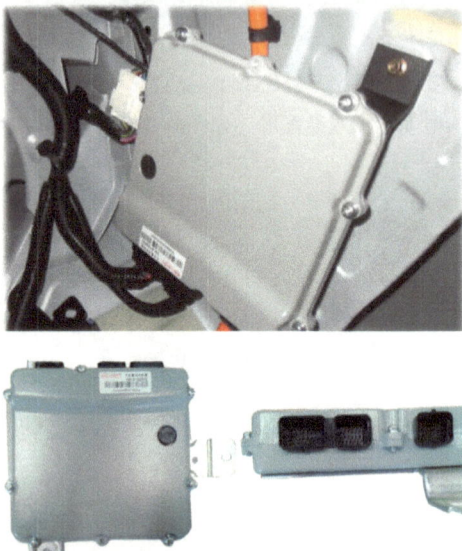

图4-12 电池管理控制器

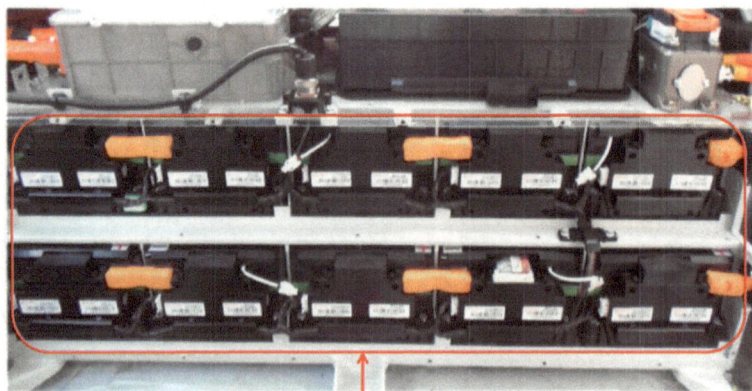

10个电池信息采集器(BIC)

图4-13 电池信息采集器

■比亚迪秦插电式混合动力汽车维修开关长什么样?

比亚迪秦插电式混合动力汽车的维修开关位于动力电池包总成上方的左上角,连接了动力电池的一个正极和一个负极,如图4-14所示。它在车辆维修时直接断开高压回路,从而保证操作人员的安全。

维修开关正常状态时,维修开关手柄处于水平位置;需要拔出时,应先将维修开关手柄旋转至竖直状态,再向上拔出;需要插上时,应先沿竖直方向用力向下插入,再将维修开关手柄旋转至水平状态。

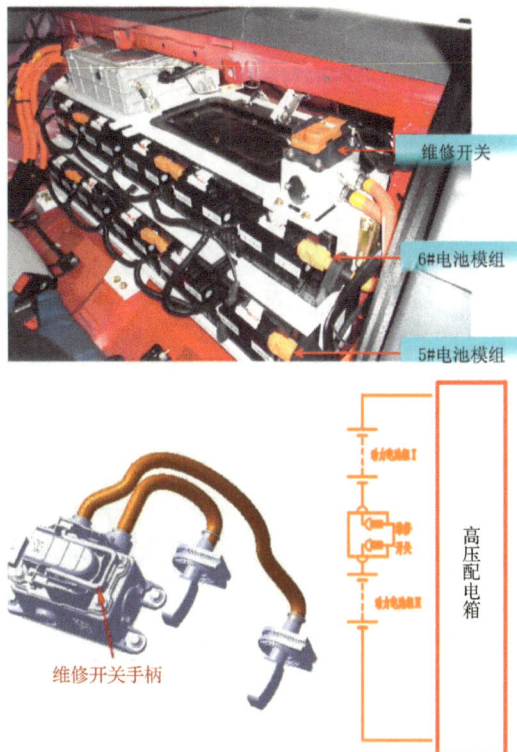

维修开关手柄

图4-14 维修开关

■混合动力汽车多长时间需要更换电池?

混合动力汽车电池基本上可以分为三元锂电池、磷酸铁锂电池、镍氢电池。

其中前两种属于锂离子电池,三元锂电池循环寿命在1000次以内,磷酸铁锂电池在2000次左右,用在混合动力汽车上可以正常使用10年20万千米左右,即使有单体损坏,更换成本也不高(几百元钱一块),整体更换在寿命周期内基本不会出现。

丰田混合动力汽车一直在用镍氢电池(见图4-15),使用寿命在500次左右,在浅充浅放的前提下做到1000次也是可以的。以丰田普锐斯为例,几十万千米没动过电池的也比比皆是。配合混合动力汽车电池超长质保,可以放心购买,不用担心电池寿命。

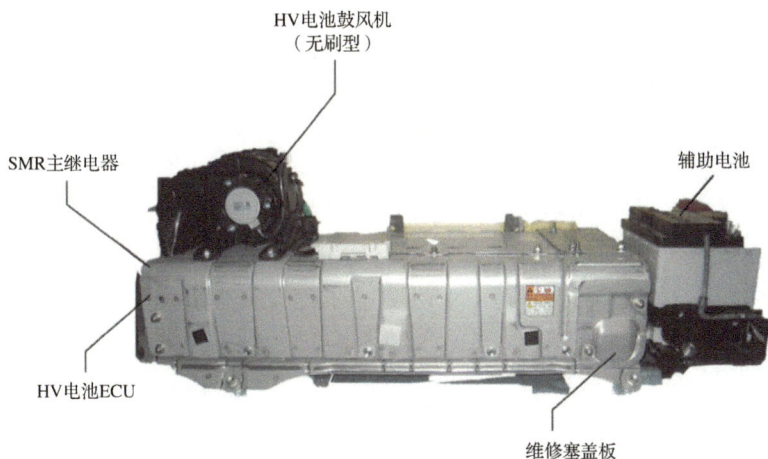

HV电池鼓风机
(无刷型)

辅助电池

SMR主继电器

HV电池ECU

维修塞盖板

图4-15 丰田汽车的混动镍氢电池

第五章
电动汽车现状和发展

■电动汽车是如何诞生的？

电动车辆实际上比内燃机车辆出现得要早，如图5-1所示。

如图5-2所示为当代电动汽车快速发展的原因。随着世界经济的快速发展，能源短缺与环境污染已经成为人类发展和生存的重大问题。内燃机汽车使用的燃料均为一次性能源，开发使用后便不可再生。能源消耗的增加，地球的矿物能源已面临枯竭。环境问题也日益突出，在世界各地的大、中城市，大气污染物中约40%~70%来自内燃机汽车的尾气排放。

我国汽车排放造成的大气污染问题也十分严重。世界银行一个专家组的调查报告中指出：中国大城市的污染状况目前是全世界最为严重的，全世界空气污染最严重的20个城市中，有10个在中国。而在中国华北、华东的大城市调查中，大气污染的70%来自汽车的尾气排放。

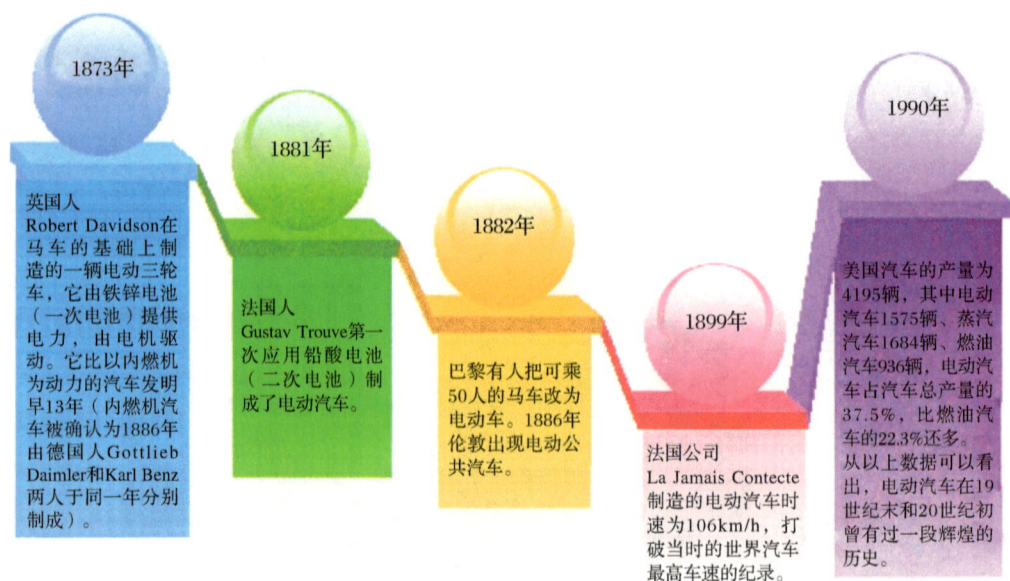

1873年

英国人Robert Davidson在马车的基础上制造的一辆电动三轮车，它由铁锌电池（一次电池）提供电力，由电机驱动。它比以内燃机为动力的汽车发明早13年（内燃机汽车被确认为1886年由德国人Gottlieb Daimler和Karl Benz两人于同一年分别制成）。

1881年

法国人Gustav Trouve第一次应用铅酸电池（二次电池）制成了电动汽车。

1882年

巴黎有人把可乘50人的马车改为电动车。1886年伦敦出现电动公共汽车。

1899年

法国公司La Jamais Contecte制造的电动汽车时速为106km/h，打破当时的世界汽车最高车速的纪录。

1990年

美国汽车的产量为4195辆，其中电动汽车1575辆、蒸汽汽车1684辆、燃油汽车936辆，电动汽车占汽车总产量的37.5%，比燃油汽车的22.3%还多。从以上数据可以看出，电动汽车在19世纪末和20世纪初曾有过一段辉煌的历史。

图5-1 电动汽车发展历史

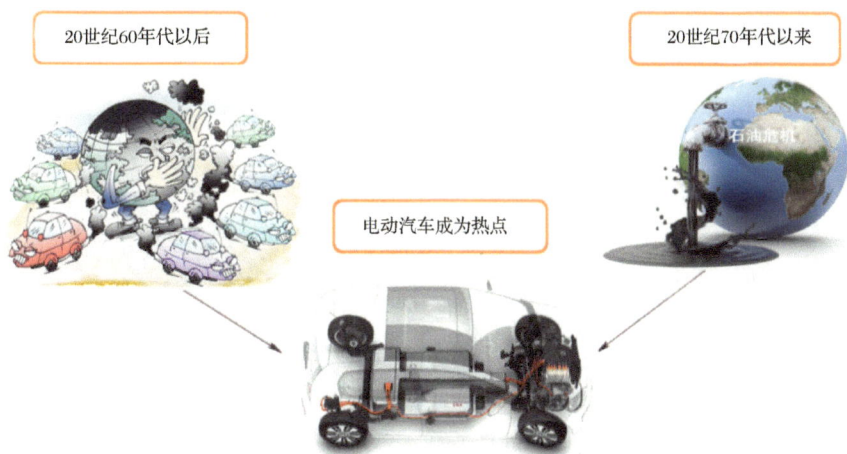

20世纪60年代以后

电动汽车成为热点

20世纪70年代以来

石油危机

图5-2 电动汽车快速发展的原因

■电动汽车的现状如何？

从20世纪70年代起，由于面临能源和环境的压力，很多发达国家都大力进行电动汽车的商业化开发和应用。在投入巨资进行技术研发的同时，还制定了一些相关的政策、法规来推动电动汽车的发展。

在电动汽车的政策支持方面，我国政府对新能源汽车的发展规划做了积极推动，从图5-3可以看出，从产业规划一直到市场化，政府都给予了强有力的支持。

我国电动汽车的研发与国外基本处于同一起跑线上，技术水平与产业化差距较小。科技部制订了"十三五"电动汽车发展规划，目标是紧跟汽车产业新信息、新能源、新产业的发展，夯实布局，把握关键技术。在下一代电池、电机、电控系统的研发中，对新能源汽车的智能化、系统、安全、多模式充电技术等重点领域开展技术攻关。

2015—2020年，在混合动力技术得到广泛应用的基础上，增加汽车动力系统电气化程度，加强小型纯电动汽车和插电式混合动力汽车的推广力度。2020年以后，纯电驱动技术将逐步占据主导地位，通过发展纯电动汽车和燃料电池汽车，实现排放污染的大幅降低。

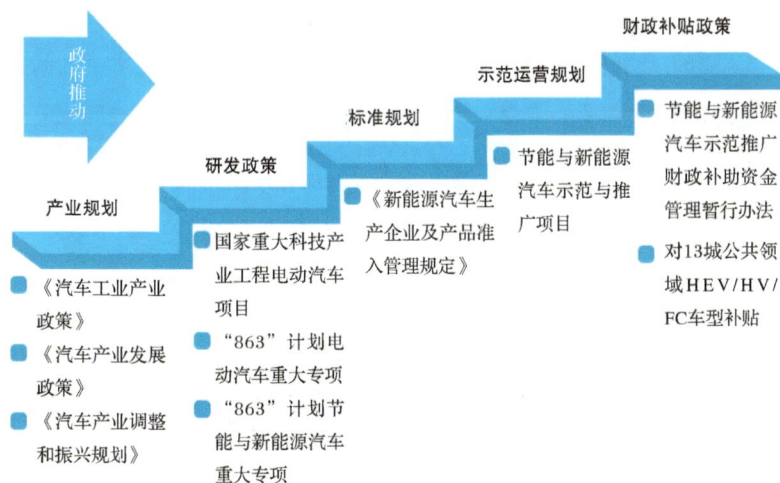

财政补贴政策

示范运营规划

标准规划

研发政策

政府推动

产业规划

- 《汽车工业产业政策》
- 《汽车产业发展政策》
- 《汽车产业调整和振兴规划》

- 国家重大科技产业工程电动汽车项目
- "863"计划电动汽车重大专项
- "863"计划节能与新能源汽车重大专项

- 《新能源汽车生产企业及产品准入管理规定》

- 节能与新能源汽车示范与推广项目

- 节能与新能源汽车示范推广财政补助资金管理暂行办法
- 对13城公共领域HEV/HV/FC车型补贴

图5-3 电动汽车政策推进

■未来汽车总装技术是什么样子的？

随着世界工业水平的突飞猛进，电动汽车总装技术将进入工业4.0时代，也就是依托工业4.0大数据结合云计算的智能总装技术，如图5-4所示。

那么什么是"工业4.0"呢？工业4.0通过信息物理系统（Cyber-Physical Systems，CPS）将生产中的供应、制造、销售信息数据化、智慧化，最后达到快速、有效、个性化的产品供应。目前，工业4.0已经进入中德合作新时代，中德双方签署的《中德合作行动纲要》明确提出工业生产的数字化就是工业4.0。

智能总装技术是依据工业4.0的理念通过在生产装配系统中融合CPS来实现的。相对于传统系统，智能总装的产品、资源及处理过程因CPS的存在，具有非常高水平的实时性，同时在资源、成本节约方面颇具优势。

智能总装技术具有服从性、灵活性、自适应性以及可学习等特征，容错能力甚至风险管理能力都是非常先进的。其设备将实现高级自动化，通过可实时应对的、灵活的生产系统，能够实现生产过程

图5-4　工业4.0总装技术

的彻底优化。同时，生产优势不仅仅能在特定的生产条件下一次性体现，还可以实现由多家工厂、多个生产单元所形成的世界级网络的最优化。在这个系统中设定的选项及生产条件，可与其他环节进行独立的无线通信，智能编辑产品的特性、成本、物流管理、安全、信赖性、时间以及可持续性等要素，为每个顾客进行最优化的产品制造。图5-5为基于工业4.0的总装车间。

图5-5　基于工业4.0的总装车间

■国内电动汽车总装技术处于什么状态？

国内汽车总装车间的生产工艺设计以总成和模块化供货为主要方式，其中车门、仪表盘、动力总成等均在分装线上组装完成后送至主线装配，国内汽车总装车间如图5-6所示。

在总装装配水平上，国内落后于国外优秀汽车厂商，基本上是"以人为主、以机械自动化为辅"的工业2.0水平，个别企业达到了工业3.0的水平。目前，大多数电动汽车生产车间（见图5-7）的设备由国内和国外公司共同提供，从而有效地保证了生产质量和效率；生产线设计基本满足多个平台的产品共线生产，与看板拉动式的物流设计相结合，能够快速反应，从而能较好地满足顾客需求。

图5-6　国产汽车总装车间

图5-7　电动汽车生产车间

第六章
电动汽车结构与原理

■电动汽车是什么样子的?

纯电动汽车是指以车载电源为动力,用电机驱动车轮行驶,符合道路交通安全法规各项要求的车辆。纯电动汽车的组成部分主要包括:电源(动力电池)、驱动电机系统、整车控制器及充电系统、空调系统、冷却系统、制动系统、转向系统和数据采集终端等,而其他部分基本与传统的内燃机汽车相同,如图6-1所示。

车身造型:许多纯电动汽车都是由燃油车型改造而来的,因此两者的车身外形没有太大区别。如果是从零开始设计的纯电动汽车,为了便于在底板上放置动力电池,往往会将车身设计得较高一些。

动力系统:电机替代了发动机,起步转矩更大,起步迅猛。电机的动力输出大小由电子控制器来调节。

传动系统:电动汽车一般没有变速器,电机的转速变化通过电子控制器来调节,然后通过减速器、差速器直接传递到前轴或后轴上。

转向系统:采用电动助力转向,与现在越来越多地采用电动助力转向的燃油汽车相比没有什么差别。

行驶系统:悬架、车桥、车轮等与传统燃油汽车一样,没有太大差别。

制动系统:因为传统燃油汽车可以利用发动机的真空力量作为制动助力,所以电动汽车想要找到发动机真空的替代方案,最常用的办法就是装备一个电动真空泵,专门向真空制动助力器补充真空。

能量供给系统:电动汽车没有燃油箱,但动力电池比燃油箱体积大、重量重很多。

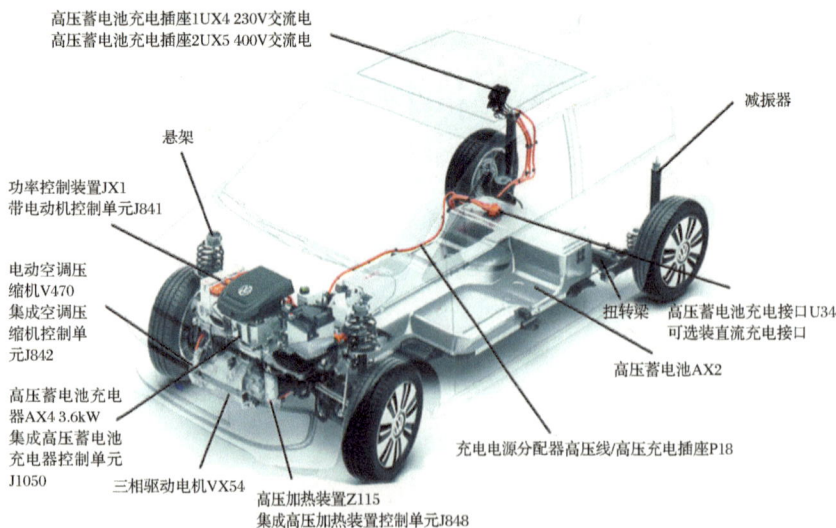

高压蓄电池充电插座1UX4 230V交流电
高压蓄电池充电插座2UX5 400V交流电
减振器
悬架
功率控制装置JX1
带电动机控制单元J841
电动空调压缩机V470
集成空调压缩机控制单元J842
高压蓄电池充电器AX4 3.6kW
集成高压蓄电池充电器控制单元J1050
三相驱动电机VX54
扭转梁
高压蓄电池充电接口U34 可选装直流充电接口
高压蓄电池AX2
充电电源分配器高压线/高压充电插座P18
高压加热装置Z115
集成高压加热装置控制单元J848

图6-1　纯电动汽车结构

■电动汽车是如何工作的?

电动汽车保留了传统汽车的加速踏板、制动踏板和各种操纵手柄等,但它不需要离合器。当驾驶人转动点火钥匙时,电动汽车并没有什么反应和动静,只是由附件电器接通电源,但电机并没有开始运转。在电动汽车工作时,传感器将加速踏板、制动踏板机械位移的行程量转换为电信号,输入电动汽车控制器,经处理后发出驱动信号,达到对电动汽车工况的控制。当汽车行驶时,电池组输出的直流电经电机控制器变为交流电驱动电机,电机输出的转矩经传动系统驱动车轮。当汽车减速时,车轮带动驱动电机转动,通过电机控制器使感应电机成为交流发电机而产生电流,再将交流电变为直流电向电池组充电(制动再生能量)。电动汽车控制器可通过各种传感器、电流检测器对电池组、驱动电机进行监控并及时反馈信息和报警,并通过电功率表、转速表和温度表等仪表进行显示,图6-2和图6-3为电动汽车工作原理图。

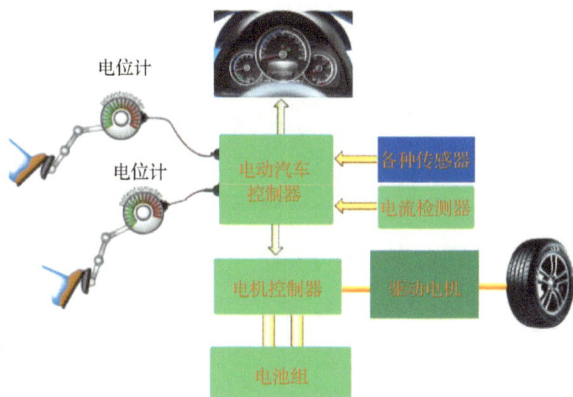

图6-2 电动汽车工作原理

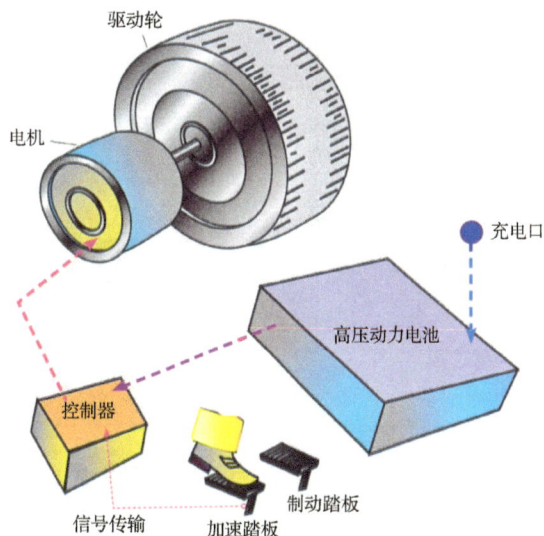

图6-3 电动汽车工作原理示意

■电动汽车是如何变速的?

电动汽车没有传统汽车的机械变速器,不需要利用齿轮机构将电机的输出转矩放大,只要控制好电机的转速即可实现电动汽车的变速。也就是说,只使用电控系统就能实现电动汽车的变速。如图6-4所示,减速器装在前机舱动力总成支架下方,和驱动电机连接在一起。

驾驶人踏下加速踏板——传感器检测到加速踏板被踩下去的深度(一般都会装备两个相同的传感器,以防误操作,只有两个传感器的数据完全一致时,才会进行下一步)——电控系统根据传感器信息调节电源频率——电机的转速随电源频率改变而

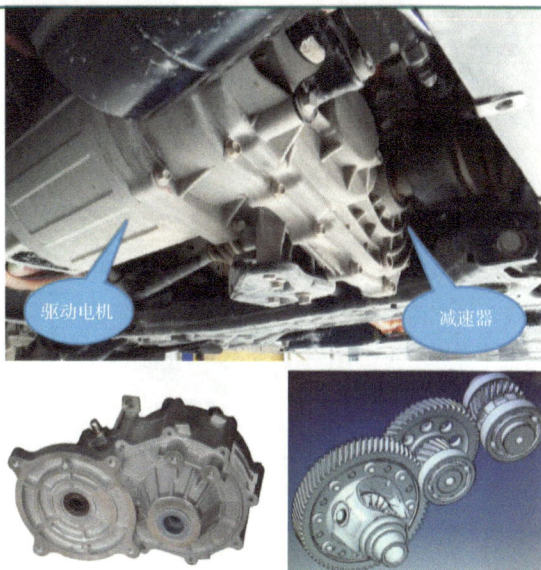

图6-4 电动汽车动力系统

改变——经过差速器、半轴等传动系统后，将电机动力输出的变化传递到驱动轮上，最终使汽车的速度产生变化，如图6-5所示。

倒车时，只要将供给电机的交流电方向调反，电机就会反转，从而驱动汽车倒退。

动力传递路线为：驱动电机→输入轴→输入轴轴齿→中间轴齿轮→中间轴轴齿→差速器半轴齿轮→左右半轴→左右车轮，如图6-6所示。

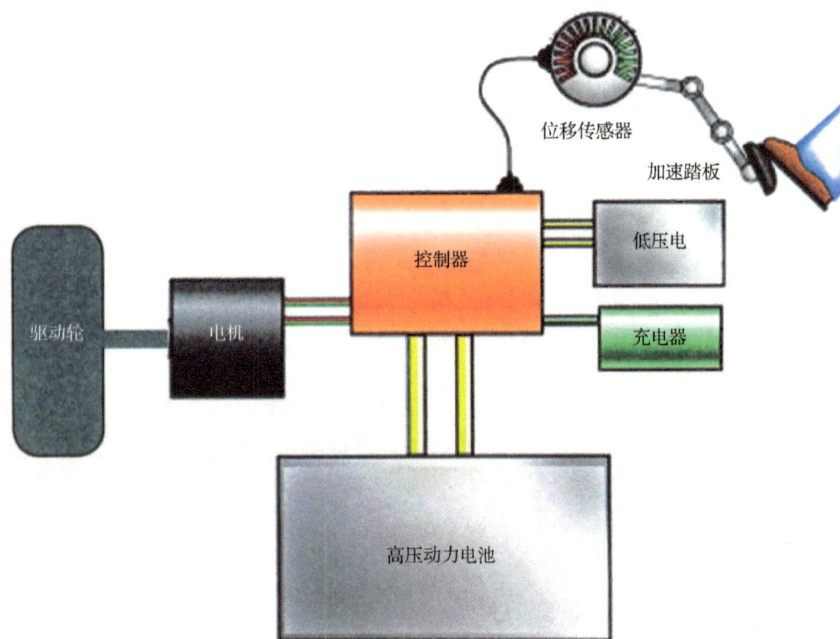

图6-5　电动汽车变速调节原理

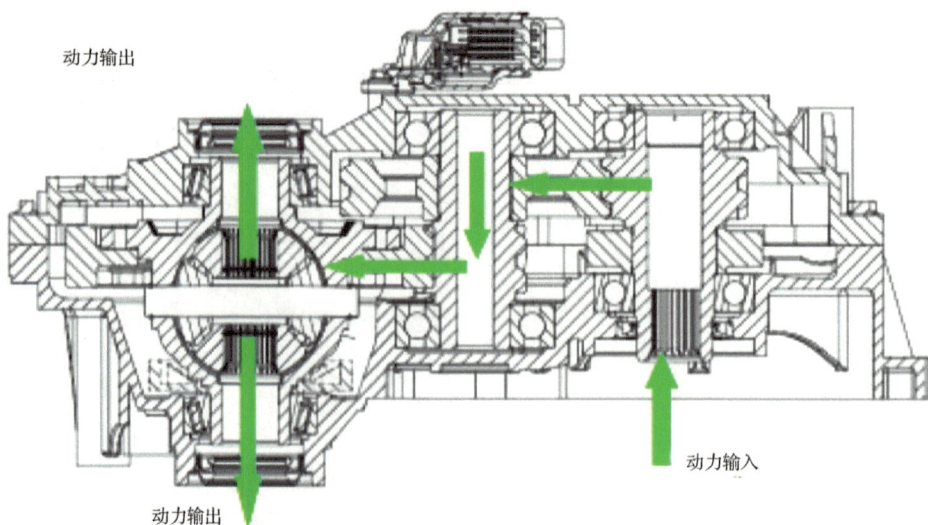

图6-6　动力传递路线

■增程式电动汽车长什么样？

顾名思义，增程式电动汽车是以提高纯电动汽车的续驶里程为目的，在纯电动汽车的基础上增加增程器而成的。它的基本结构由增程器、动力电池、驱动电机及传动系统组成，如图6-7所示。增程器通常由发动机和发电机组成，当动力电池电量不足时，通过增程器发电为驱动电机提供电能。动力电池和驱动电机的类型与其他纯电动汽车一致，动力电池电量充足时，为驱动电机提供电能。

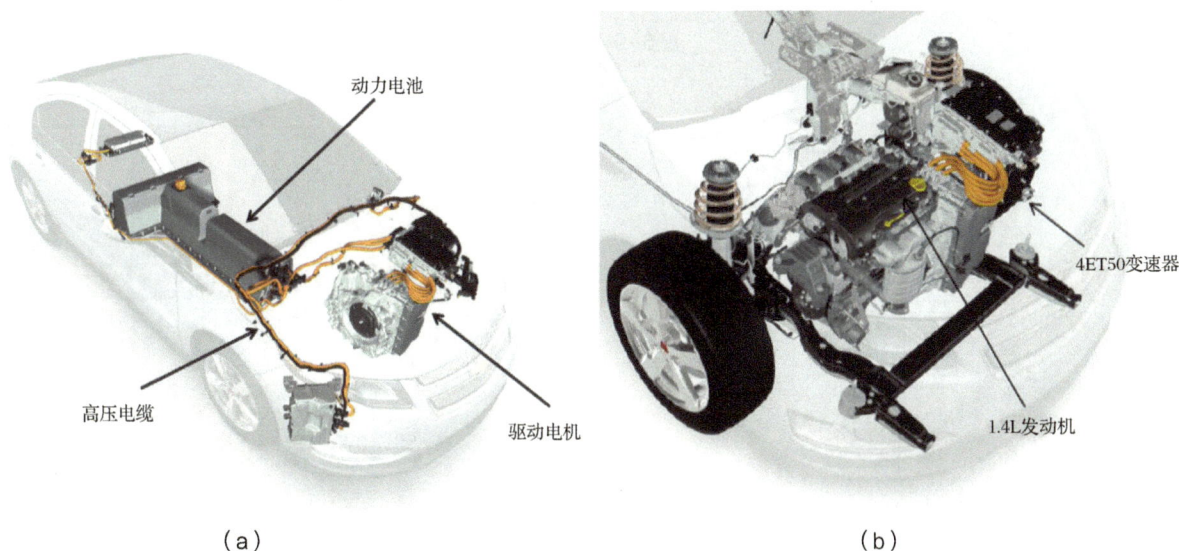

动力电池

高压电缆

驱动电机

（a）

4ET50变速器

1.4L发动机

（b）

图6-7 美国通用公司的Volt动力总成

■通用公司的Volt增程式电动汽车结构如何？

美国通用公司的Volt增程式电动汽车于2010年7月在北美上市，是世界首款量产增程式汽车，基本结构如图6-8所示。T型电池组包括增程器、主驱动电机、动力电池（内部含有220个电池，总重大约170千克，可提供16kW·h电量，如图6-9所示）。增程器由1.4升汽油发动机和永磁直流发电机组成，如图6-10所示。在Volt中，主驱动电机和发电机与行星齿轮机构集成设计，称之为Voltec电力驱动系统，如图6-11所示。两台电机通过行星齿轮机构驱动车辆。

此外，Volt还包括3个离合器CI、C2和C3。根据车辆不同的行驶模式，通过控制这些离合器使发电机处于不同的工作状态。

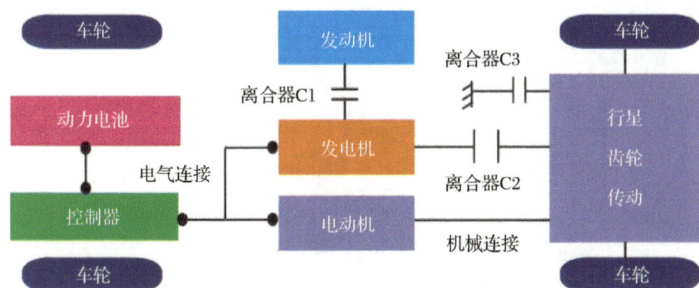

图6-8 增程式电动汽车基本结构

图6-9　T型电池组

（a）汽油发动机

（b）永磁直流发电机

图6-10　增程器结构

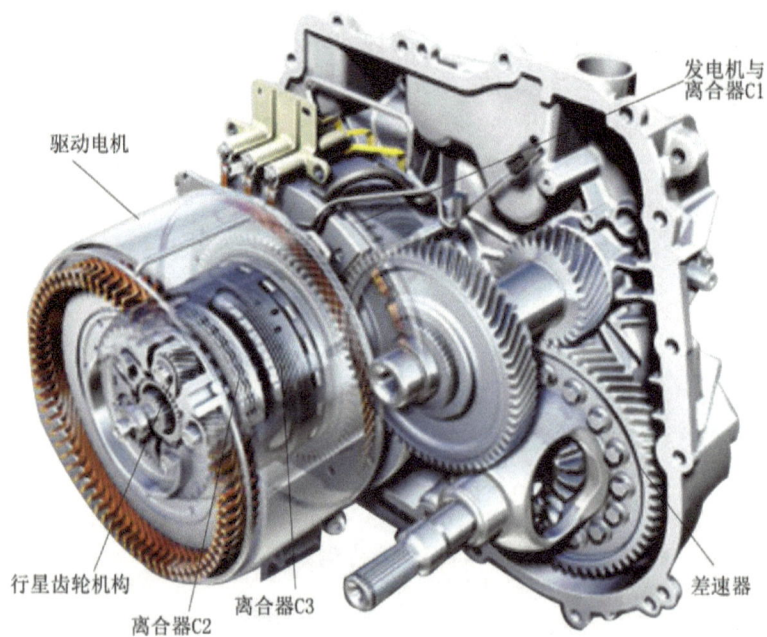

图6-11　Voltec电力驱动系统

■通用公司的Volt增程式电动汽车是如何工作的?

Volt增程式电动汽车在动力系统方面,由一台1.4升的阿特金森发动机、一台发电机(可转换成电动机)、一台电动机这三个单元组成,它们通过一组行星齿轮与三个电控离合器连接,其中发动机通过离合器C3连接发电机,发电机通过离合器C2连接行星齿轮外齿圈,而电动机则刚性连接行星齿轮的太阳轮。离合器C1并不连接任何单元,用途是锁止行星齿轮的外齿圈,而行星齿轮组中的行星架则刚性连接着输出轴,传动比例为7∶1。通过离合器的控制可以完成四种驱动模式的转换,这四种工作模式分别为:低速单一电动机纯电动行驶模式、高速双电动机纯电动行驶模式、低速单一电动机纯燃油行驶模式、高速双电动机纯燃油行驶模式。具体而言,各工作状态的动力系统参与模块如下。

1)纯电动工作模式一:低速单一电动机行驶模式。

在此模式中,离合器C1接合,C2和C3分离,行星齿轮齿圈锁止。发动机处于关闭状态,离合器C1锁止行星齿轮外齿圈,离合器C2、C3都处于分离状态,此时电池输出电量至电动机驱动行星齿轮的太阳轮,由于行星齿轮的外齿圈锁止,所以全部动力均输出至行星架,通过行星架再输出至输出轴,最后到达车轮。发动机和发电机不工作,主驱动电机提供车辆所需的所有驱动力矩,如图6-12所示。这是Volt增程式电动汽车最为重要的行驶模式,也是其区别于混合动力车型的要点。在该模式下,车辆只由主电机驱动,这时候的Volt增程式电动汽车是一台不折不扣的电动汽车,在路况良好的情况下,电池的续航能力大约为80千米。

这种传动方式非常简单,由于没有任何变速机构,所以车速与电动机的转速有直接关系,当车辆达到较高时速时,电动机也只能被迫进入高转速的低能效工况,这是目前电动车辆最头疼的问题之一,所以工程师针对这种情况设计了高速双电动机行驶模式。

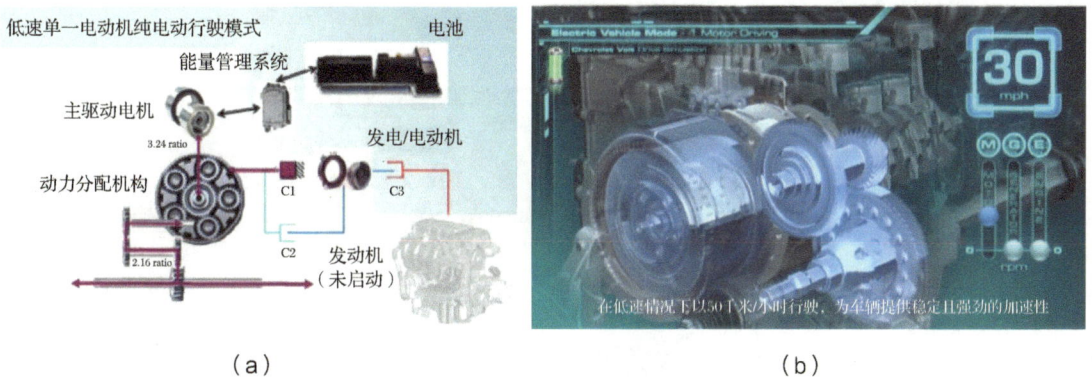

图6-12　低速单一电动机纯电动行驶模式

2)纯电动工作模式二:高速双电动机行驶模式。

在此模式中,离合器C2接合,C1、C3分离。在该种工况下,发动机依然处于关闭状态,系统会锁止离合器C2,从而把发电机(可转换成电动机)与行星齿轮的外齿圈连接,然后松开离合器C1,此时电子系统会把发电机转换成小电动机,然后由电池组供电给电动机与小电动机(发电机转换而成)分别驱动太阳轮以及外齿圈,以达到共同驱动行星架的目的。发电机变为电动机与主驱动电机共同为整车提供驱动力,这种方式提高了整个驱动系统的效率,能够在车辆高速行驶时提供更多的行驶里程。为了应付高速巡航的需求,2台电动机同时带动车辆前进,如图6-13所示。这样的好处是让单台电动机的负荷减少,提高用电效率,减少用电量,增加航程。此时由于传动比例的变化,电动机可以大幅度降低转速,协同了小发电机一同工作又不用担心改变齿数比后扭矩与功率的不足，在高速行驶模式下，该种工况可以比单一的电动机驱动工况让Volt增程式电动汽车多行驶1.6～3.2千米。

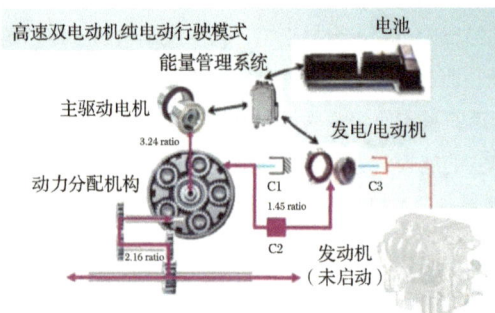

（a）

（b）

图6-13　高速双电动机纯电动行驶模式

3）纯燃油工作模式一：低速单一电动机行驶模式。

当SOC低于预定阈值时，整车进入增程模式。在车速较低时，离合器C1、C3接合，C2分离。

此时发动机处于启动状态，这种工况就如同纯电动模式下的单一电动机行驶模式，唯一的区别是锁止的离合器C3连接了发动机与发电机，从而进行发电，产生的电量供给能源管理模块后会再次供给电动机驱动整部车辆，如图6-14所示。此模式下，只有主驱动电机提供整车行驶动力。发动机带动发电机发电，维持电池SOC处于最小荷电状态，待停车后使用电网为电池充电：增程器和动力电池共同为主驱动电机提供电能。这时候的车辆由主电机驱动，发电机只管为电池充电。这种模式只能用于电机中低负荷的运转，毕竟发电量有限。

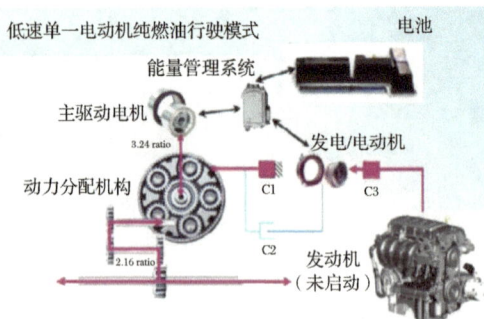

（a）

（b）

图6-14　低速单一电动机纯燃油行驶模式

4）纯燃油工作模式二：高速双电动机行驶模式。

在此模式中，离合器C1分离，从而让行星齿轮的外齿圈可以被驱动，待电动机转速降低、发电机转速上升之后，也可以说整个系统的转速在行星齿轮得到匹配之后，离合器C2、C3接合，进而把发动机、电动机都锁止在外齿圈上，此时三个动力系统的单元都被刚性连接，均可以输出动力到车轮，但此时电动机依然是主要的做工机构，发动机主要带动发电机产生电能，以及输出少量的动能到齿轮组驱动车轮，但由于整个行星齿轮组系统拥有配速功能，所以发动机的转速与车轮转速可以没有直接关系。与混合动力汽车不同的是，如果没有主电机参与驱动，发动机是不能直接驱动车辆的。这时候的发动机和电动机一起承担了驱动车辆的任务，同时为电池充电，如图6-15所示。

该种模式主要应对纯燃油模式在高速行驶时的工况，三个单元同时介入可以让其比单一电动机工况能源效率提升10% ~ 15%，这套系统虽然非常复杂，但是能够获得这样的能源收益绝对称得上是不错的设计。

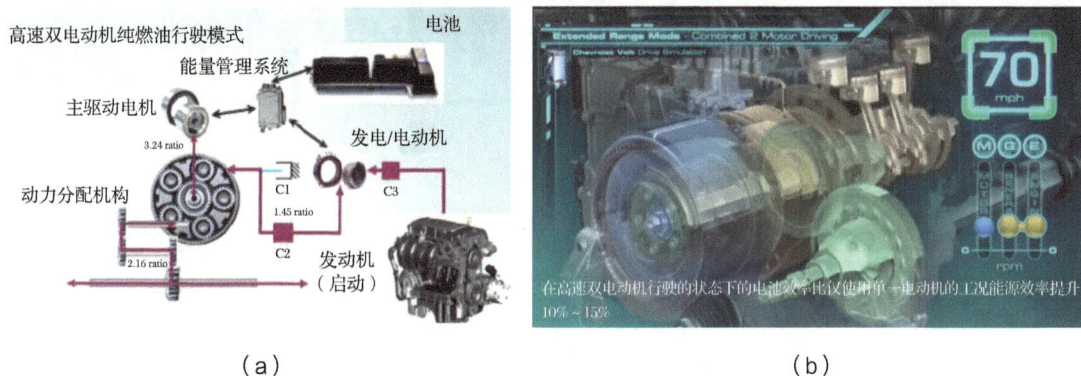

（a）

（b）

图6-15　高速双电动机纯燃油行驶模式

第七章
电动汽车电机结构

■什么是三相交流电机？

三相交流电机是一种电动机械式转换器，可以作为电机或发电机使用。作为电机使用时可以通过三相电流产生旋转电磁场。作为发电机使用时则可以产生三相电流。三相电流是一种带有三个相位的交流电流。三相电流的名称源自其产生方式。

从图7-1中可以看出三个交流电压的相位在时轴上都有对应的时间点，因此可以确定各个位置上的三个交流电压之和为零。

为了能够产生旋转磁场，需要三个针对其中心轴旋转120°的线圈。通常这三个线圈被安装在三相交流电机的定子上，如图7-2所示。通过这三个线圈提供相位差为120°的交流电压。线圈以星形电路或三角形电路连接，根据需要可以选择使用这两种电路。重要的是三个内部有电流流动的绕组相之间的相位差为120°。旋转磁场可以使三相交流电机的结构更简单。

在星形电路中，U2、V2和W2支路在星形交叉点相互连接在一起。每个支路的起始点U1、V1和W1与星形电路的外部导体连接；在三角电路中，每个线圈的支路起始点都与另一个线圈的支路相连。如图7-3所示为绕组相的星形和三角形电路。原则上将所有线圈依次连接。外部导体L1、L2和L3从连接部位与用电器相连。通过线圈的相互连接，在布线时三个相位L1、L2和L3仅需三根导线。

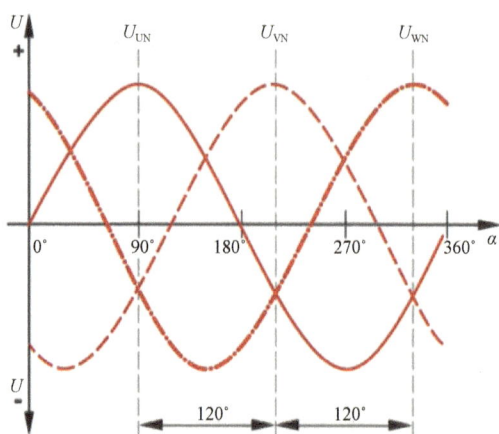

图7-1　三个交流电压的相位

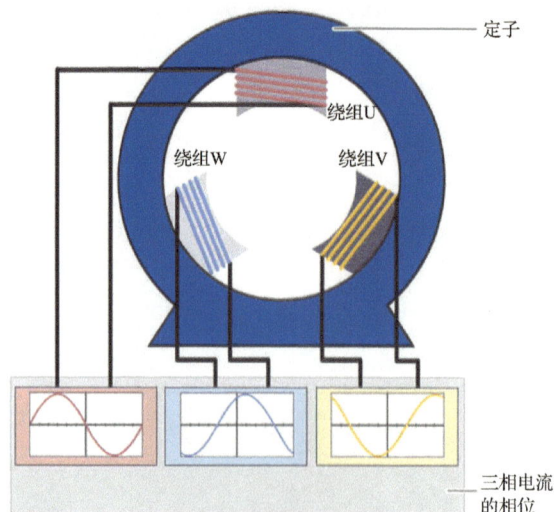

图7-2　定子的结构

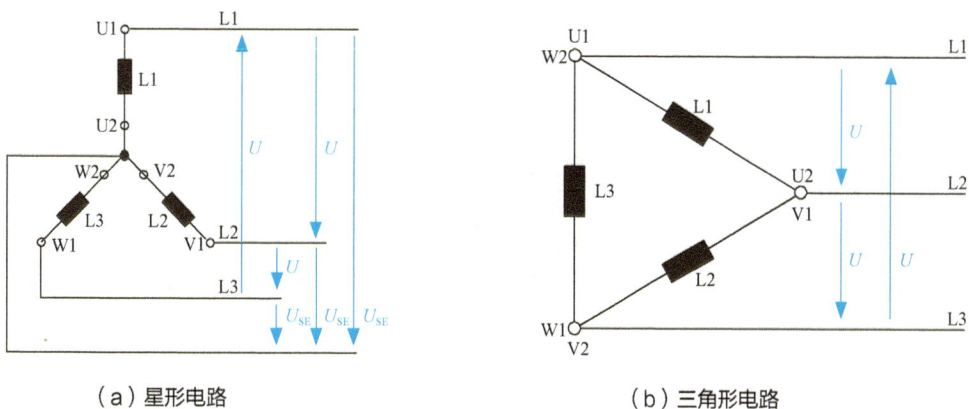

（a）星形电路　　　　　　　　　（b）三角形电路

图7-3　绕组相的星形和三角形电路

■电动汽车电机有哪些类型？

　　电机是一种设备，通过这种设备可以将电能转换为机械能，也可以将机械能转换为电能。根据转换能量的不同，被称为电动机（将电能转换为机械能）或发电机（将机械能转换为电能）。电机使用了磁极同性相斥异性相吸的原理。通过电流产生至少一个磁场。电机一方面可以根据电流类型进行分类，例如直流或交流电机，另一方面也可根据工作原理分类。如图7-4所示为电机分类。

　　由于技术的发展，可以通过原电池提供直流电能，这样就诞生了第一台电动机械式能量转换器，即直流电机。首台直流电机制造于1830年。大约自1890年起，随着三相交流电的出现，同步电机逐渐取代了直流电机的主导地位。

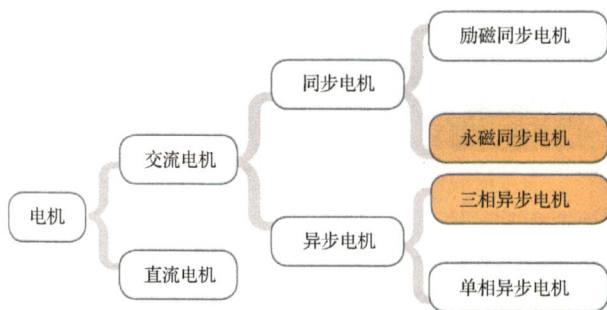

图7-4　电机分类

■电动汽车电机构造如何？

　　1）三相电流同步电机。

　　在发电站中，同步电机主要作为可以产生电能的发电机使用。在车辆中，同步电机可作为发电机为电子用电器提供电能和为蓄电池充电。之前在中等功率范围内很少使用同步电机，但是这一现象即将改变，因为在混合动力车辆上将会大量使用同步电机。三相电流同步电机的结构如图7-5所示，如图7-6所示为奥迪Q5三相电流同步电机结构。

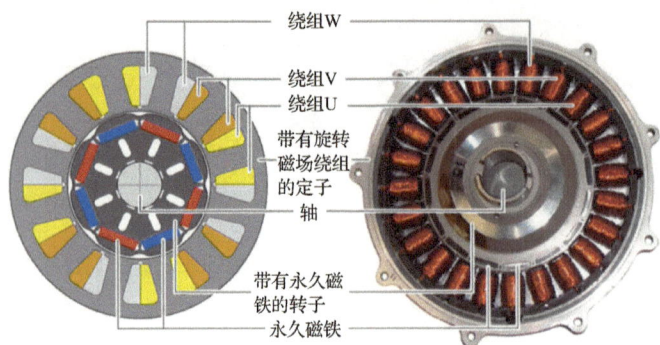

图7-5 三相电流同步电机内部结构

同步电机的定子绕组安装在电机内部，而带有永久磁铁的转子则安装在电机外部，这样设计出的电机被称为带有外部转子的电机。

同步电机的工作原理：如果在定子的绕组上施加一个三相电流，就会产生相应的旋转磁场。转子的磁极随着该旋转磁场的方向进行相应的转动。这样就可以使转子转动。转子转动的速度与旋转磁场的转速相同，该

图7-6 奥迪Q5三相电流同步电机结构

转速也被称为同步转速，同步电机也因此得名。通过三相电流的频率和极点数量能精确规定同步电机的转速。

2）三相电流异步电机。

三相电流异步电机可以作为电动机或发电机使用。异步电机的特点是不为转子直接提供电流，而是通过与定子旋转磁场的磁场感应产生转子磁场。因为转子使用了定子旋转磁场产生的感应电流，所以通常异步电机也被称为感应式电机。转子通常采用带有后端短路导体棒的圆形罐笼，如图7-7所示为异步电机的结构。

异步电机具备变频调速的能力，其效果相当于装配无级变速器的车辆在加速时发动机转速与车速较为线性的对应关系。

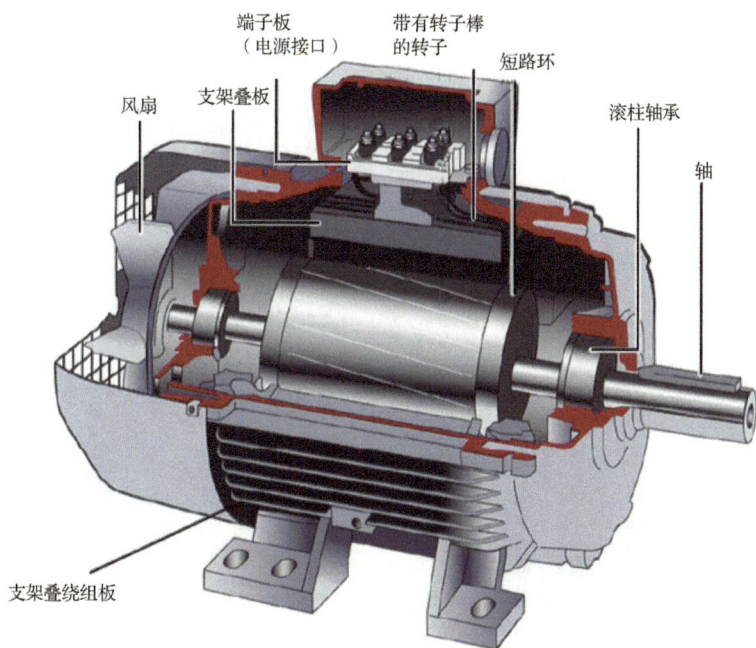

风扇　　支架叠板　　端子板　　带有转子棒　　短路环　　滚柱轴承　　轴
　　　　　　　（电源接口）　的转子

支架叠绕组板

图7-7　异步电机的结构

　　通过定子绕组产生的旋转磁场与转子绕组的相对运动，转子绕组切割磁感线产生感应电流，该电流同样可以产生磁场。楞次定律指出，感应电流产生的磁场总是阻碍引起感应电流的磁通量的变化，因此产生的扭矩可以使转子按照定子旋转磁场的方向进行转动。定子和转子旋转磁场之间的相对速度是引起感应电流的原因。转子的转速不允许达到定子旋转磁场的转速，因为这样会使导体回线内的磁流变化为零，从而无法产生感应电压。定子旋转磁场转速和转子转速之间的差被称为异步转速。异步转速的大小取决于负荷。定子旋转磁场和转子以不同的转速旋转，也就是说没有同步转动，因此这种电机被称为异步电机。三相异步电机的工作原理如图7-8所示。异步电机与直流电机相比，优点是结构简单且坚固耐用，不再需要集电环和电刷。由于结构简单因此价格便宜且所需维护较少，异步电机通常被作为电动机使用。

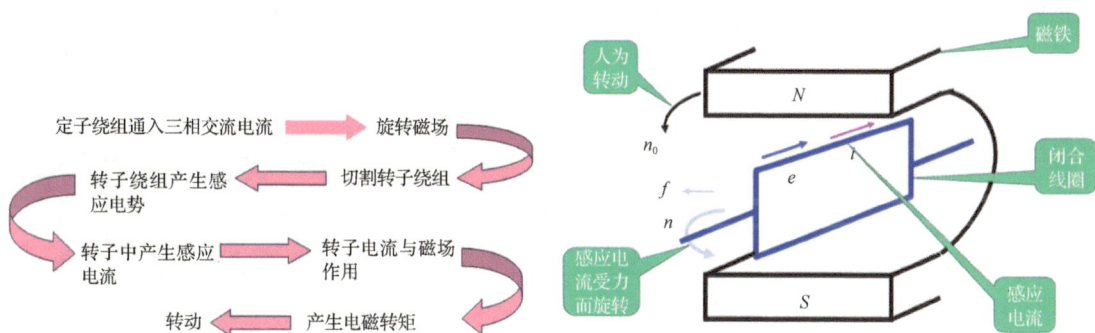

图7-8　三相异步电机工作原理

　　3）永磁同步电机。

　　永磁同步电机是将永久磁铁取代他励同步电机的转子励磁绕组，将磁铁插入转子内部，形成同步旋转的磁极。电机的定子与普通同步电机两层六极永磁磁阻同步电机的定子和转子一样。如图7-9所示为永磁同步电机，转子上不再用励磁绕组、集电环和电刷等来为转子输入励磁电流，输入定子的是三相正弦波电流，这种电机称为永磁同步电机。

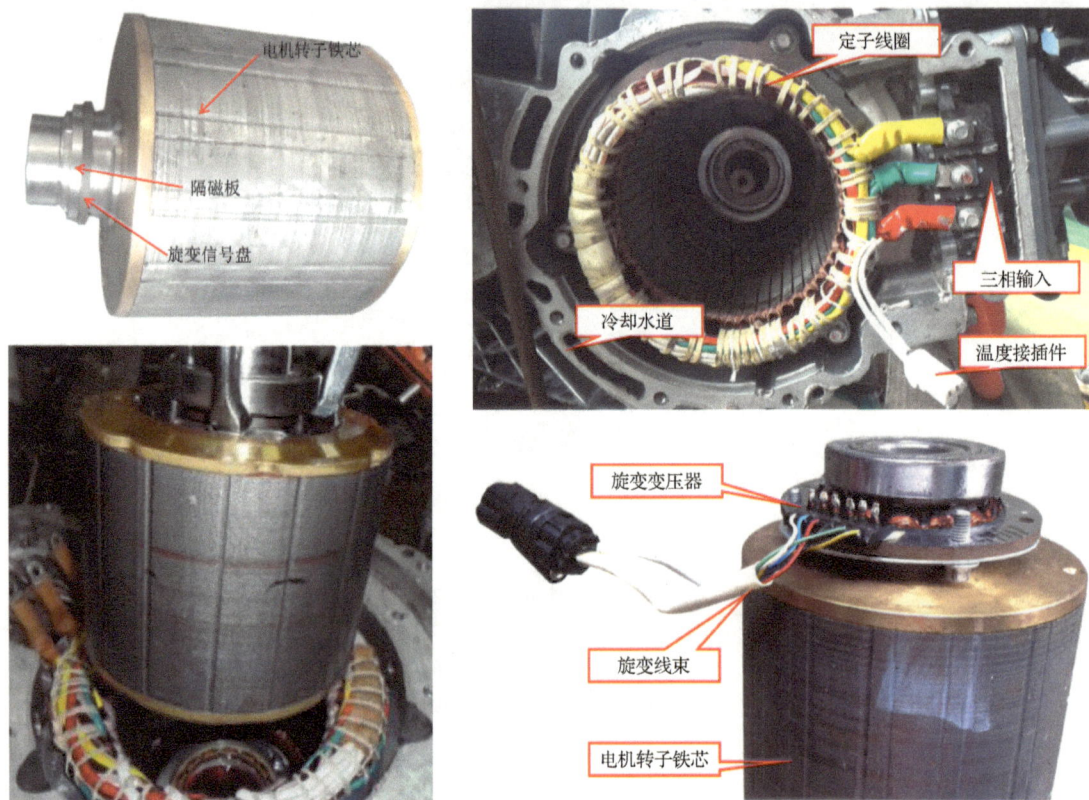

图7-9　永磁同步电机

永磁同步电机具有高达97%的效率和高比功率（远远超过1kW/kg）的优点。输出转矩与转动惯量比都大于类似的三相感应电机。在高速转动时有良好的可靠性，平稳工作时电流损耗小。永磁同步电机在材料的电磁性能、磁极数量、磁场衰退等方面的性能都优于其他种类的电机，工作噪声也低，其结构如图7-10所示。

在同步电机的轴上装置转子位置传感器和速度传感器，它们产生的信号是驱动控制器的输入信号。永磁同步电机具有功率密度高、调速范围宽、效率高、性能更加可靠、结构更加简单、体积小的优点。与相同功率的其他类型的电机相比较，更加适合作为EV、FCEV（燃料电池电动车）和混合动力汽车的驱动电机。

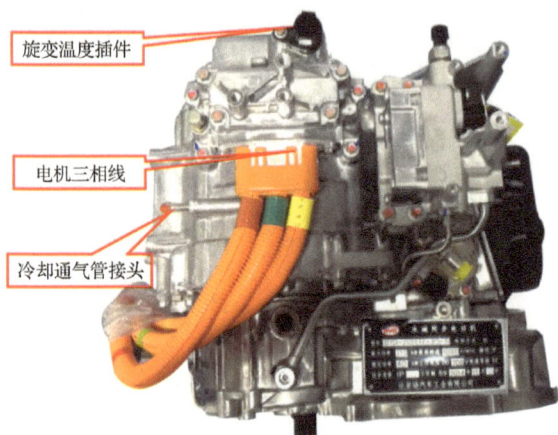

图7-10　永磁同步电机结构

4）开关磁阻电机。

开关磁阻电机结构简单，性能优越，可靠性高，覆盖功率范围10W ~ 15MW的各种高低速驱动调速系统。因此开关磁阻电机有许多潜在的应用领域，在各种需要调速和高效率的场合均能得到广泛使用（电动汽车驱动、通用工业、家用电器、电力传动等各个领域）。其结构及功能特点如下。

（1）结构简单，价格便宜，电机的转子没有绕组和磁铁。

（2）电机转子无永磁体，允许较高的温升。由于绕组均在定子上，电机容易冷却。效率高，损耗小。

（3）转矩方向与电流方向无关，只需单方向绕组电流，每相一个功率开关，功率电路简单可靠。

（4）转子上没有电刷，结构坚固，适用于高速驱动。

（5）转子的转动惯量小，有较高的转矩惯量比。

（6）调速范围宽，控制灵活，易于实现各种再生制动能力。

（7）具有频繁启动（1000次/小时）的能力，可供正反向运动的特殊场合使用。

（8）启动电流小，启动转矩大，低速时更突出。

（9）电机的绕组方向为单方向，电力控制电路简单，具有较高的经济性和可靠性。

（10）可通过机电的统一协调设计满足各种特殊使用要求。

电动汽车P挡电机为开关磁阻电机，属于步进电机的范畴，该电机内部有叶轮和摆轮等部件，叶轮每旋转60圈，摆轮旋转一圈，摆轮通过花键与锁止机相连将变速器锁止。

此开关磁阻电机的通电周期为三相六拍（三相12/8极SR，A-AB-B-BC-C-CA-A），结构如图7-11所示。

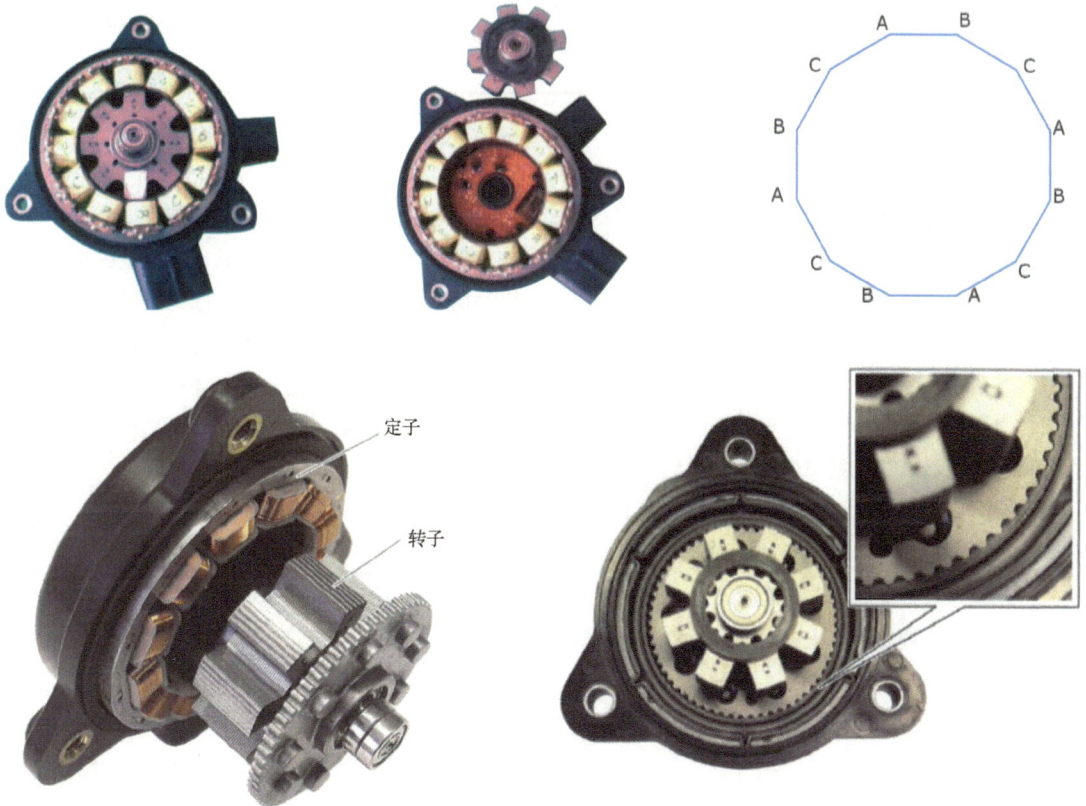

图7-11 开关磁阻电机结构

■电动汽车电动机转矩大吗?

电动汽车上的电动机需要很大的功率。别看电动机的个头较小,但它输出的功率和转矩并不小,完全可以与发动机媲美。更难能可贵的是,电动机的转矩特性更适合作为汽车的驱动装置,因为电动机在起动时就能达到最大转矩,或者说在零转速时电动机就具有最大转矩,而发动机的最大转矩至少要在发动机转速达到1200r/min以上时才可以达到。这是因为电动机的定子与转子之间没有任何接触,两者在物理结构上完全独立,当转子受电磁感应而旋转时,可以说在它内部没有受到任何阻力,可以很容易地达到最大转矩。而燃油发动机的旋转机构有很多"累赘":飞轮、曲轴、连杆、活塞等,不仅有重力,而且还有摩擦力等会影响旋转机构的运转,因此它的转矩输出必须随着转速的提高而逐渐提升。如图7-12所示为电动机与发动机结构。

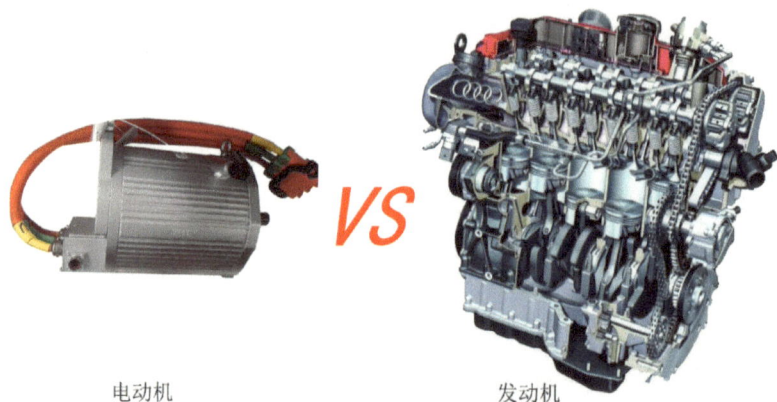

电动机　　　　　　　　发动机

图7-12　电动机与发动机结构

■电动汽车电机是如何工作的?

驱动电机在车辆上的工作过程可根据驾驶人的意愿将其分为几种状态,如在D挡加速行车时、R挡倒车时、减速制动时、E挡行驶时等。

1)D挡加速行车。

驾驶人换D挡并踩加速踏板,此时挡位信息和加速信息通过信号线传递给整车控制器,其把驾驶人的操作意图通过CAN线传递给驱动电机控制器,再由驱动电机控制器结合旋变传感器信息(转子位置),进而向永磁同步电机的定子通入三相交流电,三相电流在定子绕组的电阻上产生电压降。由三相交流电产生的旋转电枢磁动势及建立的电枢磁场,一方面切割定子绕组,并在定子绕组中产生感应电动势;另一方面以电磁力拖动转子以同步转速正向旋转。

随着加速踏板行程不断加大,驱动电机控制器控制的6个IGBT(绝缘栅双板型晶体管)导通频率上升,电机的转矩随着电流的增加而增加,因此,基本上拥有最大的转矩。随着电机转速的增加,电机的功率也增加,同时电压也随之增加。在电动汽车上,一般要求电机的输出功率保持恒功率,即电机的输出功率不随转速增加而变化。这就要求在电机转速增加时,电压保持恒定,电机机械特性曲线如图7-13所示。

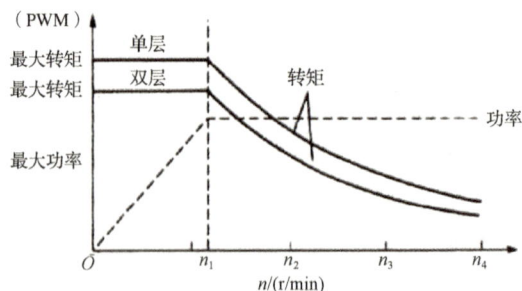

图7-13　电机机械特性曲线

与此同时，驱动电机控制器也会通过电流传感器和电压传感器感知电机当前功率、消耗电流大小和电压大小，并把这些信息数据通过CAN网络传送给仪表、整车控制器，其具体工作原理如图7-14所示。

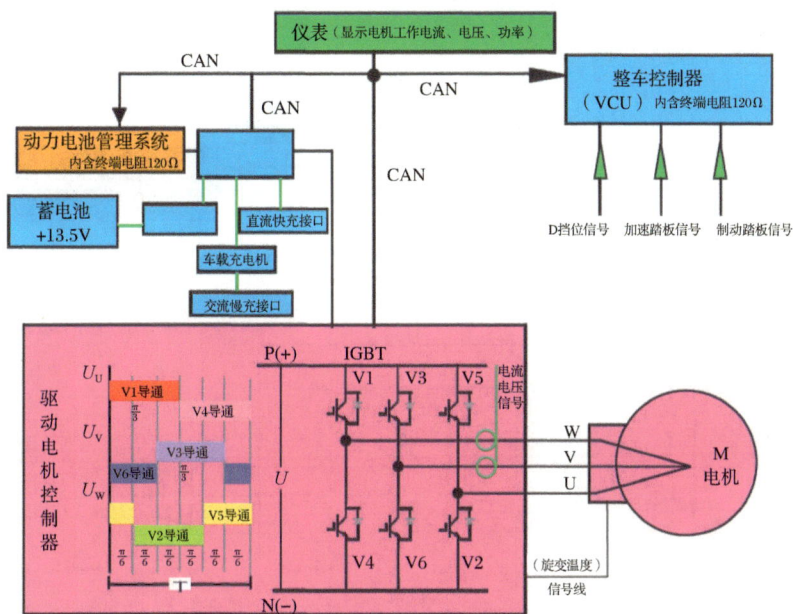

图7-14　驱动电机控制器工作原理

2）R挡倒车时。

当驾驶人挂R挡时，请求信号发给整车控制器，再通过CAN线发送给驱动电机控制器。此时驱动电机控制器结合当前旋变传感器（转子位置）信息，通过改变IGBT模块来改变通电顺序，进而控制电机反转。

3）减速制动时。

在驾驶人松开加速踏板时，电机在惯性的作用下仍在旋转，设车轮转速为$V_轮$、电机转速为$V_{电机}$，车轮与电机固定传动比为K。当车辆减速，$V_轮$乘以K小于$V_{电机}$时，电机仍是动力源。随着电机转速下降，当$V_轮$乘以K大于$V_{电机}$时，此时电机相当于被车辆带动而旋转，电机变为发电机。

动力电池管理系统（BMS）可以根据电池充电特性曲线（充电电流、电压变化曲线与电池容量的关系）和采集电池温度等参数，计算出相应的允许最大充电电流。驱动电机控制器根据电池的允许最大充电电流，通过控制IGBT模块使发电机定子线圈旋转磁场角速度与转子角速度保持到发电电流不超过允许最大充电电流，以调整发电机向蓄电池充电的电流，同时这也控制了车辆的减速速度a，反向电流施加的具体过程如图7-15所示。

当踩下制动踏板时，驱动电机控制器输出的电流频率会急剧下降，馈能电流在驱动电机控制器的调节下充入高压电池。当IGBT模块全部关闭时在当前的反拖速度和模式下为最大馈能状态，此时驱动电机控制器对发电机没有实施速度和电流的调整，发电机所发的电量全部转移给蓄电池。由于发电机负载较大，因此此时车辆减速也比较快。

能量回收的条件：电池包温度低于5℃时，能量不回收。单体电压在4.05～4.12V时，能量回收6.1kW。单体电压超过4.12V时，能量不回收。单体电压低于4.05V时，能量满反馈。SOC大于95%、车速低于30km/h时，没有能量回收功能，且能量回收及辅助制动力大小与车速和踩下制动踏板行程相关。

4）E挡行驶时。

E挡为经济驾驶模式，在车辆正常行驶时，E挡与D挡的根本区别在于驱动电机控制器和整车控制器内部程序及控制策略不同。在加速行驶时，E挡相对于D挡来说提速较为平缓，蓄电池放电电流也较为平缓，目的是尽可能节省电量以延长行驶距离，而D挡提速较为灵敏，响应较快。E挡更注重能量回收，松开加速踏板时，驱动电机被车轮反拖发电时所需的"机械能"牵制了车辆的滑行，从而起到了一定的降速、制动的效果，所以E挡此时的滑行距离比D挡的短。

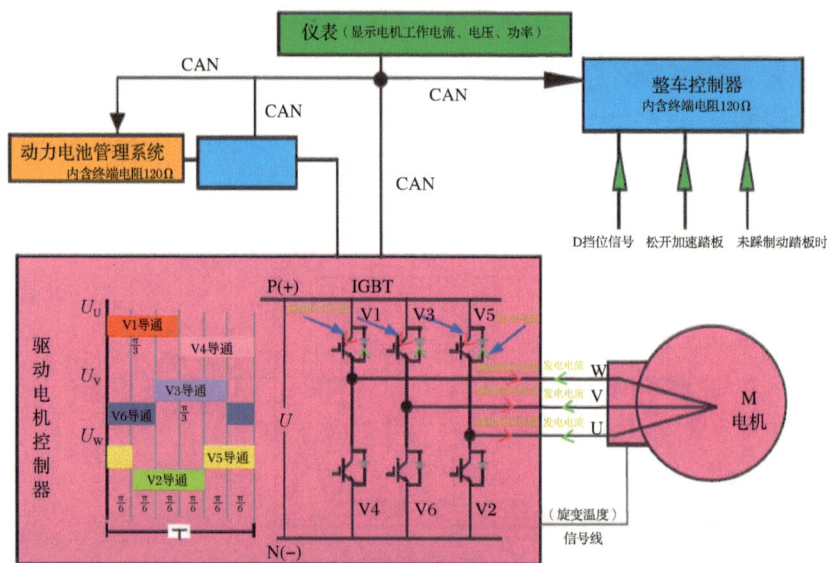

图7-15　反向电流的施加

■驱动电机与普通电机有何区别？

电动汽车是汽车行业的发展趋势，大家都知道其原理核心是用电机替代发动机，实现电力驱动。但大家有没有想过电动汽车上的电机和普通电机是否一样呢？答案肯定是否定的，和常规使用感应电机相比，电动汽车电机无论在性能要求和驱动原理上都有较大区别，驱动电机和普通电机如图7-16所示。

图7-16　驱动电机和普通电机

新能源汽车用电机的安装环境狭小，其工作环境复杂多变且恶劣——振动大、冲击大、灰尘多、腐蚀严重、高温高湿且温度变化大。因此新能源对驱动电机系统的要求是：

1）电机应具有较大的启动转矩和较大范围的调速性能，以满足启动、加速、行驶、减速、制动等所需的功率与转矩，还应具有自动调速功能，以减轻驾驶员的操纵强度，提高驾驶的舒适性，并且能够达到与内燃机汽车加速踏板同样的控制响应。

2）能够承受4～5倍的过载，以满足短时加速

行驶与最大爬坡度的要求，并能够实现四象限的运转，高效率地回收电动车辆在制动时反馈的能量。

3）高电压、高转速。有利于提高电机的比功率，减小电机的尺寸，降低电机的重量和各种控制装置和导线的截面积。有利于在电动车辆上进行安装和布置，可以降低成本。

4）电动汽车电机应该具备较大范围的调速能力，在低速时具有较大的转矩，在高速时具有高功率，能够根据驾驶需要，随时调整电动汽车的行驶

速度和相应的驱动力。

5）电动汽车电机应该具备良好的效率特性，在较宽的转速/转矩范围内，获得最优的效率，提高一次充电后的持续行驶里程，一般要求在典型的驾驶循环区，获得85%～93%的效率。

6）电动汽车电机的外形尺寸要求尽可能小，质量尽可能轻，功率密度最优化。

7）电动汽车电机应该具备良好的可靠性，耐温和耐潮湿性能强，能够在较恶劣的环境下长期工作，运行时噪声低，维修方便。

8）可以结合驱动电机控制器有效地回收制动产生的能量。

■为什么说驱动电机是核心部件？

驱动电机、电控系统、动力蓄电池是纯电动汽车的核心部分，称为"三电"。

驱动电机按照驾驶人的意图将动力电池的高压直流转变成驱动电机的高压三相交流电，从而使驱动电机产生旋转力矩，并通过传动装置将驱动电机的旋转运动传递给车轮，实现车辆的行驶，如图7-17所示。

目前，驱动电机不仅可以驱动车辆，而且可以进行制动能量回收。

驱动电机在制动、缓慢减速时，通过整车电控单元发出相应指令使驱动电机转为发电机发电工况，此时驱动电机会将车辆动能转化为电能，如图7-18所示，然后通过驱动电机控制器以电能形式向动力电池充电。

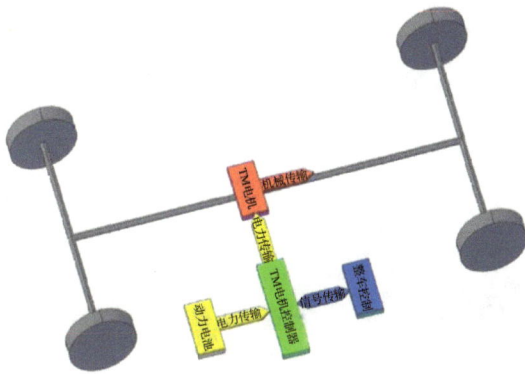

图7-17　驱动电机系统驱动模式一

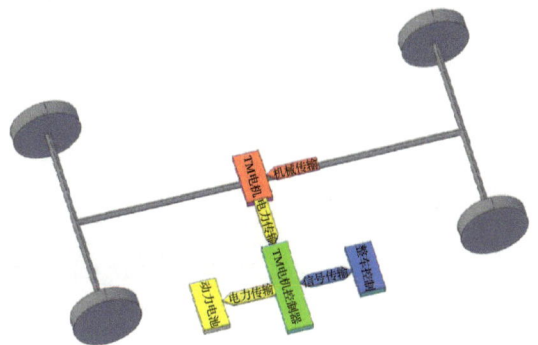

图7-18　驱动电机系统驱动模式二

■驱动电机相当于传统汽车上的哪个零部件？

在电动汽车上，驱动电机替代了传统汽车上的发动机和发电机，如图7-19所示。发动机通常是把化学能转化为机械能驱动车辆行驶，而驱动电机将电能转化为机械能驱动车辆行驶。发电机通过将机械能转化为电能并储存在蓄电池上，驱动电机通过制动能量回收功能将车辆机械能转化为电能储存在动力电池上。

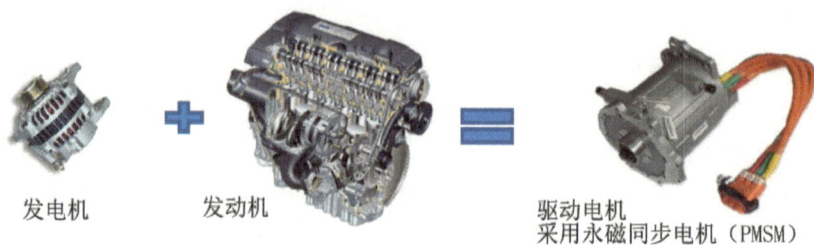

发电机　　　　　发动机　　　　　　驱动电机
　　　　　　　　　　　　　　　　采用永磁同步电机（PMSM）

图7-19　驱动电机代替传统发动机

■驱动电机安装在什么位置？

如图7-20中标注所示，驱动电机装在前机舱动力总成支架下面，与减速器、传动半轴连接。

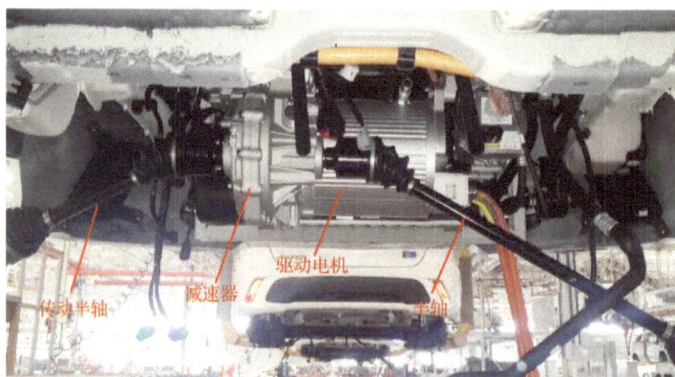

传动半轴　　减速器　　驱动电机　　　　半轴

传动半轴　　　驱动电机　　　　　　真空罐

图7-20　驱动电机安装位置

■旋转变压器有什么作用？

旋转变压器是一种电磁式传感器，又称同步分解器，由旋变线圈等组成，如图7-21所示。它是一种测量用的小型交流电动机，用来测量旋转物体的转轴角位移和角速度，驱动电机用其检测电机转子位置，由控制器解码后可以获知电机转速。

旋转变压器在运动伺服控制系统中，作为角度位置的传感器和测量用。磁阻式旋转变压器的励磁绕组和输出绕组放在同一套定子槽内，固定不动。但励磁绕组和输出绕组的形式不一样。两相绕组输出信号，仍然随转角作正弦变化的、彼此相差90°的电信号。转子磁极形状做特殊设计，使气隙磁场近似于正弦形，转子形状的设计也必须满足所要求极数，也就是说，转子的形状决定了极数和气隙磁场形状。

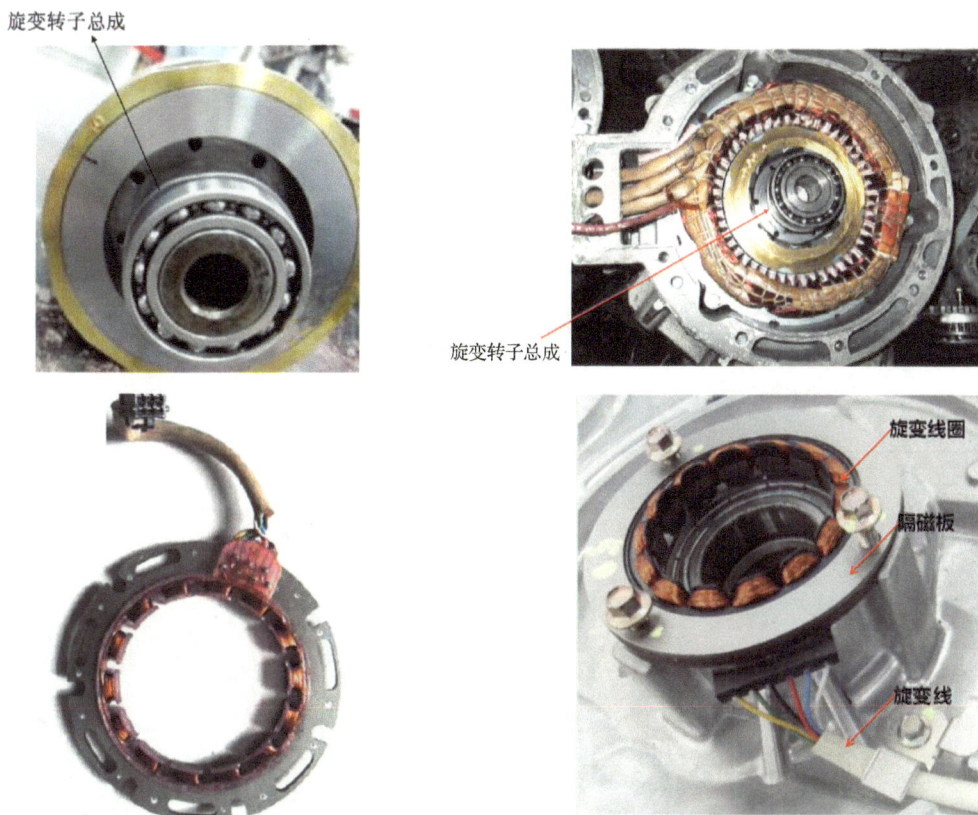

图7-21　旋转变压器

■旋转变压器是如何工作的？

旋转变压器的工作原理和普通变压器基本相似，区别在于普通变压器的一次、二次绕组是相对固定的，所以输出电压和输入电压之比是常数。而旋转变压器的一次、二次绕组随转子的角位移发生相对位置的改变，因而其输出电压的大小随转子角位移而发生变化，输出绕组的电压幅值与转子转角成正弦、余弦函数关系，或保持某一比例关系。其中定子绕组作为变压器的一次侧接励磁电压，转子绕组作为变压器的二次侧，通过电磁耦合得到感应电压。旋转变压器的结构简图如图7-22所示。一次侧作为转子，二次侧作为定子。随着两者相对角度

的变化，在输出侧就可以得到幅值变化的波形。旋变输出信号幅值随位置变化而变化，但频率不变。

旋变的转动位置与输出电压的关系如图7-23所示。图（a）所示为在两线圈夹角为0°时，输出电压的大小与输入电压的大小基本相同，频率也相同。图（b）所示为在两线圈夹角为90°时，输出电压与输入电压相差最大，输出电压为0。图（c）所示为在两线圈夹角为0°～90°范围内时，输出电压小于输入电压但不为0。图（d）所示为在两线圈相位差为180°时，输出电压与输入电压大小基本相同，方向相反。

一次側与二次侧铁心即使有间隙
也可以从一次侧到达二次侧铁心

一次侧铁心　　　　　　　　　　　　　　二次侧铁心
一次绕组　　　　　　　　　　　　　　二次侧绕组

磁通　　磁通

电流

输入信号线1　　　　　　　　　　　　输出信号线1

输入电压　　　　　　　　　　　　输出电压=同相、大

输入信号线2　　　　　　　　　　　　输出信号线2

磁通　　磁通

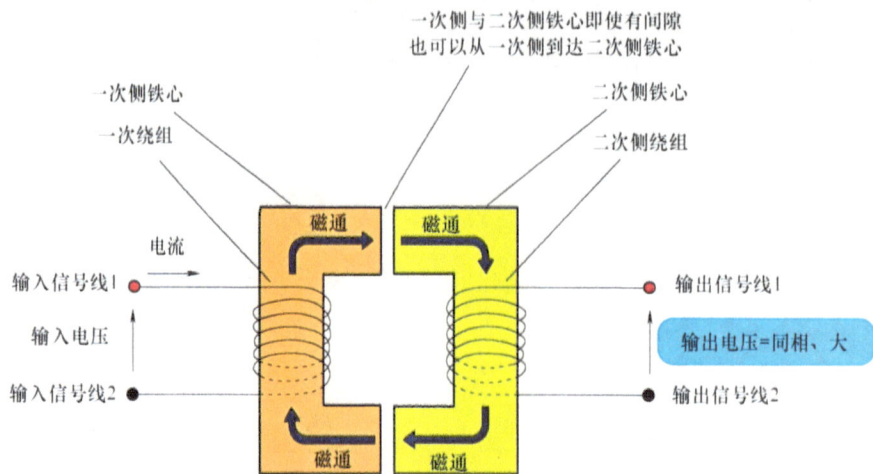

图7-22　旋转变压器结构简图

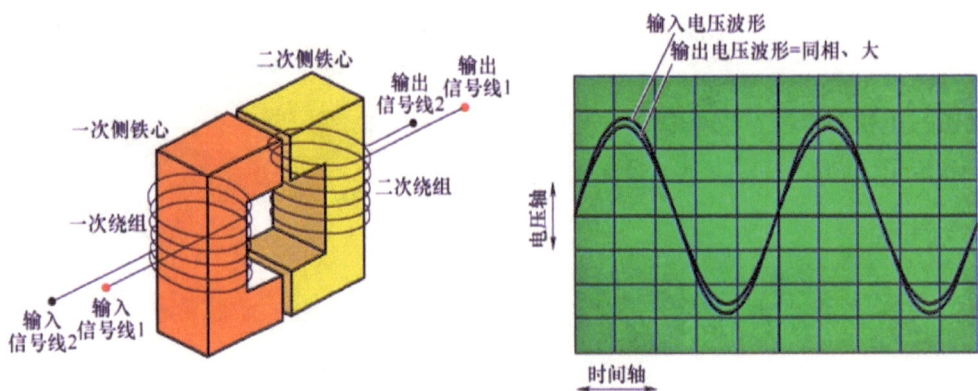

二次侧铁心
输出信号线2　输出信号线1
一次侧铁心
二次绕组
一次绕组
输入信号线2　输入信号线1

输入电压波形
输出电压波形=同相、大

电压轴

时间轴

（a）在两线圈夹角为0°时，输出电压与输入电压的关系

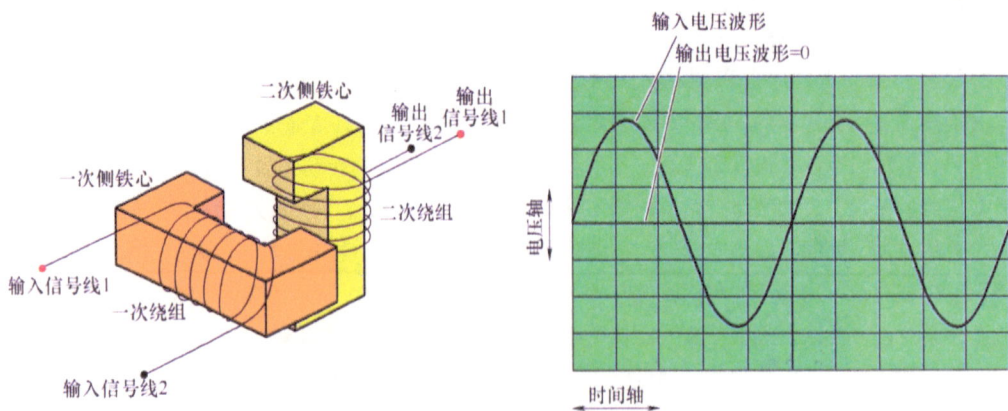

二次侧铁心
输出信号线2　输出信号线1
一次侧铁心
二次绕组
输入信号线1
一次绕组
输入信号线2

输入电压波形
输出电压波形=0

电压轴

时间轴

（b）在两线圈夹角为90°时，输出电压与输入电压的关系

图7-23　旋变的转动位置与输出电压的关系

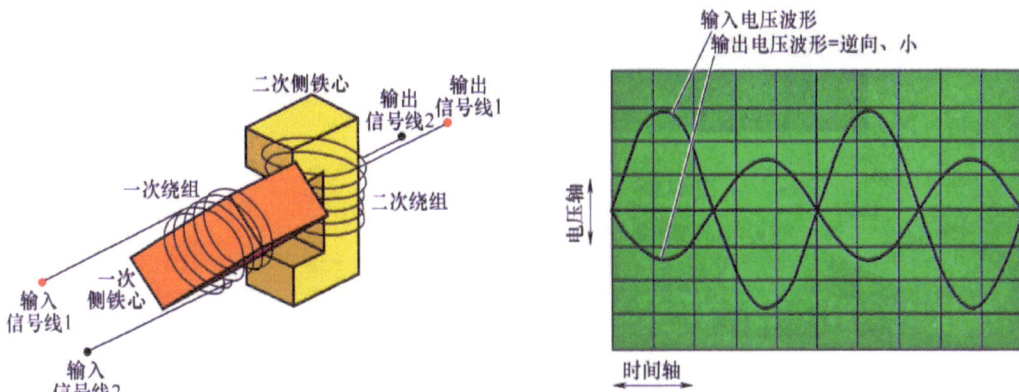

输入电压波形
输出电压波形=逆向、小

电压轴

时间轴

（c）在两线圈夹角为0°～90°范围内时，输出电压与输入电压的关系

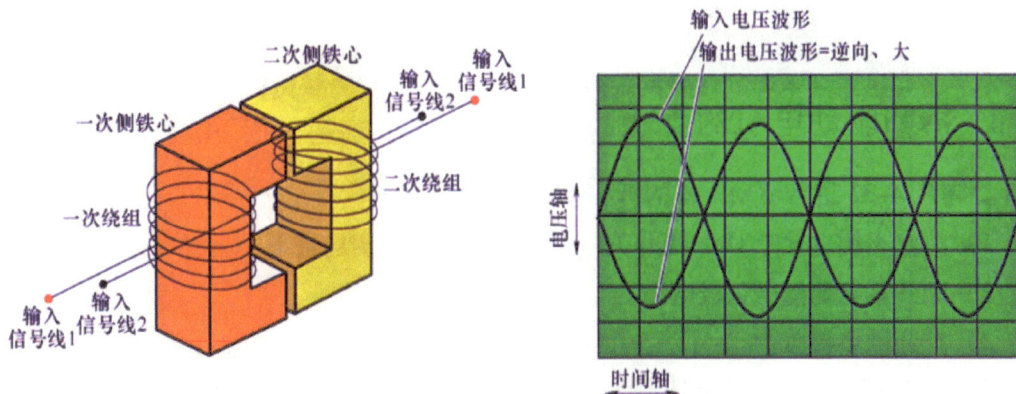

输入电压波形
输出电压波形=逆向、大

电压轴

时间轴

（d）在两线圈相位差为180°时，输出电压与输入电压的关系

图7-23　旋变的转动位置与输出电压的关系（续）

■驱动电机温度传感器是做什么用的？

驱动电机的温度传感器用来检测电机绕组温度信息，并提供给驱动电机控制器，再由驱动电机控制器通过CAN线传给整车控制器（VCU），VCU根据电机温度信号及电机的过温保护策略对冷却系统的大小循环、风扇的速度进行控制。某车型驱动电机采用PT1000型温度传感器（见图7-24），它的阻值会随着温度的变化而改变。

知识拓展：

1）驱动电机温度保护。

驱动电机温度传感器显示120℃≤温度＜140℃时，降功率运行；温度≥140℃时，降功率至0，即停机。

2）驱动电机控制器温度保护。

当监测到散热基板温度≥85℃时，执行超温保护，即停机。

当监测到散热基板75℃≤温度≤85℃时，降功率运行。

PT1000
温度传感器

图7-24　驱动电机温度传感器

■驱动电机控制器有什么作用？

驱动电机控制器（见图7-25）响应并反馈来自整车控制器（VCU）的指令（怠速、前进、倒车、加速、减速、能量回收等），实时调整驱动电机的输出，将动力电池供给的高压直流电电能逆变成三相交流电给汽车电机提供电源。驱动电机控制器接收电机转速等信号反馈到仪表，当发生制动或者加速行为时，控制器控制变频器频率的升降，从而达到加速或者减速的目的。

知识拓展：

整车控制器一方面接收来自驾驶人的需求信息（如点火开关、加速踏板、制动踏板、挡位信息等）实现整车工况控制；另一方面基于反馈的实际工况（如车速、制动、电动机转速等）以及动力系统的状况（燃料电池及动力蓄电池的电压、电流等），根据预先匹配好的控制策略进行能量分配调节控制。

图7-25 驱动电机控制器

■驱动电机控制器相当于传统汽车上的哪个零部件？

驱动电机控制器内含故障诊断电路，与传统发动机控制单元一样，当诊断出异常时，它会激活一个错误代码，发送给整车控制器（VCU），同时也会存储该故障码和数据。传统汽车的发动机控制单元与电动汽车的驱动电机控制器如图7-26所示。

驱动电机控制器使用以下传感器来提供驱动电机系统的工作信息。

电流传感器：用以检测电机工作的实际电流（包括母线电流、三相交流电流）；

电压传感器：用以检测供给电机控制器工作的实际电压（包括动力电池电压、12V蓄电池电压）；

温度传感器：用以检测电机控制系统的工作温度（包括IGBT模块温度、驱动电机控制器板载温度）。

传统汽车的发动机控制单元   电动汽车的驱动电机控制器

图7-26 传统汽车的发动机控制单元与电动汽车的驱动电机控制器

■驱动电机控制器安装在什么位置？

如图7-27标注所示，某车型的驱动电机控制器安装在前机舱动力总成上面的二层支架上。

驱动电机控制器

图7-27　驱动电机控制器安装位置

■你知道驱动电机控制器的外部电路原理吗？

驱动电机控制器高压部分接收由高压控制盒分配的高压直流电源，并将其经过变压处理为高压交流电源输送给驱动电机，控制驱动电机动力输出。

驱动电机控制器还接收来自整车控制器的信号输入，以及来自驱动电机旋变传感器、温度传感器的信号输入。经过驱动电机控制器将这些信号进行内部处理，控制驱动电机三相交流电的大小、方向等参数，其原理如图7-28所示。

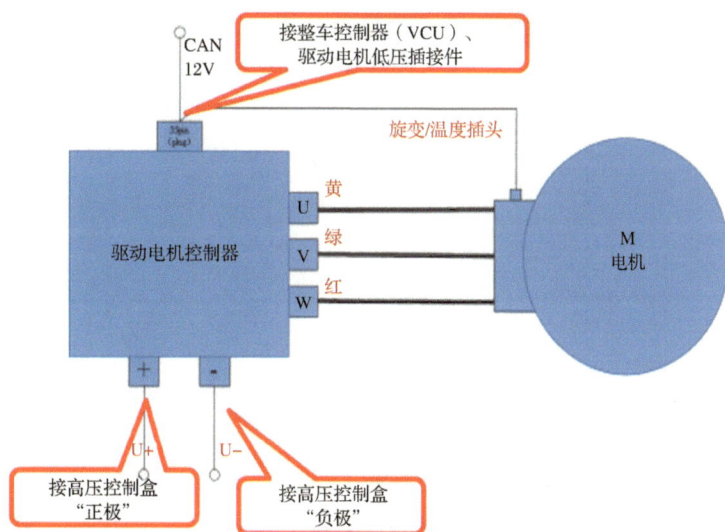

图7-28　驱动电机控制器原理

■连接驱动电机控制器的高压线束插头都是什么样子的?

驱动电机控制器上面的线束接口及接口定义如图7-29所示。

如图7-30所示为驱动电机控制器上高压附件线束(高压线束总成):连接高压控制盒到驱动电机控制器正、负极之间的线束。

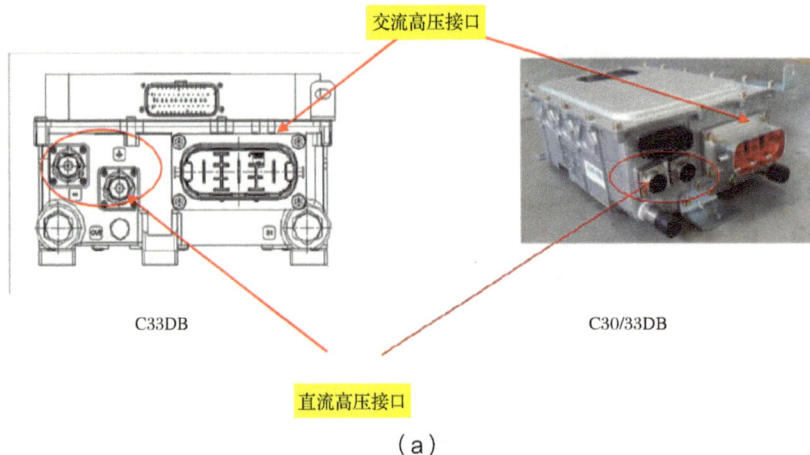

交流高压接口

C33DB　　　　　　　　　　C30/33DB

直流高压接口

(a)

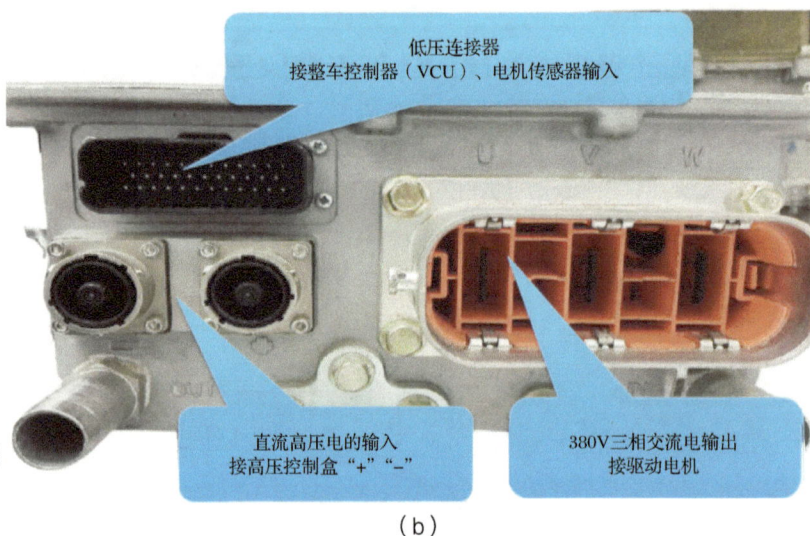

低压连接器
接整车控制器(VCU)、电机传感器输入

直流高压电的输入
接高压控制盒"+""-"

380V三相交流电输出
接驱动电机

图7-29　驱动电机控制器
上面的线束接口及接口定义

(b)

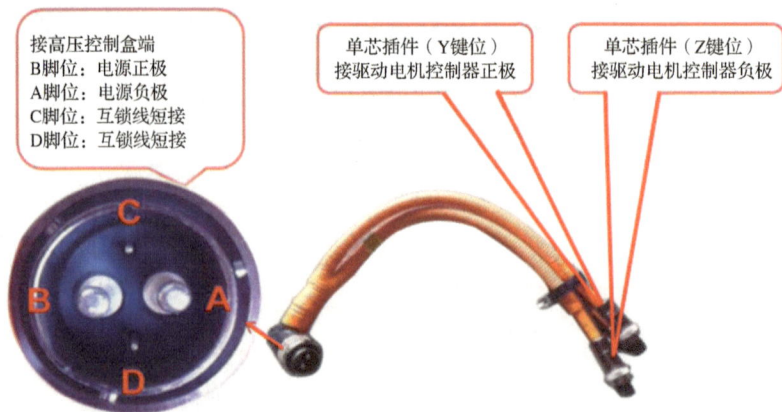

接高压控制盒端
B脚位:电源正极
A脚位:电源负极
C脚位:互锁线短接
D脚位:互锁线短接

单芯插件(Y键位)
接驱动电机控制器正极

单芯插件(Z键位)
接驱动电机控制器负极

图7-30　驱动电机控
制器上高压附件线束

■驱动电机控制器是如何逆变的？

在驱动电机系统中，驱动电机的输出动作主要是靠控制单元给定命令执行，即驱动电机控制器输出命令。驱动电机控制器主要是将输入的直流电逆变成电压、频率可调的三相交流电，供给配套的三相交流永磁同步电机使用，其工作原理如图7-31所示。

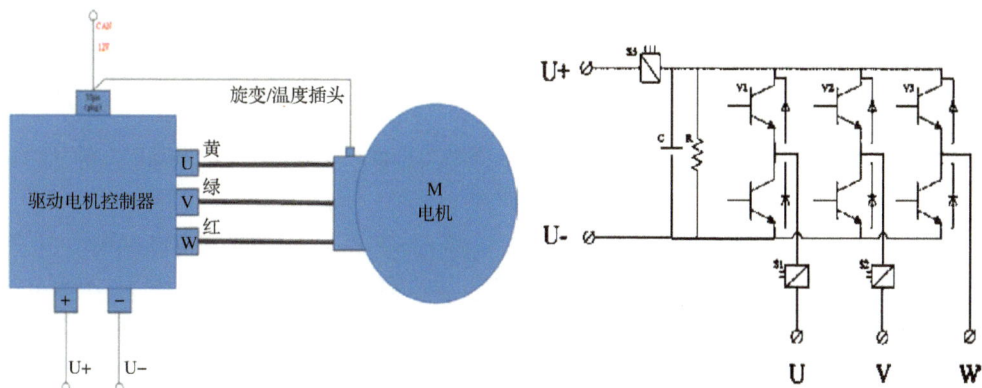

图7-31　驱动电机系统工作原理

新能源汽车永磁同步电机控制系统为磁场定向控制FOC系统，组成框图如图7-32所示。在控制方法中，磁场定向控制FOC和直接转矩控制DTC作为交流电机的2种高性能控制策略，在实际中得到了广泛的应用。该系统最初仅用于异步电机的控制，现在已经被扩展到同步电机、永磁同步电机的控制上，对电机的启动、加速、运转、减速及停止进行控制。根据不同类型的电机及对电机的使用场合的不同要求，通过控制达到快速启动、快速响应、高效率、高转矩输出及高过载能力的目的。在电机控制中，三相逆变器是最重要的部分，它是将输入的直流电转换为交流电的装置（见图7-33），它既属于主回路部分，也属于控制执行部分。

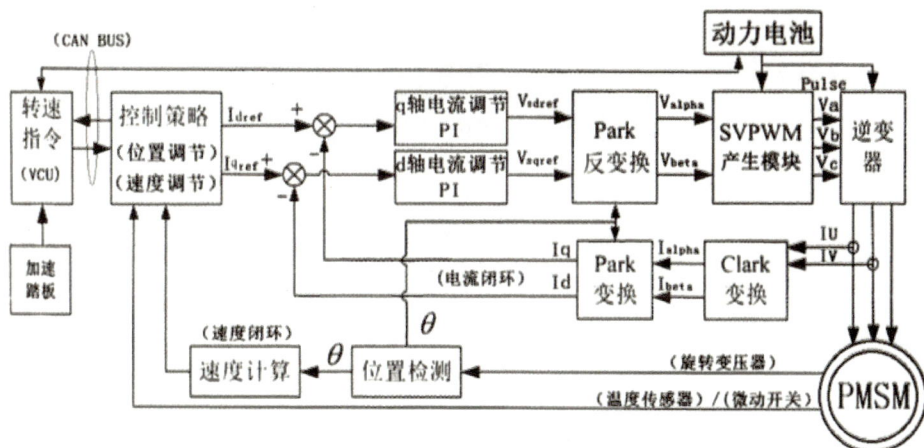

图7-32　磁场定向控制FOC系统

逆变器的内部结构，也就是主回路电路如图7-34所示，由6个IGBT（绝缘栅双极型晶体管）组成，每一相输出线和正、负极直流母线之间各连接一只IGBT功率管。连接正极母线的IGBT与输出端节点被称为"上桥臂"，连接负极母线的IGBT与输出端节点被称为"下桥臂"，每一相的上、下桥臂统称为"半桥"。6

图7-33 三相逆变器

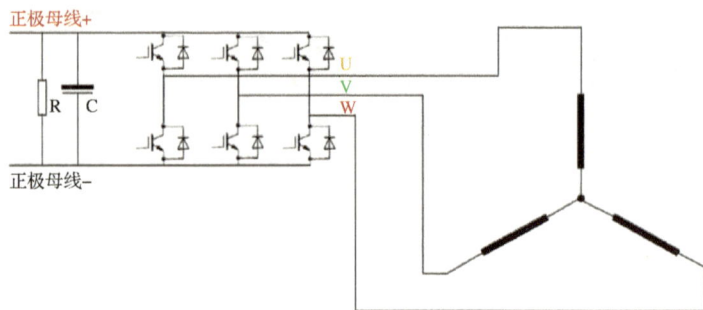

图7-34 逆变器的内部结构

个IGBT的序号一般为T1～T6（或VD1～VD6），第一相的上桥臂是T1（或VD1），其他的IGBT所对应的位置都可以从驱动电机控制器逆变桥的坐标图里去找。

为了能够将输入的直流电变成交流电，T1～T6（VD1～VD6）依序循环地导通和关闭，并依间隔60°顺序导通（或关断）。U/V/W三相的相位差为120°，这也就意味着与第一相（U相）上桥臂导通（或关断）时刻间隔120°的IGBT为第二相（V相）的上桥臂；与第二相（V相）上桥臂导通（或关断）时刻间隔120°的IGBT为第三相（W相）的上桥臂。下桥臂的序号很好辨别。一个周期的正弦交流电所经过的角度是360°（2π），其中正半波经过180°（π）会从第二象限进入第三象限，变为负半波并经过180°（π）。每一相的上、下桥臂不能同时导通，也不可以有叠加关系。因为上、下桥臂中间直接连接并作为这一相的输出端，如果有同时导通或者叠加导通，会导致正、负极母线之间直接跨导，造成短路，显然这是禁止发生的。

所以在某一相的上桥臂导通期间，下桥臂是不可以导通的，也就是完全关断状态。上桥臂导通180°（π）后立刻关断，这视为此相的正半波。另外当某一项在上桥臂关断区间内完全导通并经过180°（π），就为此相的下桥臂。如图7-35所示为逆变器功率元件驱动时序。每一相间隔120°的循环输出就会产生交流电了，连接永磁同步电机后就会建立旋转磁场，电机转子就可以旋转并对外做功了。

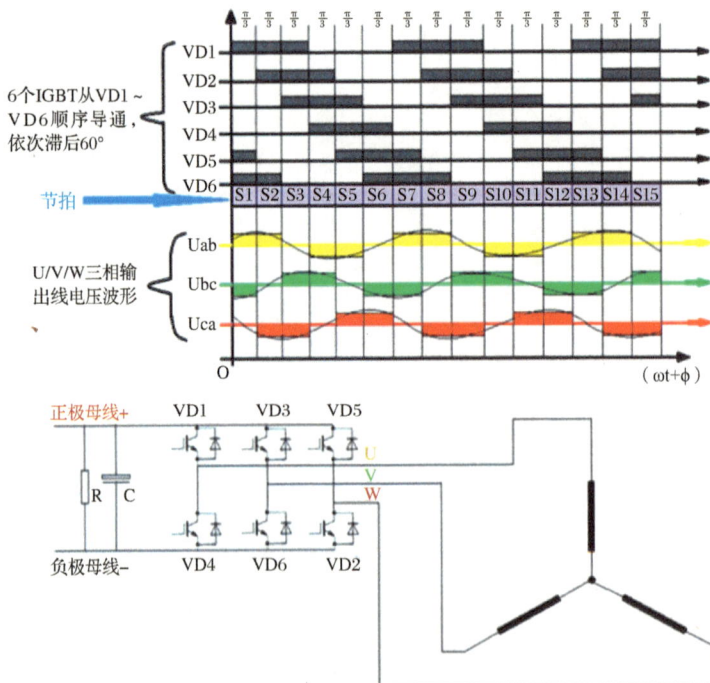

图7-35 逆变器功率元件驱动时序

第八章
电动汽车控制系统

■谁来决定电动机转速？

电机控制器（见图8-1）是电动汽车整车驱动控制系统的核心，它的作用至关重要。简单地讲，电机控制器相当于传统内燃机的油量调节机构，通过获取加速踏板的幅度来进行车速和牵引力的控制；但是电机控制器相比油量调节机构的结构更复杂、功能更全面。电机控制器不仅接收加速踏板的加减速信号，同时接收制动踏板、电机转速、车速、电机电枢电压及电流、冷却水温信号，经过对这些信号的分析完成对电机的精确控制；电机控制器会将这些信号的数值显示在外接显示屏上供驾驶人随时掌握车辆状况。另外，电机控制器在电机发生过流、过压以及过热的情况时会自动切断主电路以保护汽车及乘员的安全。

电动汽车在行驶过程中，驾驶人根据实际行驶工况的需要，通过操作加速踏板、制动踏板、变速器操纵杆来控制电动汽车的车速。在不考虑换挡的情况下，加速踏板的信号就代表驾驶人的指令。因此电动汽车的车速实际上是通过驾驶人实现广义的车速闭环控制来实现的。

按加速踏板所代表的给定指令不同，控制系统可以分为开环控制系统、电流单闭环控制系统和车速—电流双闭环控制系统。

开环控制系统就是用加速踏板信号代表主控制器向IGBT模块输出的PWM占空比信号，其特点是

图8-1 电机控制器

线路简单、成本低，但是当电池电压参数变化时，没有自动调节作用，抗干扰能力差，起步加速和动力指标不高。

电流单闭环控制系统就是用加速踏板信号代表电机电枢电流，即电机的输出扭矩。电流单闭环车速控制系统的主要特点是响应时间短、控制准确，且具有自调节能力，但是此系统容易出现过流现象，可能导致电机或者控制器损坏。

用加速踏板信号代表驾驶人期望车速的控制系统，称为车速控制系统。如安装车速传感器检测车速，并将与期望车速相比较构成反控制的系统称为车速单闭环控制系统。采用车速、电流两个调节器的系统称为车速—电流双闭环控制系统。双闭环控制系统具有比较满意的动态性能；加速踏板位置直接代表驾驶人期望的车速，直观便于理解；起动加速好、动力性好。

■逆变器长什么样?

驱动电机控制器的类型为电压型逆变器,利用IGBT模块将直流电转换为交流电,额定电压为330V,主要功能是控制电机和发电机,根据不同工况控制电机的正反转、功率、扭矩、转速等,即控制电机的前进、倒退,维持电动汽车的正常运转。其关键零部件为IGBT(绝缘栅双极型晶体管)模块,IGBT模块实际目的是为了控制电流的工作,保证能够按照控制意愿输出合适的电流参数。

驱动电机控制器如图8-2所示,其内部采用两电平三相电压源型逆变器,是驱动电机系统的控制核心,又称为智能功率模块,以IGBT模块为核心,辅以驱动集成电路、主控集成电路。它对所有的输入信号进行处理,并将驱动电机控制系统运行状态的信息通过CAN网络发送给整车控制器。

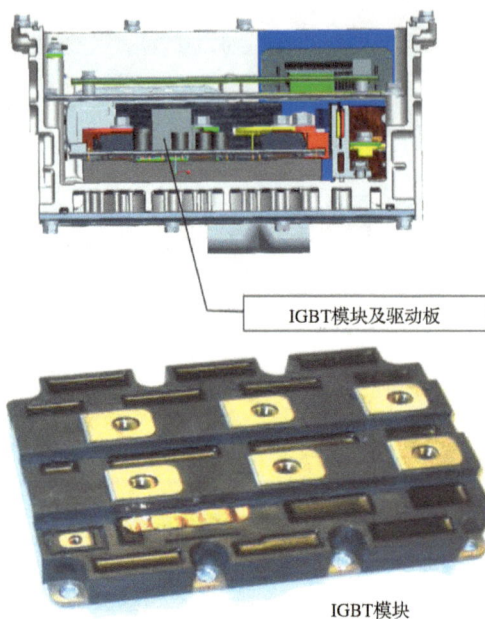

IGBT模块及驱动板

IGBT模块

图8-2 驱动电机控制器

■IGBT起什么作用?

IGBT(绝缘栅双极型晶体管)被认为是电动汽车的核心技术之一。它的作用是交流电和直流电的转换,同时承担电压的高低转换功能,还能将电动机回收的交流电流转换成可供蓄电池充电的电流。IGBT模块的结构如图8-3所示。

动力电池组和电动机的正负极分别与IGBT模块的输入端和输出端连接,IGBT的输出电压由主控制器向其输入的PWM信号控制。在运行过程中,主控制器通过采集分析加速踏板、制动踏板、车速等传感器信号来进行电压的输出控制,输出方式是将PWM信号传递到IGBT模块,通过采集电动机电压及电流、电动机和IGBT模块的温度等反馈信号来进行系统的过流、过压、过热保护。

图8-3 IGBT
模块的结构

■车载充电机长什么样？

　　某车型的车载充电机如图8-4所示。

　　车载充电机安装位置如图8-5所示。车载充电机上共有三个指示灯，如图8-6所示。在车辆进行充电时，应查看指示灯是否正常。

　　POWER灯：电源指示灯，当接通交流电后该指示灯亮。

　　RUN灯：充电指示灯，当车载充电机接通电池进入充电状态后该指示灯亮。

　　FAULT灯：报警指示灯，当车载充电机内部有故障时该指示灯亮。

低压通信端　　直流输出端　　交流输入端

图8-4　车载充电机

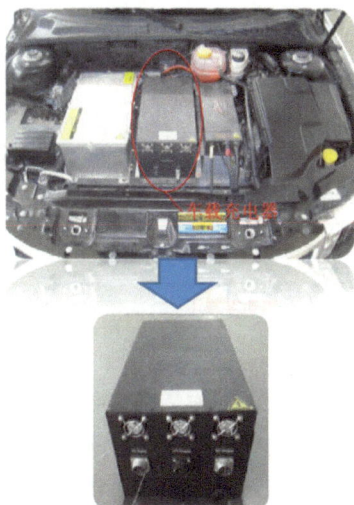

图8-5　车载充电机安装位置

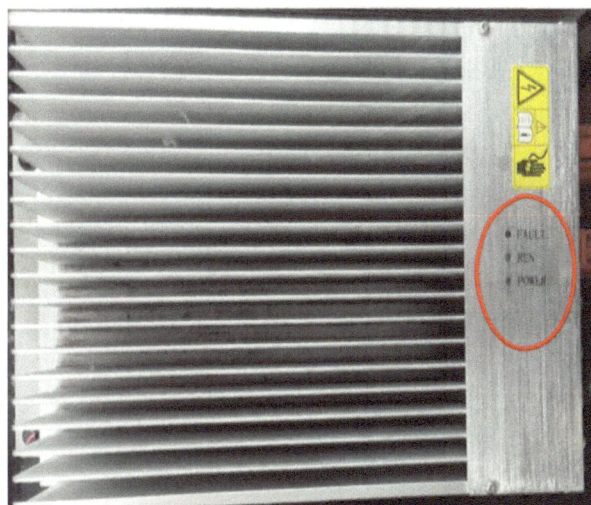

图8-6　车载充电机指示灯

■车载充电机有什么作用？

　　车载充电机的作用是将输入的220V交流电转换为动力电池所需的290～410V高压直流电，实现电池电量的补给，工作过程中需要协调充电桩、BMS等部件。

　　车载充电机同时具有CAN通信功能，收到允许充电信号后，将输入的220V交流电经过滤波整流再通过升压电路和降压电路，输出合适的电压电流给动力电池进行充电，其充电方式如图8-7所示。

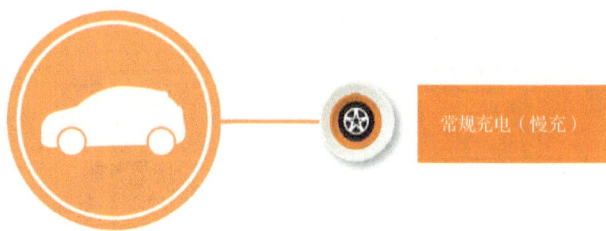

常规充电（慢充）

图8-7　充电方式

■车载充电机应有哪些功能？

1）车载充电机具备通过高速CAN网络与BMS通信的功能，判断动力电池连接状态是否正确；获得电池系统参数及充电前和充电过程中整组和单体电池的实时数据。如图8-8所示为车载充电机的连接数据。

2）车载充电机可通过高速CAN网络与车辆监控系统通信，上传车载充电机的工作状态、工作参数和故障告警信息，接受启动充电或停止充电的控制命令。

3）完备的安全防护措施：交流输入过压保护功能；交流输入欠压告警功能；交流输入过流保护功能；直流输出过流保护功能；直流输出短路保护功能。

4）在充电过程中，车载充电机能保证动力电池的温度、充电电压和电流不超过允许值；具有单体电池电压限制功能，自动根据BMS的电池信息动态调整充电电流。

5）车载充电机能够自动判断充电连接器、充

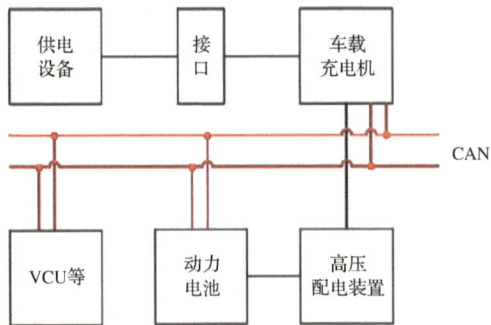

图8-8　车载充电机的连接数据

电电缆是否正确连接。当车载充电机与充电桩和电池正确连接后，车载充电机才能允许启动充电过程；当车载充电机检测到与充电桩或电池连接不正常时，立即停止充电。

6）车载充电机具有充电联锁功能，保证车载充电机与动力电池连接分开以前车辆不能启动。

7）车载充电机具有高压互锁功能，当有危害人身安全的高电压时，模块锁定无输出。

8）车载充电机具有阻燃功能。

■电动汽车慢充系统是由什么组成的？

电动汽车慢充系统使用220V交流单相民用电，通过整流变换，将交流电变换为高压直流电供给动力电池进行供电。

慢充桩

慢充口

慢充线束

车载充电机

高压控制盒

动力电池

图8-9　慢充系统的主要部件

电动汽车慢充系统的主要部件：供电设备（电缆保护盒、慢充桩、充电线等）、慢充口、慢充线束（车内高压线束）、高压控制盒、车载充电机、动力电池等，如图8-9所示。

目前，有的新能源汽车的慢充口在传统汽车的加油口位置，如图8-10所示，其通过充电线连接慢充桩。

当充电口盖板打开时，仪表充电指示灯 🔋 应常亮，当关闭充电口盖板时仪表充电指示灯 🔋 应熄灭。如果充电口盖板出现问题，车辆则无法正常启动。

慢充系统的充电参与设备如图8-11所示。

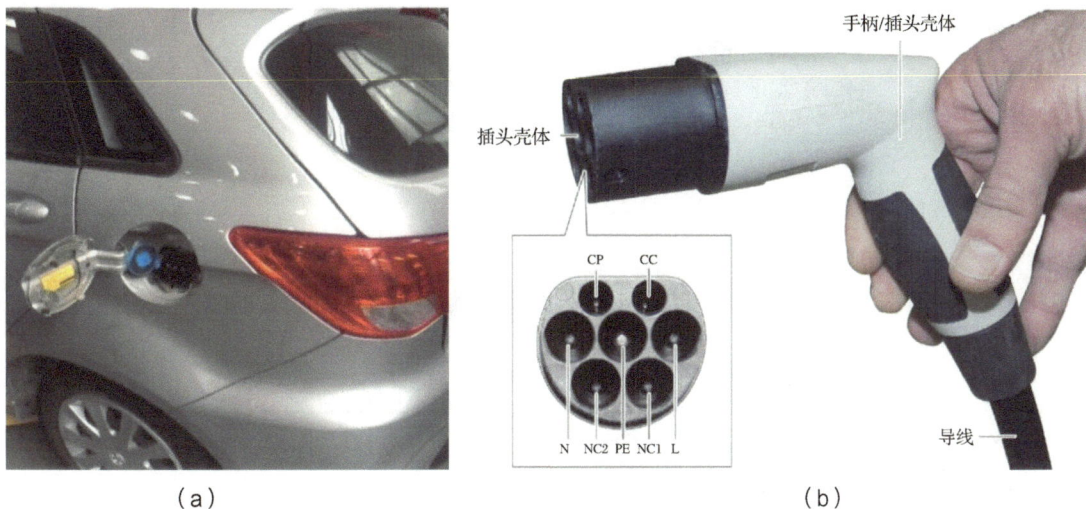

(a)   (b)

图8-10　慢充口

图8-11　慢充系统的充电参与设备

■电动汽车快充系统是由什么组成的?

快充桩功能类似于加油站里面的加油机,快充桩的输入端与交流电网380V三相电直接连接,内部直接将高压交流电转化为高压直流电,输出端装有充电插头用于连接快充口。

电动汽车快充系统的主要部件:快充桩、快充口、快充线束、高压控制盒、高压线束、动力电池等,如图8-12所示。

快充充电口一般位于机舱盖前方车标内部,用于连接快充桩输出端的充电插头。

当打开充电口盖板时,仪表充电指示灯应常亮;当关闭充电口盖板时,仪表充电指示灯应熄灭。如果充电口盖板出现问题,车辆则无法正常启动。

提示:快速充电口端子含义(DC-:直流电源负;DC+:直流电源正;PE:车身搭铁;A-:低压辅助电源负极;A+:低压辅助电源正极;CC:充电连接确认;S+:充电通信CAN-H;S-:充电通信CAN-L)。

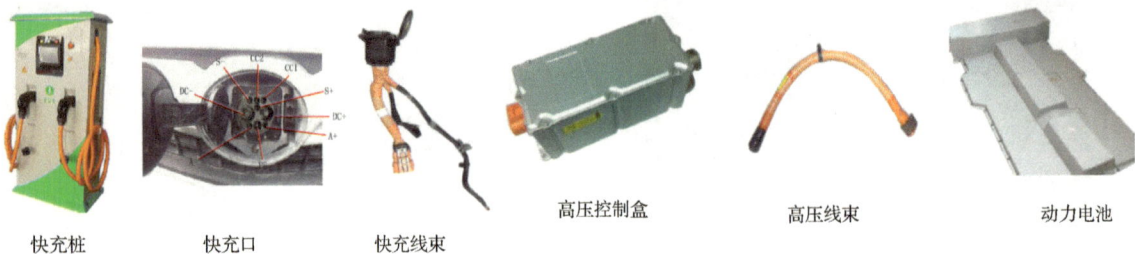

快充桩　　　快充口　　　快充线束　　　高压控制盒　　　高压线束　　　动力电池

图8-12　快充系统组成

■你知道慢充系统是如何工作的吗？

1）当充电插头与插座插合后，充电桩通过测量如图8-13中所示检测点4的电压值来判断充电插头与插座是否完全连接，车辆控制装置通过测量RC电阻值来确认充电接口是否完全连接（CC检测）。

2）如果充电桩无故障，并且充电接口已完全连接，则S1从+12V连接状态切换至PWM连接状态，充电桩控制装置发出PWM信号。充电桩通过检测点1的电压值来判断充电装置是否完全连接。车辆控制装置通过测量检测点2的PWM信号判断充电装置是否已完全连接（CP检测）。

3）在车载充电机（OBC）自检没有故障，并且电池组处于可充电状态时，车辆控制装置闭合S2。

4）当电动汽车和充电桩建立电气连接后，车辆控制装置通过判断检测点2的PWM信号占空比确认供电设备的最大可供电能力，并且通过判断RC电阻值来确认电缆的额定容量。车辆控制装置对充电桩当前提供的最大供电电流值、车载充电机的额定输入电流值及电缆的额定容量进行比较，将其最小值设定为车载充电机当前最大允许输入电流，当设置完成后，车载充电机开始对电动汽车充电，慢充原理如图8-13所示。

提示：充电桩通过CC连接确认信号并检测充电线可耐受的电流，把S1开关从12V端切换到PWM端，当检测点1电压降到6V时，供电设备 K1和K2开关闭合输出电流，车载充电机最大功率受电网控制（CP：控制确认；CC：充电连接确认；N：中线；L：交流电源；PE：车身搭铁）。

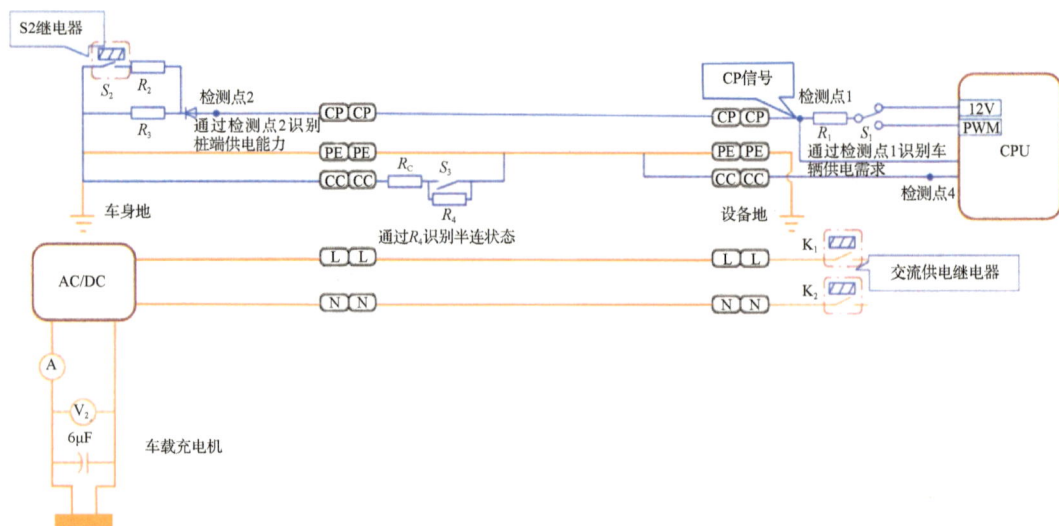

图8-13　慢充原理

■你知道慢充系统是如何控制的吗？

充电枪连接通过车载充电机反馈至整车控制器（VCU），再唤醒仪表启动显示连接状态（负触发）；车载充电机同时唤醒VCU和动力电池管理系统（BMS）（正触发），VCU唤醒仪表启动显示充电状态（正触发）；动力电池正、负主继电器由VCU发出指令，由BMS控制闭合，慢充系统的控制如图8-14所示。

慢充系统启动，充电桩供电，蓄电池低压唤醒整车控制系统，BMS检测充电需求并给车载充电机发送工作指令，动力电池继电器闭合，车载充电机开始工作，进行充电。当电池检测充电完成后，BMS向车载充电机发送停止指令，车载充电机停止工作，动力电池继电器断开，充电结束。

整个充电过程归纳为六个阶段：物理连接完成、低压辅助供电、充电握手阶段、充电参数配置阶段、充电阶段和充电结束阶段，如图8-15所示。在各个阶段中，车载充电机和BMS如果在规定的时间内没有收到对方报文或没有收到正确报文，即判定为超时，超时时间为5s（除特殊规定外）。

当出现超时后，BMS或车载充电机发送错误报文，进入错误处理状态。在对故障处理的过程中，根据故障的类别分别进行不同的处理。在充电结束阶段中，如果出现了故障，则直接结束充电流程。

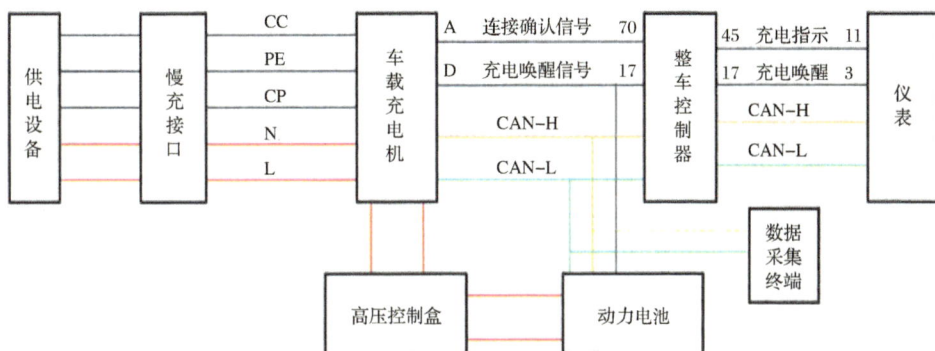

图8-14 慢充系统的控制

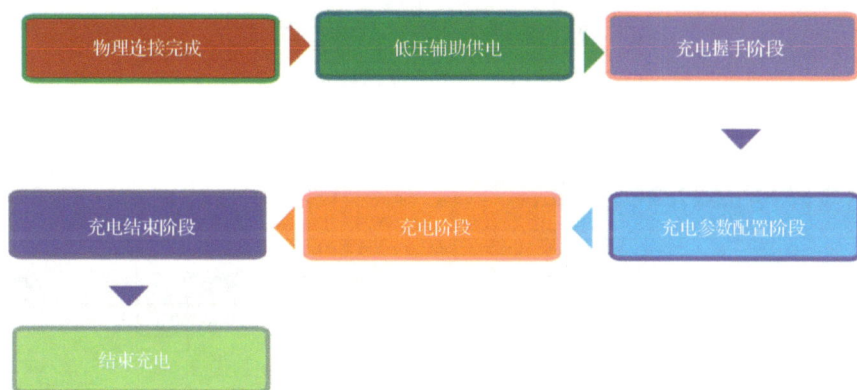

图8-15 充电过程图

■你知道快充系统是如何工作的吗？

快充系统中的K1、K2为充电桩高压正、负继电器；K3、K4为充电桩低压唤醒正、负继电器，供电输出给整车控制器（VCU）；K5、K6为电池高压正、负继电器；检测点1为充电桩检测快充插头与车辆连接状态识别信号；检测点2为VCU检测快充插头与车辆连接状态识别信号。

当两个检测点检测到的电压值符合要求之后，即认为充电桩与车辆可靠连接，K3、K4继电器闭合，充电桩输出12V低压唤醒电源到VCU，两者进行身份辨认，握手成功之后，VCU报送动力电池的充电需求，充电桩报送供电能力，二者匹配后，VCU和动力电池BMS控制K5、K6闭合，充电桩控制K1、K2闭合，即进入充电阶段，VCU发送充电请求及充电状态报文，充电桩反馈车载充电机状态报文，当车辆及充电桩判定充电结束之后，断开K1、K2、K5、K6，充电停止，断开K3、K4，充电完成。快充系统工作原理如图8-16所示。

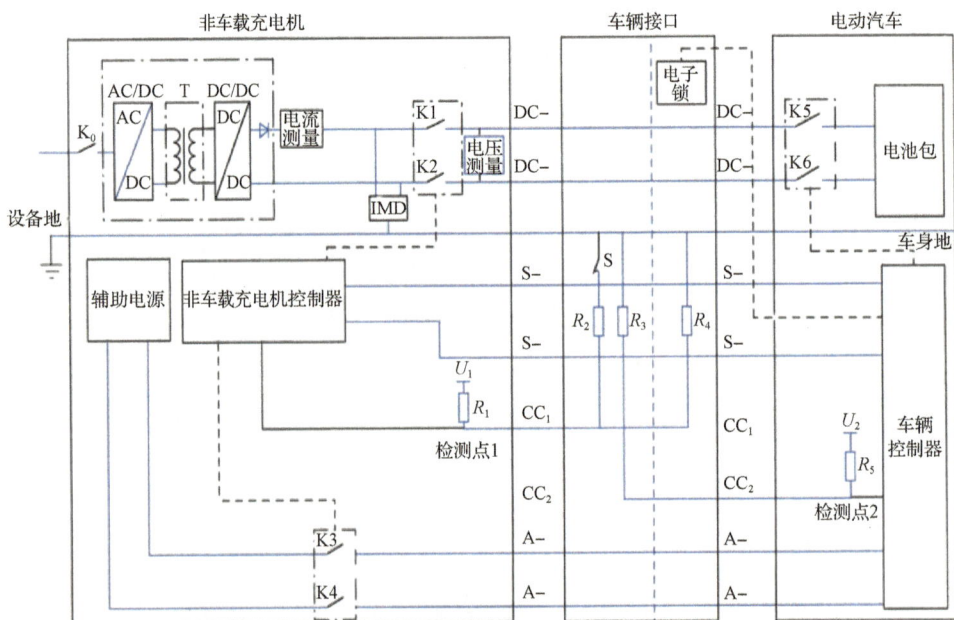

图8-16　快充系统工作原理

■电动汽车整车控制器长什么样？

电动汽车整车控制器（VCU）是进行纯电动汽车动力控制及电能管理的载体，如图8-17所示。VCU一方面通过自身数据采集模块获取驾驶人需求的信息，另一方面与电机控制器、电池管理系统、电动辅助系统等部件组成CAN总线网络，可以实时获取当前整车状态及电机、电池、电动辅助等部件的参数，采用优化算法协调电动辅助部件和电机运行，在满足驾驶人对整车动力性和舒适性需求的前提下，最大限度地节约电能的消耗。

图8-17　电动汽车整车控制器

■电动汽车整车控制器有什么作用？

电动汽车整车控制器接收各部件信息，综合判断整车状态，实现多系统的协调控制，整车控制器（VCU）通过CAN通信将控制信号传输给仪表，电机控制器的控制线路如图8-18所示。

1）点火钥匙置于ON挡，唤醒VCU，VCU控制M/C继电器给电机控制器和电池控制器供电，VCU通过CAN通信发送相关控制命令完成整车系统启动。

2）电动汽车整车控制器接收到上电开关、直流充电桩、车载充电机或远程智能终端的唤醒信号后，直接控制高压继电器吸合或断开，完成高压系统接通或断开。

3）VCU基于加速踏板位置信号、挡位信号和车速信号计算车辆的目标转矩，并通过CAN通信发送转矩需求指令给PCU（功率控制单元）。

4）车辆在滑行或制动时，VCU根据ABS状态、动力电池状态和制动踏板位置信号，计算能量回收转矩并发送指令给电机控制器，启动能量回收。

5）车辆在行驶状态下，VCU根据电机温度、PCU温度、IGBT温度、冷却液温度和车速信号，发送PWM信号控制电子冷却水泵转速；在交流充电状态下，VCU根据冷却液温度和车载充电机温度，发送PWM信号控制电子冷却水泵转速；在直流充电状态下，VCU根据冷却液温度，发送PWM信号控制电子冷却水泵转速。

6）车辆发生碰撞或严重故障（绝缘故障、动力电池过温/过压、动力电机过流/过温等）时，VCU切断高压回路上的继电器，确保人员安全。

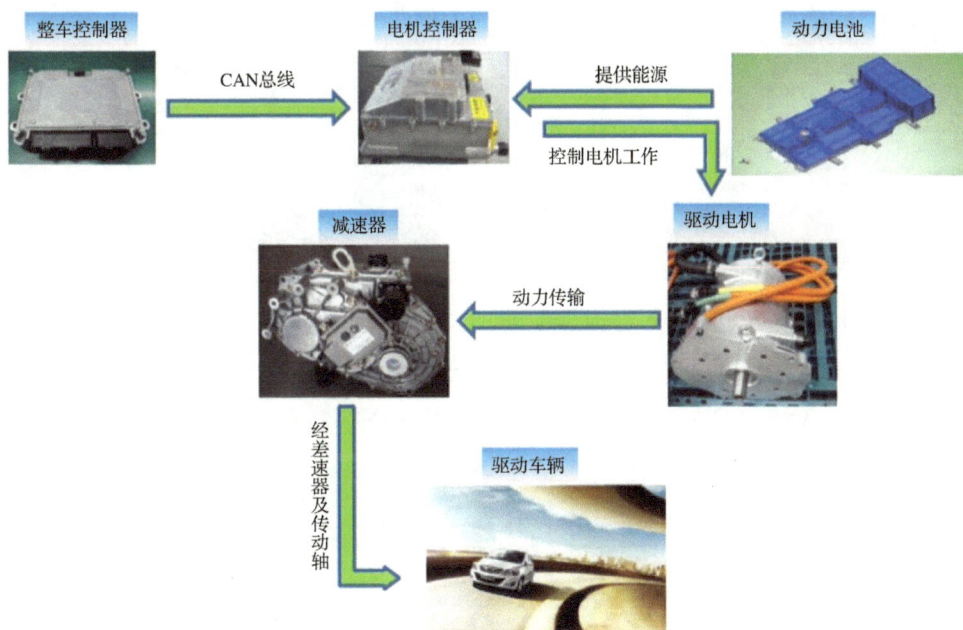

图8-18　电机控制器的控制路线

■电机控制器内部结构是什么样子的?

某车型驱动电机控制器的铭牌如图8-19所示,从铭牌上可以看到电机型号、冷却方式、额定电压、最大输出电流等参数。

电机控制器内部结构主要由接口电路、控制板、IGBT模块、超级电容、放电电阻、电流感应器、壳体水道等组成。如图8-20所示为电机控制器内部的控制板、壳体水道等。

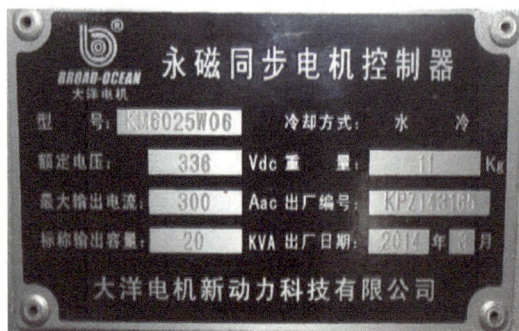

图8-19　电机控制器的铭牌

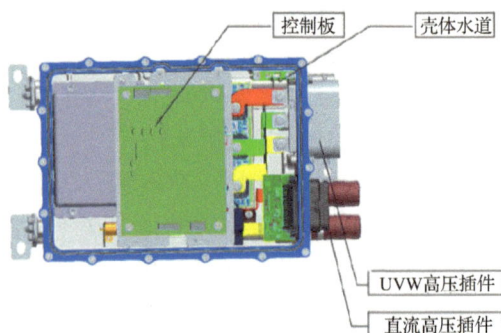

图8-20　电机控制器内部的控制板、壳体水道等

电动车型的电机控制器内部的三相输出和直流高低压输入母线如图8-21所示。

电机控制器内部的超级电容、控制板和接口电路如图8-22所示。

图8-21　电机控制器内部的三相输出、直流高低压输入母线

图8-22　电机控制器内部的超级电容、控制板、接口电路

电机控制器内部的IGBT模块和电流感应器如图8-23所示。

电机控制器内部的电容与直流母线的连接点及放电电阻如图8-24所示。

图8-23　电机控制器内部的IGBT模块和电流感应器

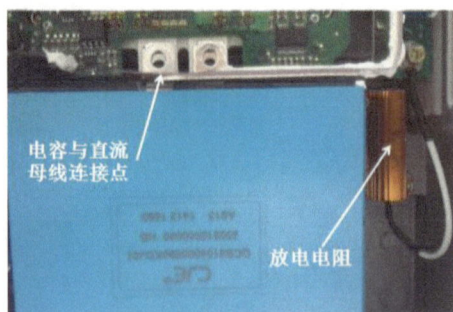

图8-24　电机控制器内部的电容与直流母线的连接点及放电电阻

■什么是高压控制盒？

高压控制盒（见图8-25）能够对整车高压配电进行管理，实现对各路输出分别进行控制，对高压安全进行管理，有过流、过压、过温保护功能，同时具备CAN通信功能，实时交换数据。

新能源汽车通常在大功率的电力环境下运行，有的电压高达700V以上，电流高达400A，对高压配电系统的设计及零部件的选用提出了巨大的挑战。高压电通过高压电缆直接进入高压控制盒后，根据各车型系统的需要分配到系统高压电气部件，并且需要保证整个高压系统及各高压电器设备的安全性、绝缘性、电磁干扰屏蔽性等要求。

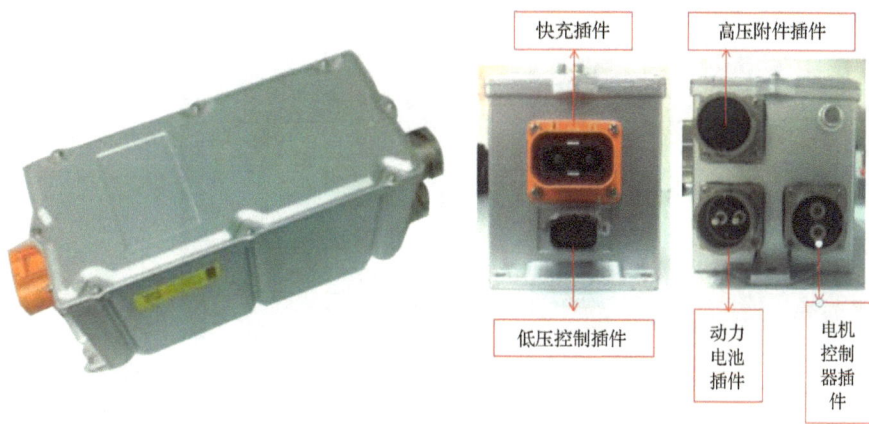

（a）北汽EV200

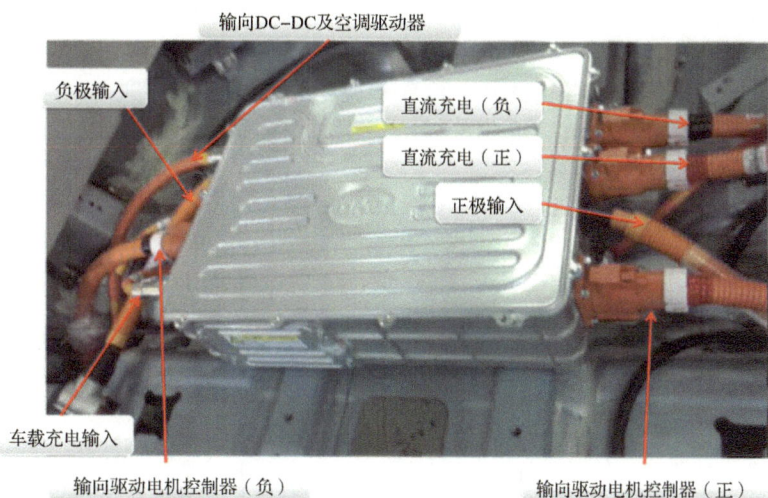

（b）比亚迪e6

图8-25　高压控制盒

■高压控制盒内部是什么样子的？

高压控制盒内部结构如图8-26所示。

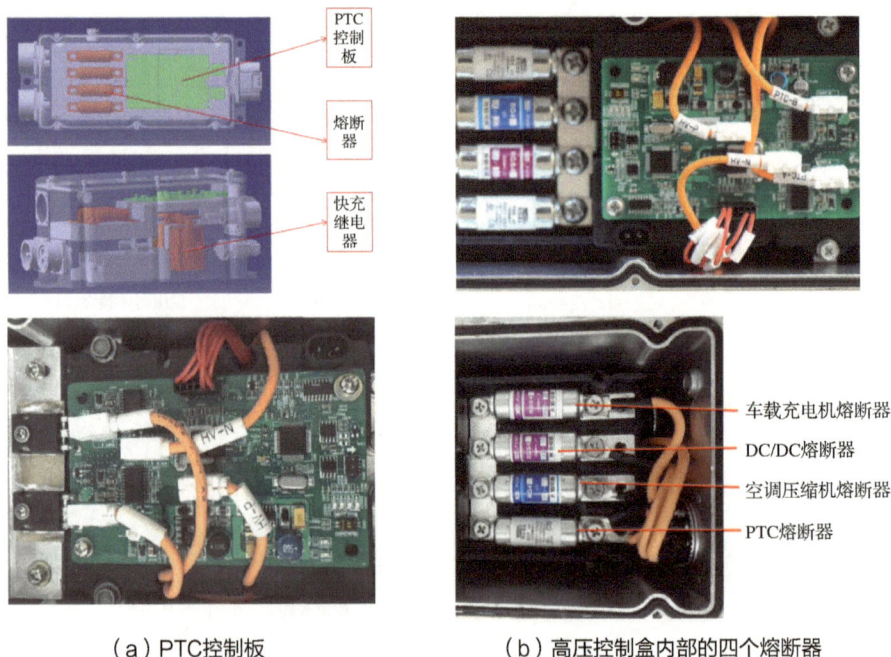

PTC控制板

熔断器

快充继电器

车载充电机熔断器
DC/DC熔断器
空调压缩机熔断器
PTC熔断器

（a）PTC控制板　　　　　　　（b）高压控制盒内部的四个熔断器

图8-26　高压控制盒内部结构

■你知道高压控制盒的外部电路原理吗？

高压控制盒相当于一个高压电路的交通枢纽，电动汽车动力电池经过高压控制盒的分配为整个高压系统提供高压直流电，通过整车控制器（VCU）的控制管理，一部分电能供给电机控制器、空调压缩机、PTC加热器，一部分电能经过DC/DC转换器将高压直流电转换为低压直流电，供给低压蓄电池，为整车低压电气系统提供低压电源，如图8-27所示。

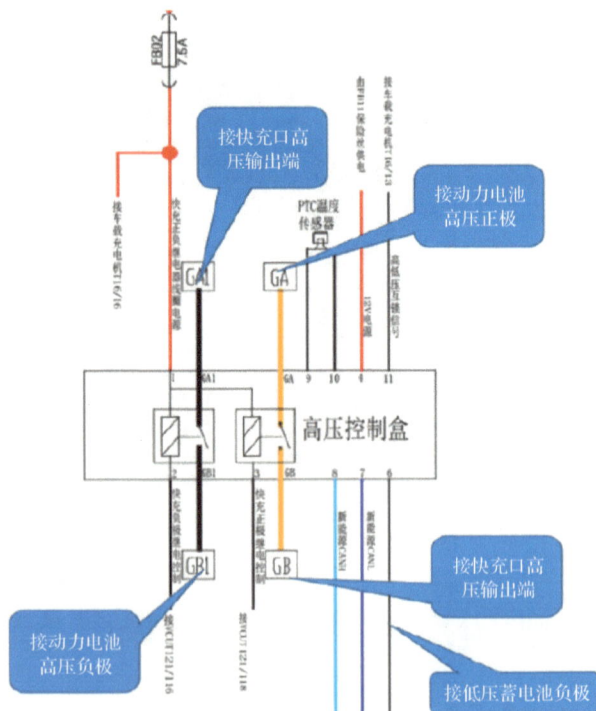

接快充口高压输出端

接动力电池高压正极

PTC温度传感器

接动力电池高压负极

接快充口高压输出端

接低压蓄电池负极

高压控制盒

图8-27　高压控制盒的外部电路原理

■高压控制盒安装在什么位置?

如图8-28标注所示，高压控制盒装在前机舱动力总成上面的二层支架上。

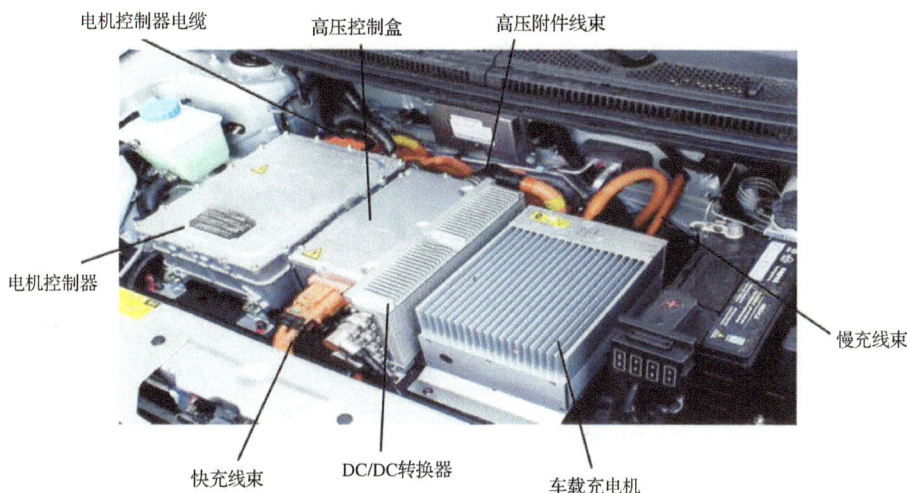

图8-28　高压控制盒安装位置

■连接高压控制盒的高压线束的接口和插件都是什么样子的?

高压控制盒上面的高压线束接口及接口定义如图8-29所示。

高压附件线束（高压线束总成）：连接高压控制盒与DC/DC转换器、车载充电机、空调压缩机、空调PTC之间的线束。此线束及其插件如图8-30所示。

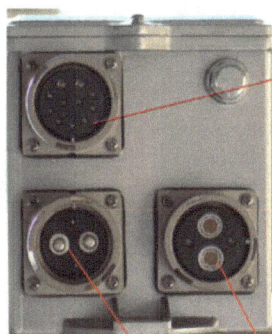

① 高压附件线束接口
A:DC/DC转换器电源正极
B:PTC电源正极
C:压缩机电源正极
D:PTC-A组负极
E:车载充电机电源正极
F:车载充电机电源负极
G:DC/DC转换器电源负极
H:空调压缩机电源负极
J:PTC-B组负极
L:互锁信号线
K: 空引脚

①

② 电机控制器线束接口
B脚位：电源正极
A脚位：电源负极
C脚位：互锁信号线
D脚位：互锁信号线

②

③ 动力电池线束接口
B脚位：电源正极
A脚位：电源负极
C脚位：互锁信号线
D脚位：互锁信号线

③

高压控制盒接口
1脚：电源负极
2脚：电源正极
3脚：互锁信号线
4脚：互锁信号线（到盒盖开关）

低压控制端接口
1脚：快充继电器线圈（正极）
2脚：快充负继电器线圈（控制端）
3脚：快充正继电器线圈（控制端）
4脚：空调继电器线圈（正极）
5脚：空调继电器线圈（控制端）
6脚：PTC控制器_GND
7脚：PTC控制器CAN_L
8脚：PTC控制器CAN_H
9脚：PTC温度传感器负极
10脚：PTC温度传感器正极

（a）

（b）

图8-29　高压控制盒线束接口及接口定义

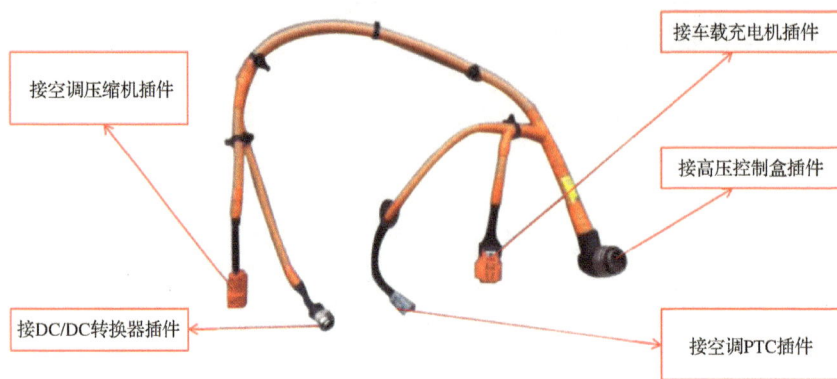

接空调压缩机插件

接车载充电机插件

接高压控制盒插件

接DC/DC转换器插件

接空调PTC插件

图8-30　高压附件线束及其插件

■电动汽车高压线束是如何分布的？

电动汽车整车共有五段高压线束，分别为动力电池高压线束、电机控制器高压线束、快充线束、慢充线束、高压附件线束，其分布如图8-31所示。

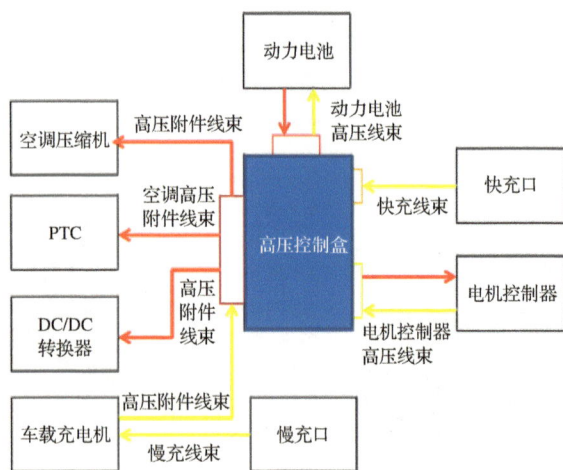

图8-31　高压线束分布

动力电池高压线束：连接动力电池到高压控制盒之间的线束，如图8-32所示。

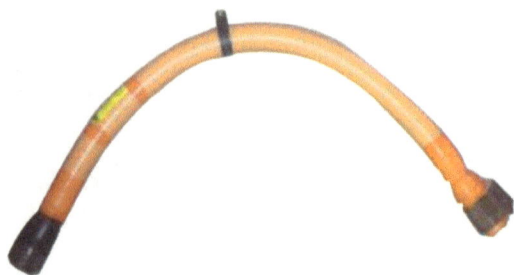

图8-32　动力电池高压线束

电机控制器高压线束：连接高压控制盒到电机控制器之间的线束，如图8-33所示。

图8-33　电机控制器高压线束

快充线束：连接快充口到高压控制盒之间的线束，如图8-34所示。

图8-34　快充线束

慢充线束：连接慢充口到车载充电机之间的线束，如图8-35所示。

高压附件线束（高压线束总成）：连接高压控制盒到DC/DC转换器、车载充电机、空调压缩机、空调PTC之间的线束，如图8-36所示。

图8-35 慢充线束

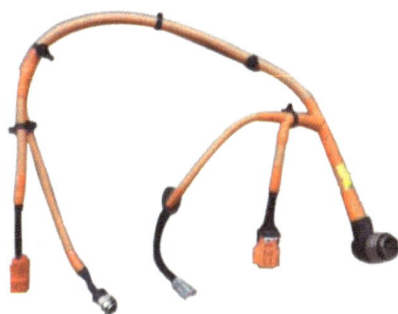

图8-36 高压附件线束

■电动汽车为什么要设高压互锁回路？

高压互锁回路（High Voltage Interlock）简称 HVIL，回路中的连接设备及接口如图8-37所示，互锁线接线插件如图8-38所示，目的是：

1）整车在高压上电前确保整个高压系统的完整性，使高压处于一个封闭环境下工作，提高安全性；

2）当整车在运行过程中高压系统回路断开或者完整性受到破坏的时候，启动安全防护；

3）防止带电插拔高压控制盒给高压端子造成拉弧损坏。

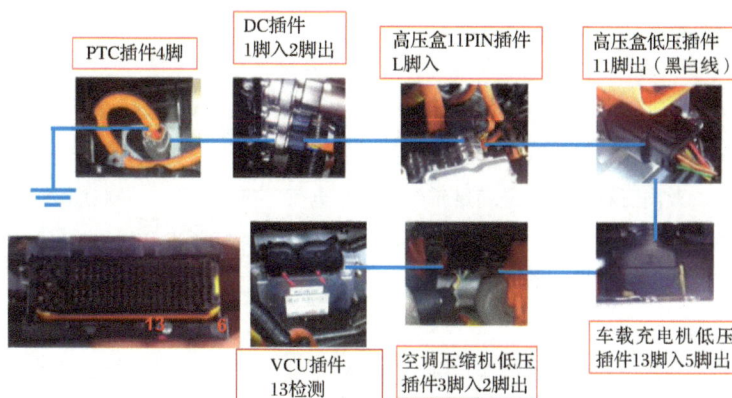

图8-37 高压互锁回路中的连接设备及接口

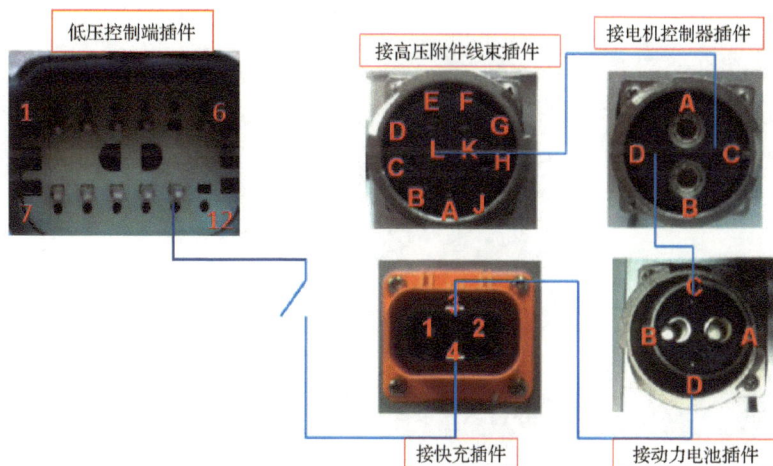

图8-38 互锁线接线插件

■DC、AC代表什么含义?

我们常说的直流电,用英文字母DC(Direct
Current)来表示。电视遥控器里的干电池、汽车中
的铅酸蓄电池等都属于直流电源,能够输出直流电
(DC)。直流电常用于中低压的便携式电器设备、车
辆电子控制回路、各种电子仪器等。

我们常说的交流电,用英文字母AC(Alternating
Current)来表示。发电机发出的一般都是交流电
(AC),并且交流电易于变压、整流。因此,利用建
立在电磁感应原理基础上的交流发电机(交流电动
机)可以很经济方便地把机械能转化为电能(电能
转化为机械能),如图8-39所示。

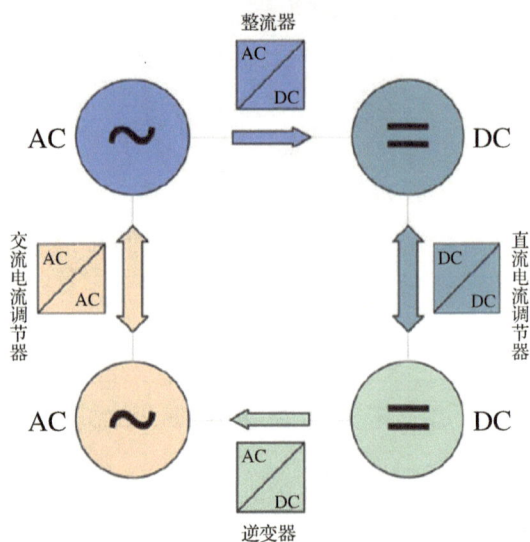

图8-39 交流/直流转换

■DC/DC转换器是什么样子的?

电源转换器分为直流—直流(DC/DC)转换器与直流—交
流(DC/AC)转换器两类。在新能源汽车中主要采用DC/DC转
换器,有降压、升压、双向三种形式,是满足新能源汽车电气
系统电能变换、传输不可缺少的电气设备,如图8-40所示。在
各种新能源汽车中,主要实现如下功能:

1)不同电源之间的特性匹配。

以燃料电池电动汽车为例,一般采用燃料电池组和动力电
池的混合动力系统结构。在能量混合型系统中,采用升压DC/DC
转换器;在功率混合系统中,采用双向DC/DC转换器。

2)驱动直流电机。

在小功率(低于5kW)直流电机驱
动的转向、制动等辅助系统中,一般直
接采用DC/DC转换器供电。

3)给低压蓄电池充电。

在电动汽车中,需要高压电源通过
降压转换器给蓄电池充电,一般采用隔
离型的降压电路形式。

图8-40 DC/DC转换器

■DC/DC转换器相当于传统汽车上的哪个零部件？

在电动汽车中的DC/DC转换器替代了传统汽车上的发电机，如图8-41所示。传统汽车的12V用电负荷，在电动汽车中则完全依靠这个DC/DC转换器供给，此类器件在几乎所有的新能源汽车中都会应用，功率范围为1～2.2kW。

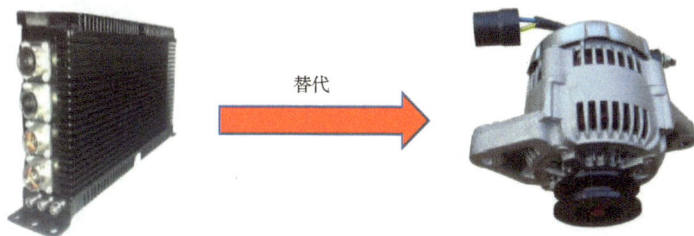

替代

图8-41　DC/DC转换器与传统发电机

■DC/DC转换器安装在什么位置？

DC/DC转换器装在前机舱动力总成上面的二层支架上，如图8-42所示。

DC/DC转换器

DC-DC

图8-42　DC/DC转换器的安装位置

■你知道DC/DC转换器的外部电路原理吗？

DC/DC转换器接收由动力电池发出经过高压控制盒分配的高压直流电源，并将其经过降压变换处理为低压直流电源，一方面给低压蓄电池充电，另一方面为灯光系统、刮水器等车辆常规低压电器供电，替代了传统汽车上的发电机系统，DC/DC转换器的外部电路连接如图8-43所示。

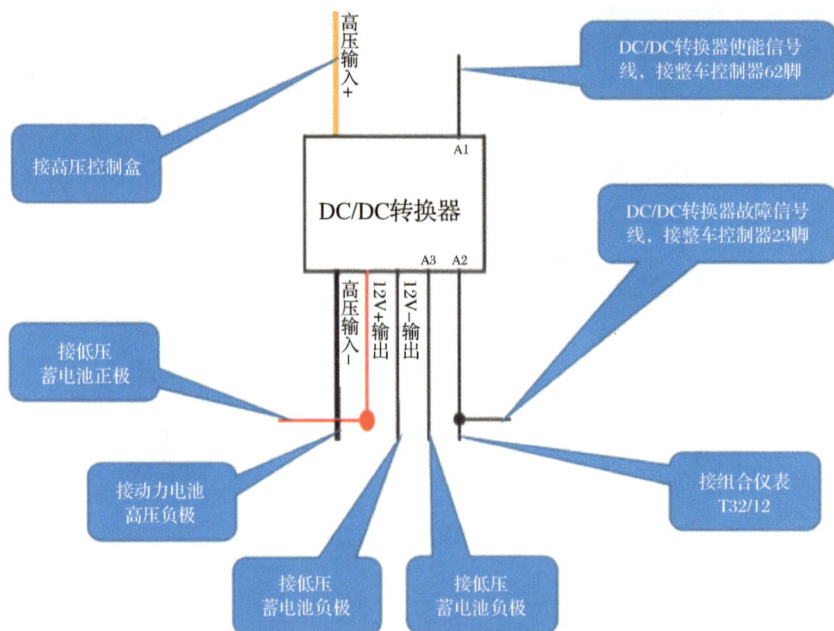

图8-43　DC/DC转换器的外部电路连接

■连接DC/DC转换器的高压线束插件都是什么样子的？

DC/DC转换器上面的线束接口及接口定义如图8-44所示。

如图8-45所示为高压附件线束（高压线束总成）连接高压控制盒及DC/DC转换器的插件。

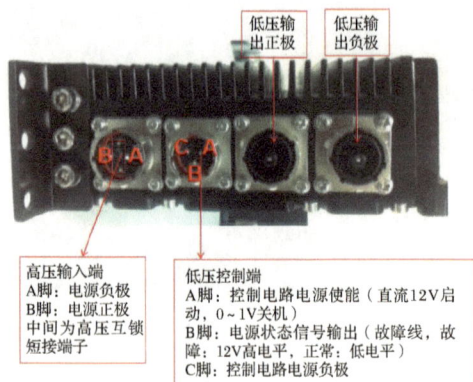

图8-44　DC/DC转换器上面的线束接口及接口定义

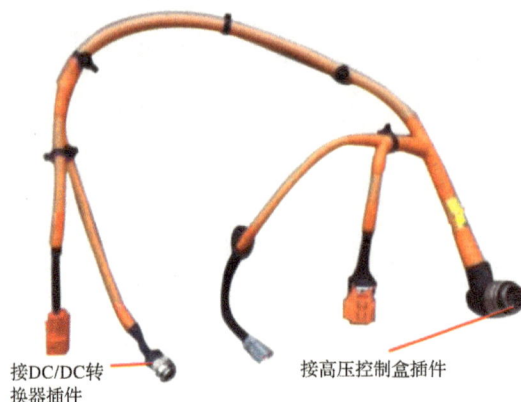

图8-45　高压附件线束连接高压控制盒及DC/DC转换器的插件

第九章
电动汽车动力电池

■ **你了解电动汽车动力电池的发展史吗？**

电池早在200多年前就已问世，1800年世界上第一个电池诞生，1859年可充电的铅酸电池问世，1970年一次锂离子电池迈向了实用化，以及可充电锂聚合物广泛的应用和目前的燃料电池、太阳电池的闪亮登场，使电动汽车的动力电池有了更多的选择。如图9-1所示为电动汽车动力电池发展史。

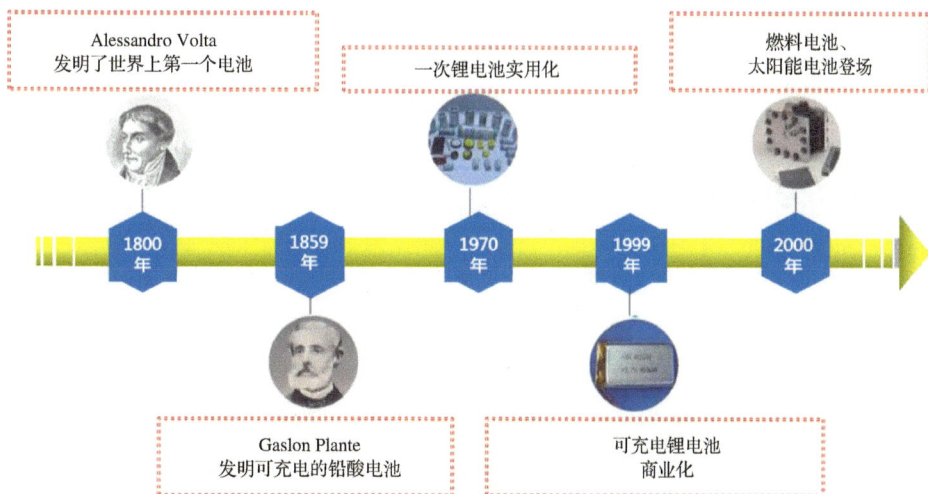

图9-1　电动汽车动力电池发展史

■电动汽车动力电池是什么样子的？

电动汽车动力电池的结构如图9-2所示。

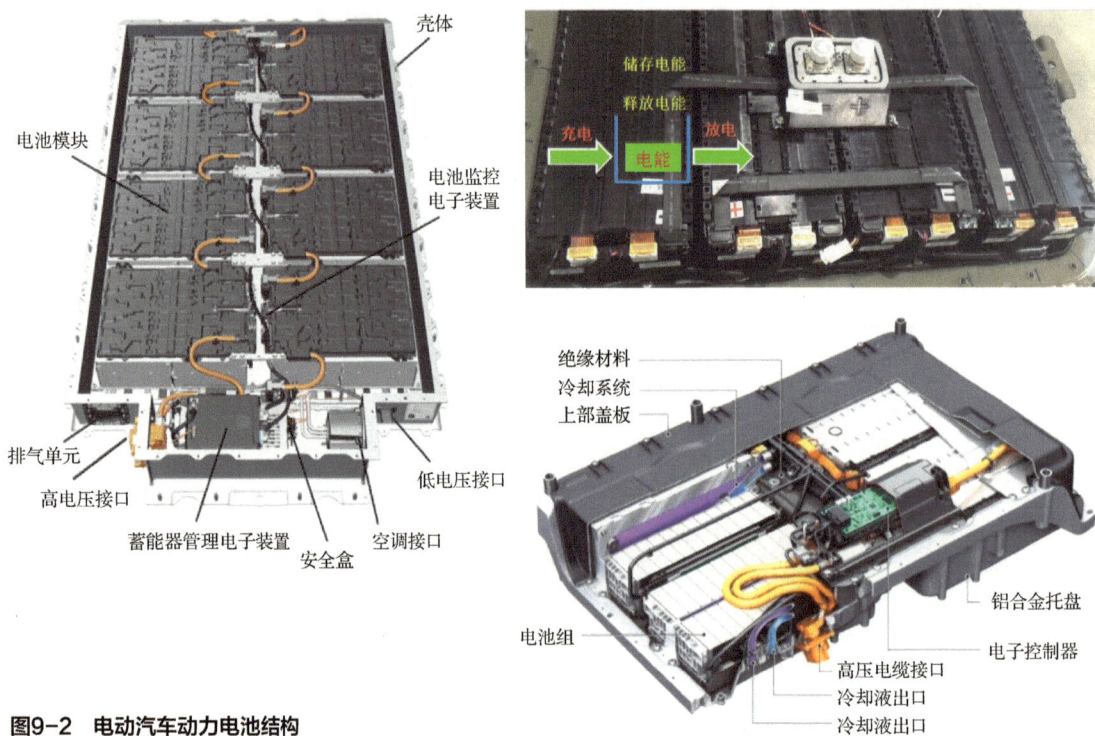

壳体

电池模块

电池监控电子装置

储存电能
释放电能
充电　电能　放电

排气单元

高电压接口

蓄能器管理电子装置

安全盒

空调接口

低电压接口

绝缘材料
冷却系统
上部盖板

铝合金托盘

电子控制器

电池组

高压电缆接口
冷却液出口
冷却液出口

图9-2　电动汽车动力电池结构

■电动汽车动力电池有哪些类型？

电动汽车动力电池的类型包括：铅酸电池、镍氢电池、镍镉电池、锂离子电池、石墨烯电池等，如图9-3所示。

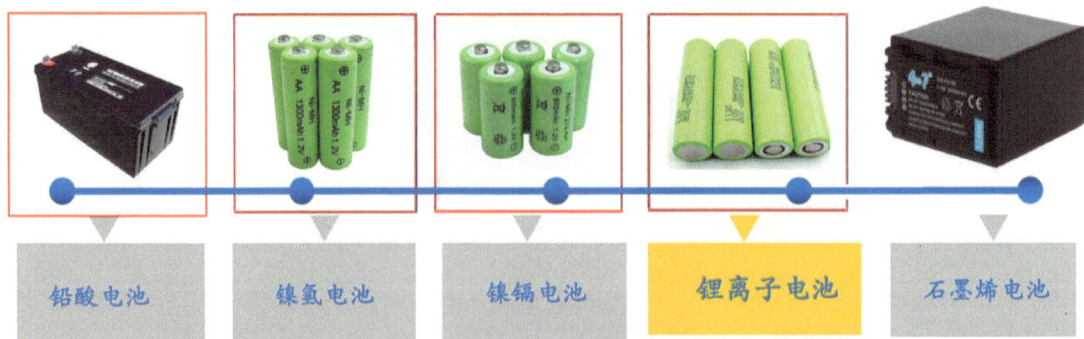

铅酸电池　　镍氢电池　　镍镉电池　　锂离子电池　　石墨烯电池

图9-3　电动汽车动力电池类型

■电动汽车动力电池有哪些特点?

1）铅酸电池：铅酸电池的优点是成本低。尽管有一定的价格优势，但是太过笨重，充电时间长，能量和功率较低。其只被广泛用于车速小于50km/h的各种场地车或电动自行车上。

2）镍镉电池：镍镉电池的主要优点是结实、价格便宜。缺点是镉金属对环境有污染，电池容量小，寿命短，所以说镍镉电池是低档电池。其有记忆效应，每次充电需要先放电，再充电。

3）镍氢电池：镍氢电池的主要优点是技术比较成熟，安全性较好，相对寿命较长，但是由于镍金属占其成本的60%，导致镍氢电池价格较高。另外，其能量密度低，主要应用于混动车型。

4）锂离子电池：锂离子电池多数使用液态有机电解质，按照正极材料的不同分类。目前常用的正极材料如三元材料锂电池中的钴酸锂、锰酸锂、磷酸铁锂。

5）石墨烯电池：石墨烯基锂离子电池产品性能优良，可在-30 ~ 80℃环境下工作，电池循环寿命高达3500次左右，充电效率是普通充电产品的24倍。石墨烯是世界上最薄、最硬的材料。

■电动汽车动力电池组成有哪些?

电动汽车动力电池包括动力电池箱、动力电池模组、辅助元器件、电池管理系统，如图9-4所示。

动力电池箱：我国的动力电池厂商普莱德生产的电池箱体与韩国SK动力电池箱体在防护等级、安装方式和拧紧力矩方面一致，但在制作材料上有区别，如SK电池箱体的上盖板为玻璃钢，玻璃钢是优良的绝缘材料，而下盖板为了增加硬度和耐磨性采用钢。

动力电池模组：如图9-4所示的电池连接方式为3P91S。3P91S具体含义为3个电芯并联成1个独立单体电池，再由91个独立单体电池串联成动力电池总成。

辅助元器件：它将主正继电器、主负继电器、预充继电器和预充电阻进行了集成。

电池管理系统：普莱德的电池管理系统（BMS）由主控盒和绝缘检测单元等组成，SK的BMS采用了高压控制盒、从控盒和主控盒集成的方式。普莱德动力电池的正极继电器由BMS中的高压控制盒控制，负极继电器由VCU控制；SK动力电池的正极继电器由VCU控制，负极继电器由BMS控制。

（a）

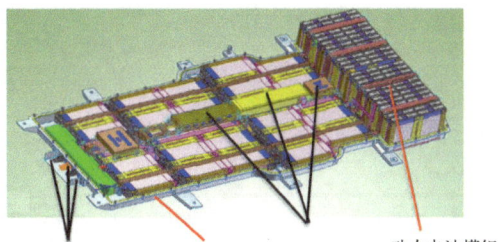

（b）

图9-4　电动汽车动力电池组成

■电动汽车动力电池是怎样连接的？

为了提升电池容量，需要把单个电芯进行并联，通常把几个容量、性能参数一致的电芯用激光焊接并联组成基础模块，例如3个软包电芯并联（3P parallel），当然也可以将更多的电芯并联，如5P，甚至16P等。

为了提升电池电压，则需要把电芯再进行串联，因此把几个基础模块用激光焊接串联成模组，例如2个3P基础模块串联为3P2S（Series）或者3个3P基础模块串联为3P3S电池模组。同时，为了在动力电池内的布置方便，模块的组合方式有多种选择：可以单用1个3P2S模块，电池上面可以布置其他电器元件；可以把2个3P2S叠放串联成3P4S；还可以把1个3P2S和1个3P3S叠放组成3P5S。多种组合方式错落有致地固定在动力电池底板上，方便了总体布局。

例：1P100S。

100块电池单体串联，共分为9个模组，如图9-5所示。

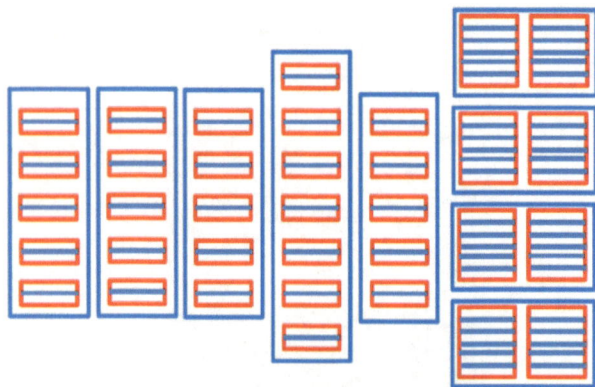

例：3P91S。

表示：3个单体并联组成一个模块，再由91个模块组成若干个模组串联成动力电池总成。

特斯拉Roadster纯电动汽车的电池组由6831个18650型锂离子电池组成，其中每69个并联为一组，再将9组串联为一层，最后串联堆叠11层构成如图9-6所示。

知识拓展：

电池单体——构成动力电池模块的最小单元。

电池模块——一组并联的电池单体的组合。

模组——由多个电池模块或电池单体串联组成的一个组合体。

动力电池总成——把每个模组串联起来形成动力电池总成。

图9-5　1P100S电池内部布置

每个18650锂电池都有导热的管路，并且管路都采用绝缘带进行包裹，以防电池与外壳发生短路。

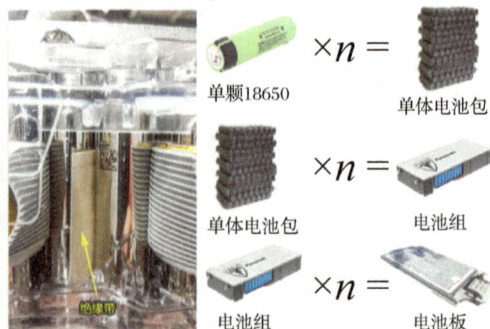

单颗18650　×n＝　单体电池包

单体电池包　×n＝　电池组

电池组　×n＝　电池板

图9-6　特斯拉Roadster纯电动汽车电池组

■何谓比能量和比功率？

比能量（能量密度）是指电池单位质量所能输出的电能，单位为W·h/kg。

比能量高的动力电池就像龟兔赛跑里的乌龟，耐力好，可以长时间工作，续驶里程长。

比功率（功率密度）是描述电池在瞬间能放出能量的能力，单位为W/kg。

比功率高的动力电池就像百米赛跑冠军，速度快，可以提供很高的瞬间电流，以保证汽车的加速性能。如图9-7所示为比能量、比功率对比。

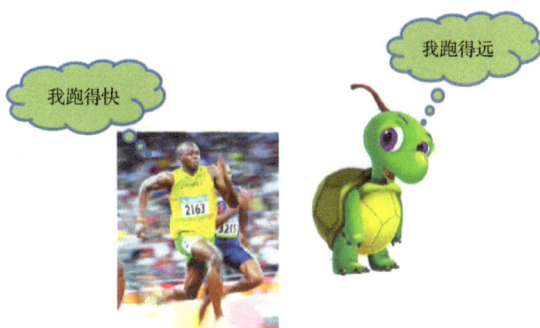

图9-7 比能量、比功率对比

■电动汽车动力电池母线是什么样的？

动力电池的正、负极母线如图9-8所示。

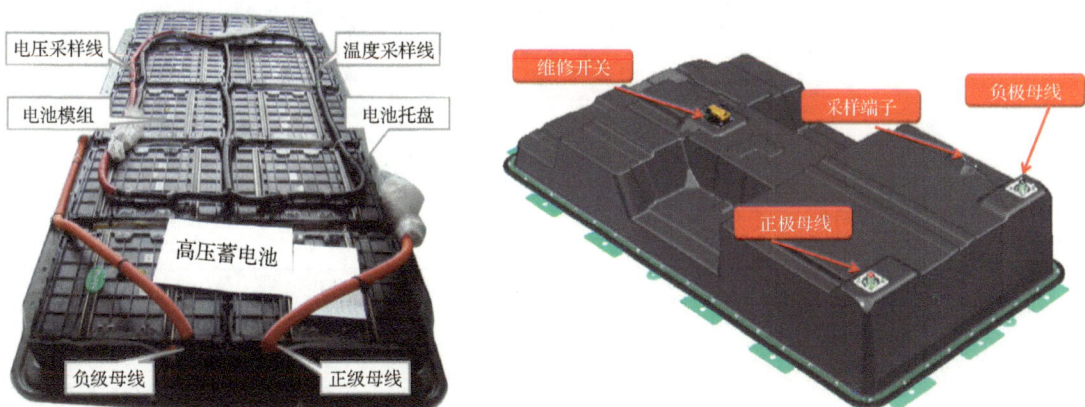

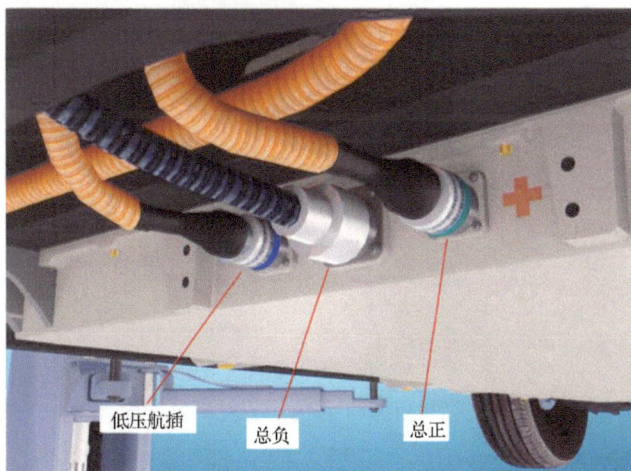

图9-8 动力电池正、负极母线

■电动汽车动力电池需要管理系统吗？

动力电池管理系统（BMS），即Battery Management System，通过检测电池组中各单体电池的状态来确定整个电池系统的状态，并根据它们的状态对动力电池系统进行对应的控制调整和策略实施，实现对动力电池系统及各单体的充放电管理，以保证动力电池系统安全稳定地运行。图9-9为一种典型电池管理系统拓扑图，主要分为主控模块和从控模块两大部分，通过采用内部CAN总线技术实现各模块之间及外部设备之间的数据信息通信。基于各个模块的功能，BMS能实时检测动力电池的电压、电流、温度等参数，实现对动力电池进行热管理、均衡管理、高压及绝缘检测等，并且能够计算动力电池剩余电量、充放电功率及电池健康度（SOH）状态。

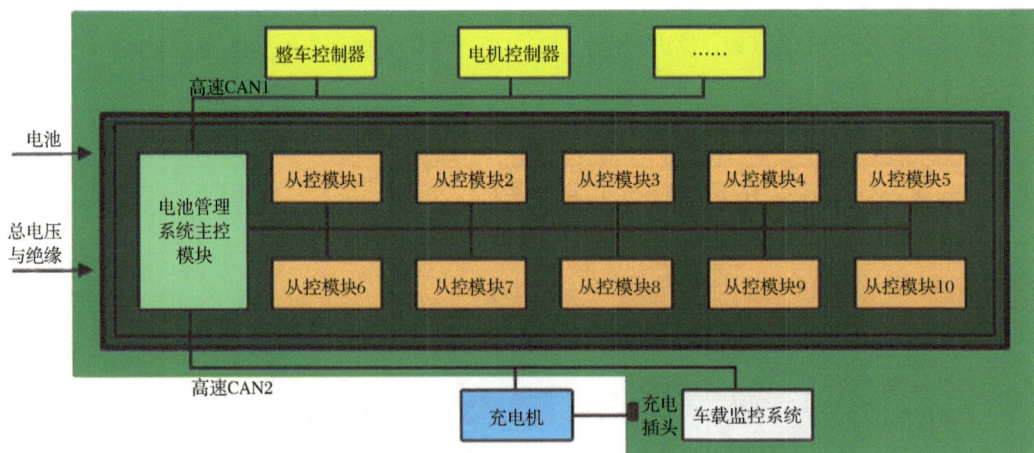

图9-9 动力电池管理系统（BMS）

■电动汽车动力电池管理系统长什么样？

普莱德的BMS由主控盒和绝缘检测单元等组成，如图9-10所示。SK电池的BMS采用了高压控制盒、从控盒和主控盒集成的方式，如图9-11所示。图9-12为特斯拉动力电池管理系统内部结构，对电动汽车而言，通过该系统对电池组充放电的有效控制，可达到增加续航里程、延长使用寿命、降低运行成本的目的，并保证电池组应用的安全和可靠性。

高压控制盒（见图9-13）"监控"动力电池的总电压、电流、绝缘性能。

从控盒（见图9-14）是电池低压管理系统用于"监控"动力电池的单体电压、电池组的温度的，主要功能如下：

（1）监控每个单体电压；

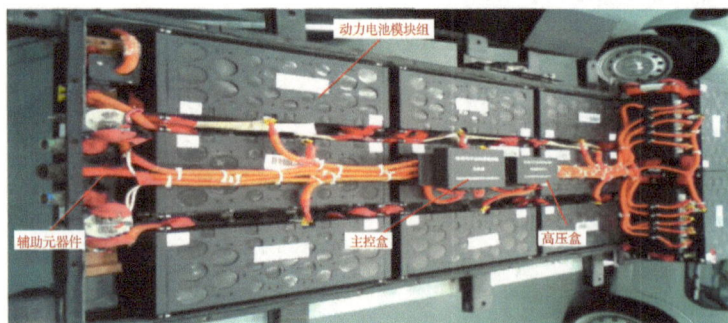

图9-10 普莱德动力电池管理系统

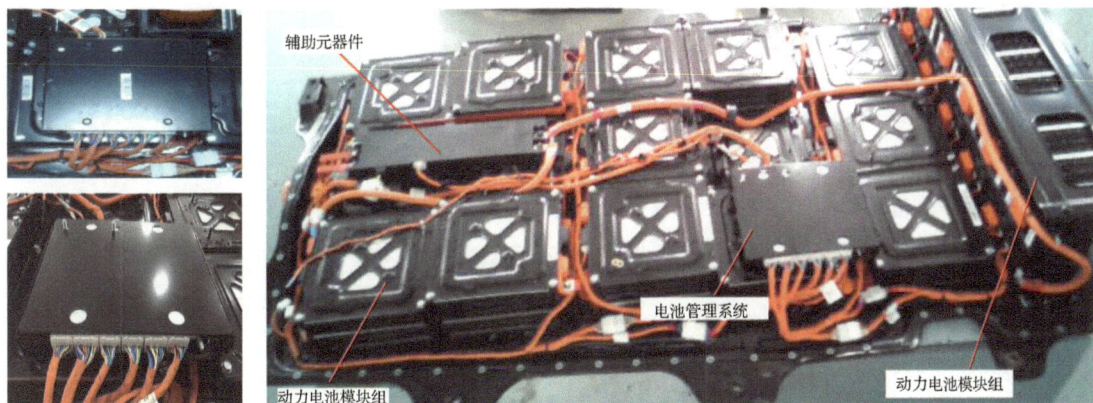

图9-11 SK动力电池管理系统

图9-12 特斯拉动力电池管理系统内部结构

图9-13 高压控制盒

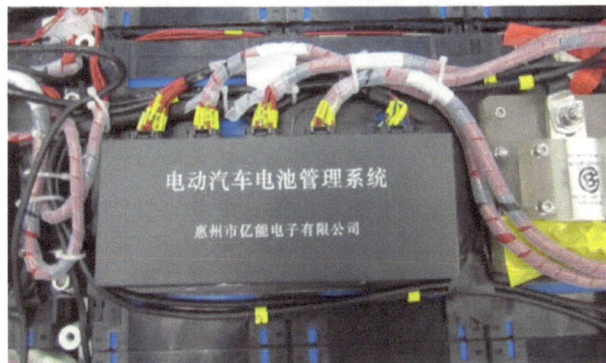

图9-14 从控盒

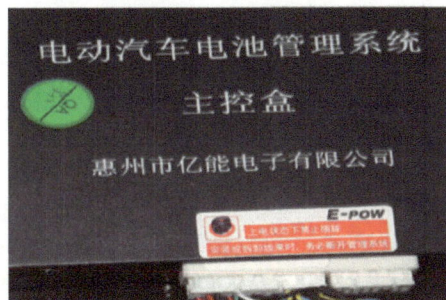

（a）

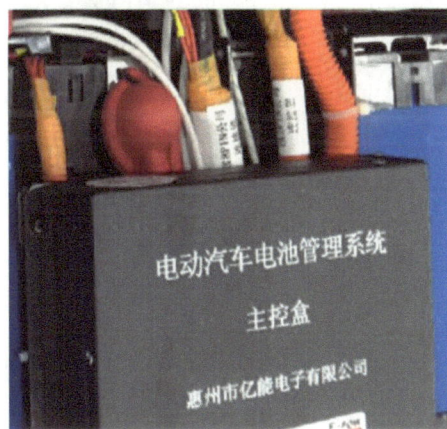

（b）

图9-15 主控盒

（2）监控每个电池组的温度；（3）荷电状态（SOC）监测；（4）将以上项目监控到的数据反馈给主控盒。

主控盒是一个连接外部通信和内部通信的平台，如图9-15所示，主要功能如下：

（1）接收从控盒反馈的实时温度和单体电压（并计算最大值和最小值）；（2）接收高压控制盒反馈的总电压和电流情况；（3）与整车控制器（VCU）通信；（4）控制主正继电器；（5）控制电池加热；（6）控制充/放电电流。

■电动汽车动力电池管理系统根据电池类型和布置有什么不同？

根据电池类型和布置的不同，电动汽车动力电池管理系统（BMS）的结构分为分布式结构和集成式结构，分别如图9-16和图9-17所示。

分布式结构的优缺点：配置灵活、信号采集速度快、线束少，但成本较高。

集中式结构的优缺点：成本低、结构简单，但灵活性差，线束过长，增加辐射干扰。

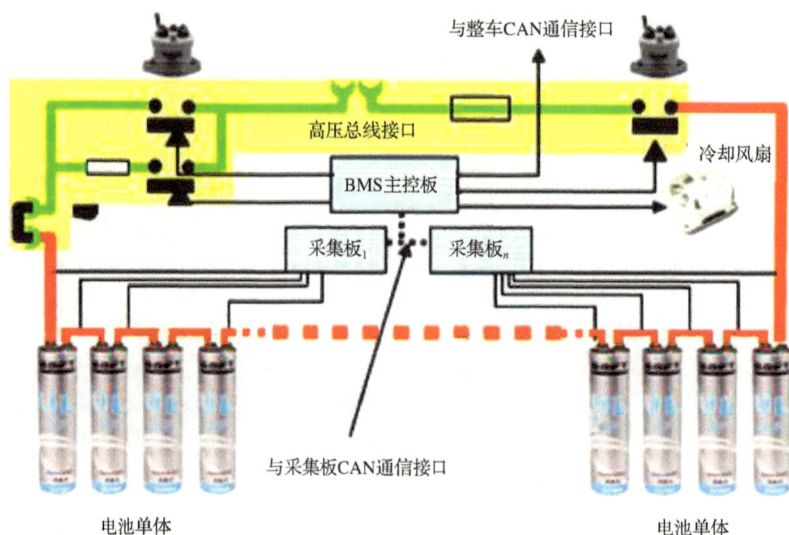

图9-16　分布式结构

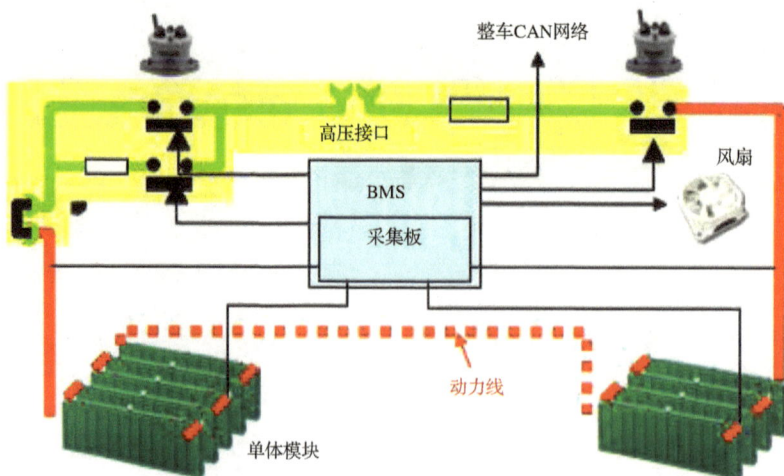

图9-17　集成式结构

■电动汽车动力电池系统是如何工作的？

电动汽车的动力电池模组放置在一个密封的动力电池箱里面，动力电池系统使用可靠的高压接插件与高压控制盒相连，如图9-18所示，动力电池输出的直流电由电机控制器转变为三相交流高压电，驱动电机工作。

系统内的BMS实时采集各电芯的电压、各温度传感器的温度值、动力电池系统的总电压值和总电流值等数据，实时监控动力电池的工作状态，并通过低压插接件连接CAN总线与VCU或车载充电机进行通信，如图9-19所示，对动力电池系统充放电等进行综合管理。

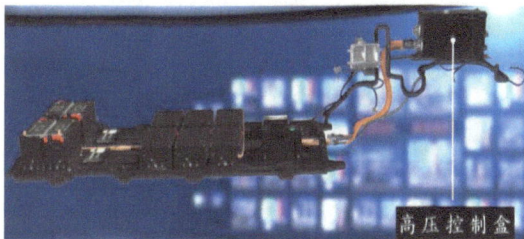

图9-18　高压接插件与高压控制盒

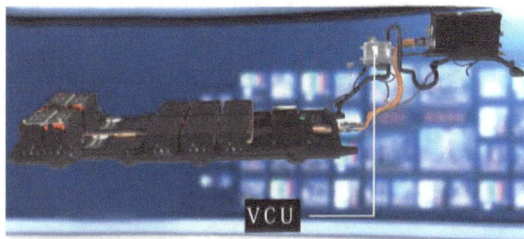

图9-19　动力电池低压插件与VCU或车载充电机进行通信

■电动汽车动力电池内的辅助元器件长什么样？

电动汽车动力电池内的辅助元器件主要包括动力电池系统内部的电子电器元件，如熔断器、继电器、分流器、接插件、紧急开关、烟雾传感器、维修开关，以及电子电器元件以外的辅助元器件，如密封条、绝缘材料等，如图9-20所示。

图9-20　动力电池内的辅助元器件

■电动汽车动力电池内部的继电器长什么样？

SK动力电池的继电器总成（PRA）如图9-21所示，它是将主正继电器、主负继电器（由BMS控制其开合，开合指令由整车控制器发出，用来控制回路的通断）、预充继电器和预充电阻（由BMS控制其闭合或断开，在充放电初期要闭合预充继电器进行预充电）进行了集成。

当电芯温度低于设定值加热继电器充电，BMS控制加热继电器闭合，通过熔断器接通加热膜电路。

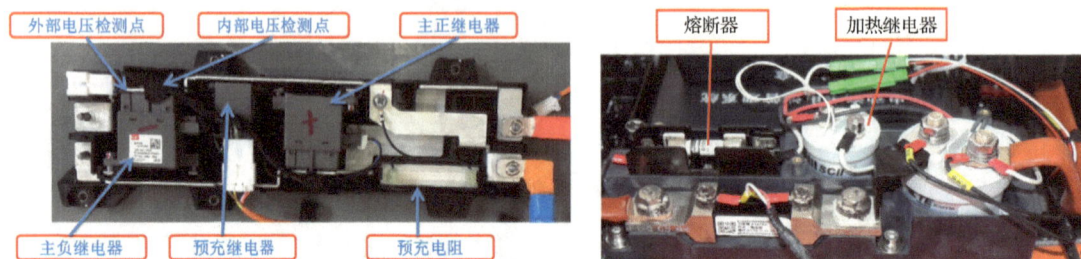

图9-21　SK动力电池的继电器总成

■电动汽车电流传感器有什么用？

电流检测器件设置在高压母线上，目前有串联在母线上的无感分流器和套装在母线外部的霍尔电流传感器（见图9-22）。两种传感器都是把检测到的母线电流送到主控盒，用于控制母线输出不能过流，充电和能量回收时电流不能过大。

如图9-23所示的电流传感器类型为无感分流器（型号300A-75MV），在电阻的两端形成毫伏级的电压信号，用于监测总电流。

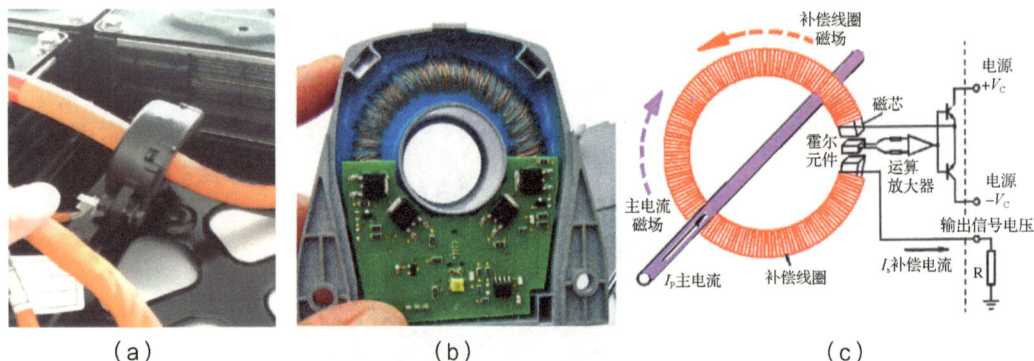

（a）　　　　　　　　（b）　　　　　　　　（c）

图9-22　霍尔电流传感器

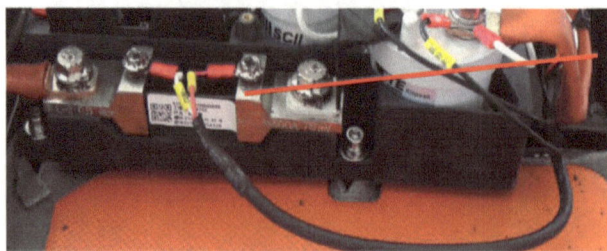

图9-23　无感分流器

■电动汽车维修开关长什么样？

电动汽车维修开关设置在串联回路的中间，如图9-24所示，同时维修开关内部还有一个熔断器，假如回路电流过大，熔断器断开，当维修开关拔出时，高压回路呈开路状态。正极和负极母线对外部负载输出端分别接了继电器，只有正极和负极母线、继电器都接通，才能对外供电或对电池充电。

在出现紧急情况、进行高压系统维修保养或进行电池维护安装时，应及时断开手动维修开关，将电池包的电流断开，有效避免因维修人员操作不当而引发的电击情况，保护维修人员的安全。

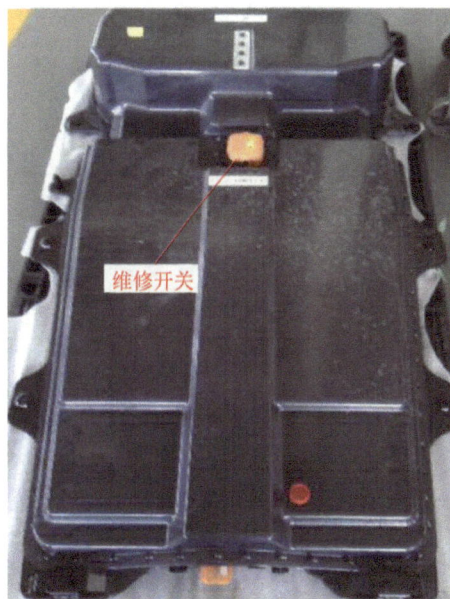

图9-24　电动汽车维修开关及安装位置

■电动汽车动力电池内的熔断器长什么样？

电动汽车动力电池内的熔断器如图9-25所示，能够防止能量回收过压过流或放电过流：熔断器规格为250A、电压500V。

250A熔断器

图9-25　电动汽车动力电池内的熔断器

■电动汽车高压蓄电池安装在哪儿？

比亚迪e6和大众e-up的高压蓄电池安装位置分别如图9-26和图9-27所示。

图9-26　比亚迪e6高压蓄电池安装位置

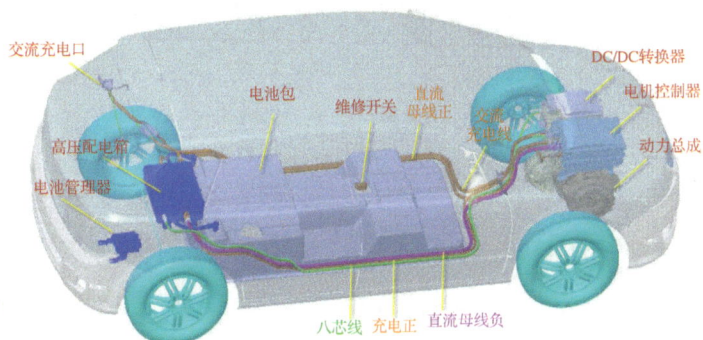

图9-27　大众e-up高压蓄电池安装位置

■电动汽车为什么选用锂离子电池？

锂离子电池是在锂电池的基础上发展起来的先进电池，原本锂电池的安全性较差，充放电寿命较短，而锂离子电池基本解决了这两大难题，如图9-28所示为大众e-up电动汽车锂离子电池。

锂离子电池的工作原理简单，在电池工作过程中，仅仅是锂离子从一个电极脱嵌后进入另一个电极（嵌入）的过程。具体来说，当电池充电时锂离子从正极中脱嵌，在负极中嵌入；放电时反之。在充放电过程中没有晶形变化，对负极材料没有影响，故具有较好的安全性和较长的充放电寿命。

1）锂离子电池能量密度大，平均输出电压高。锂离子单体电池的额定电压为3.6V（少数是3.7V），而燃油汽车上常用的铅酸电池的单体电池的额定电压只有2V，这也是锂离子电池使用较为广泛的主要原因。

2）自放电小，没有记忆效应。

3）循环性能优越，可快速充放电，充电效率高，使用寿命长。

4）工作温度范围相对比较宽，为-20 ~ 60℃。

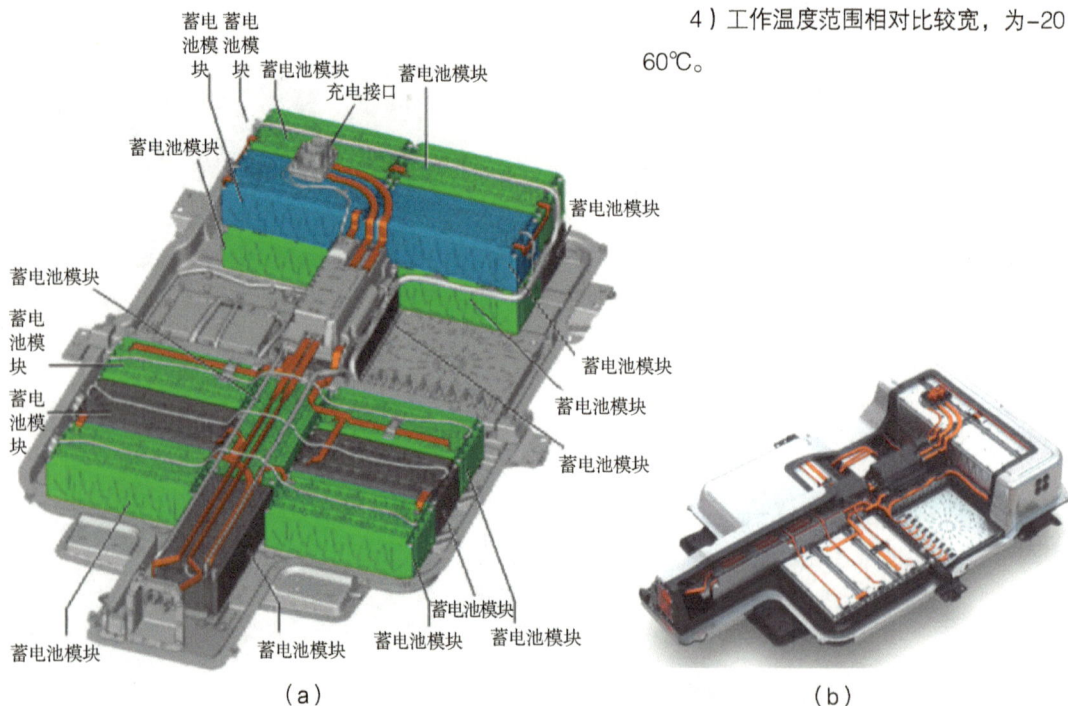

（a）

（b）

图9-28　大众e-up电动汽车锂离子电池

■何谓三元锂电池?

三元锂电池是指使用锂镍钴锰三元正极材料的锂电池。三元复合正极材料前驱体产品以镍盐、钴盐、锰盐为原料,是在容量与安全性方面比较均衡的材料,循环性能好于正常钴酸锂。前期由于技术原因其标称电压只有3.5 ~ 3.6V,在使用范围方面有所限制,但目前随着配方的不断改进和结构的完善,电池的标称电压已达到3.7V,在容量上已经达到或超过钴酸锂电池水平。

与磷酸铁锂电池相比,特斯拉MODEL S使用的三元锂电池(见图9-29)在重量能量密度上要高出许多,约为200W·h/kg,这也就意味着同样重量的三元锂电池比磷酸铁锂电池的续航里程更长。不过其缺点也显而易见,当自身温度为250 ~ 350℃时,其内部化学成分就开始分解,因此对电池管理系统提出了极高的要求,需要为每节电池分别加装熔断器装置。

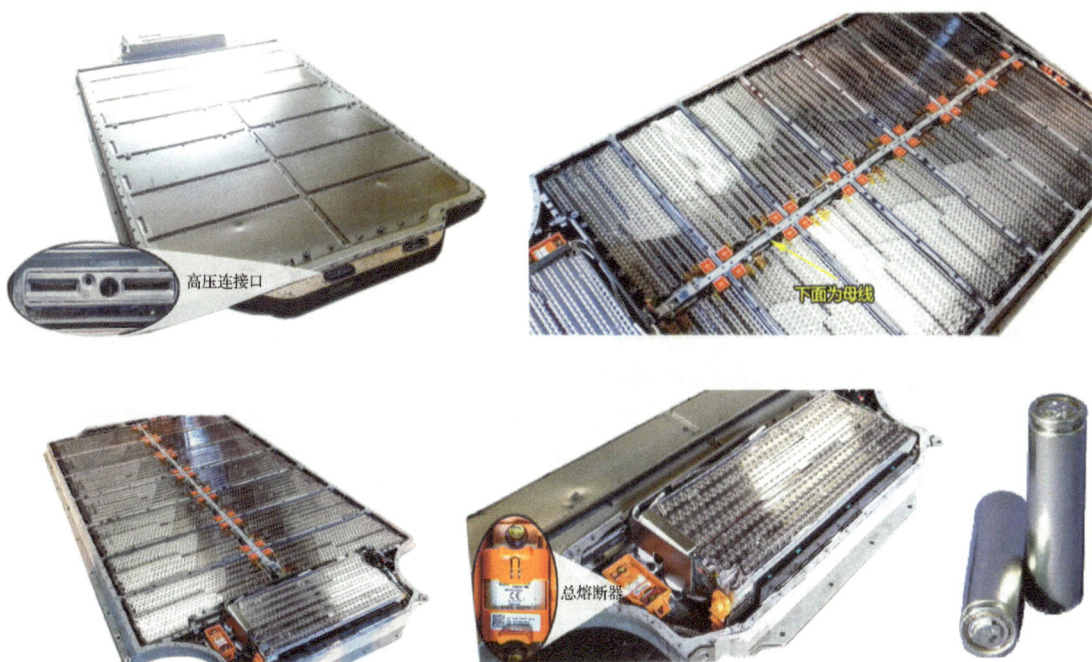

图9-29 特斯拉MODEL S使用的三元锂电池

■何谓磷酸铁锂电池?

磷酸铁锂电池是指用磷酸铁锂作为正极材料的锂离子电池,电池负极是石墨,中间是聚乙烯或聚丙烯材料制成的隔膜板。电池中部的上下端间装有有机电解质,锂离子的电解质由有机溶剂和锂盐组成,对人体组织具有腐蚀性,并且可燃,外壳由金属材料密封。

比亚迪e5动力电池即为磷酸铁锂电池,其电池组最重要的外部特征是:高电压导线或高电压接口和12V车载网络接口布置在整车地板下面,电池容量为47.5kW·h。

动力电池组的密封盖一般通过几十个螺栓加密封胶以机械方式与托盘连接在一起。在密封盖上一般粘贴有几个提示牌,如一个型号铭牌和两个警示牌。型号铭牌提供逻辑信息(如电池参数标签和电池编号)和最重要的技术数据(如额定电压)。两个警示牌提醒注意动力电池组采用锂离子技术且电压较高以及可能存在的相关危险。如图9-30所示为比亚迪e5动力电池组，其警示牌的安装位置、检验报告和托盘螺栓固定力矩，以及电池内部构造。

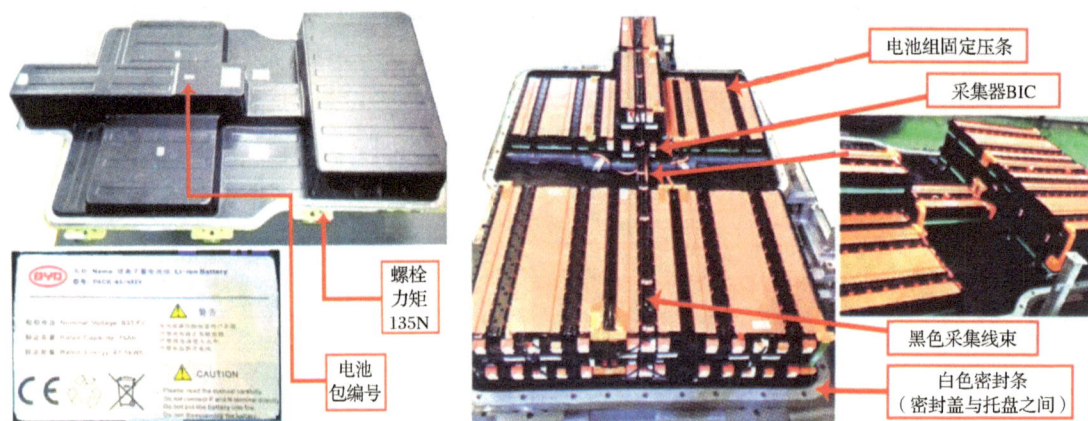

图9-30　比亚迪e5动力电池组

■氢燃料电池汽车长什么样？

也许有些人认为氢燃料电池汽车是以燃烧氢原料作为动力的，其实不然，氢燃料电池指的是氢通过与氧的化学反应而产生电能的装置（单纯依靠燃烧氢来驱动的"氢内燃机车"也曾出现过，比如宝马的氢能7系）。氢燃料电池汽车的驱动力来自车上的电动机，就像纯电动汽车一样，因此，氢燃料电池汽车可以理解为一辆"自带氢燃料发电机的电动汽车"，其理念与增程式电动汽车相类似，只不过电能的来源由一台内燃机变成了氢燃料动力单元。如图9-31所示为氢燃料电池汽车的结构。

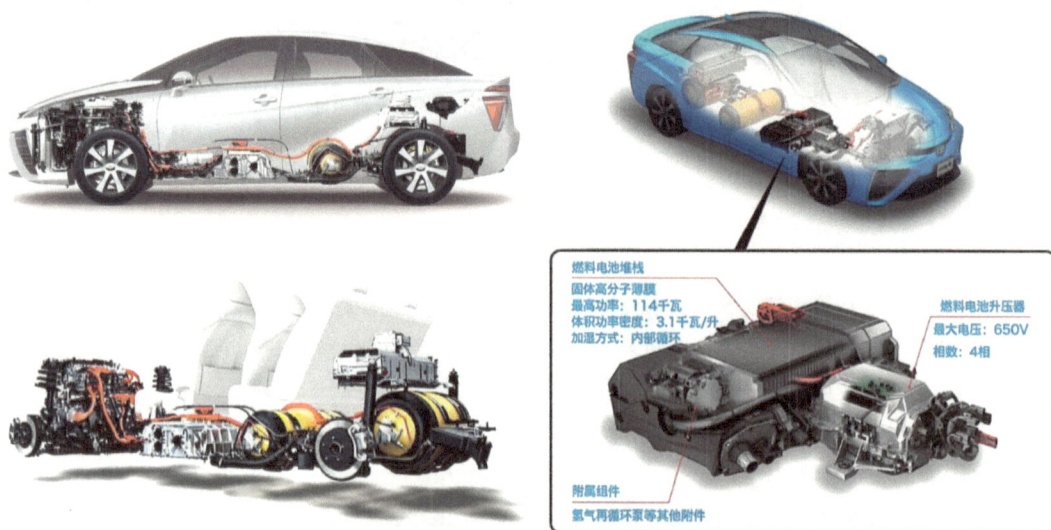

图9-31　氢燃料电池汽车的结构

■氢燃料电池是如何发电的?

氢燃料电池是原电池的一种特殊形式,主要部件如图9-32所示,如镀铂的碳纤维材料的两个电极(1),纳米管用作催化剂(2),以及一层特殊薄膜(3)。多种化合物均可用作电极。特殊薄膜具有气密性,对电子不导电,对质子(不带电子的氢核)具有渗透性。氧气(O₂)来自环境空气,无须专门填充。

氢气(H₂)和氧气(O₂)分别分配至两个电极:氢气至正极(A),氧气至负极(C)。氢气在催化剂的作用下释放两个电子并分裂成两个带正电的氢核(质子)。氢核可以渗入并穿过特殊薄膜,因为特殊薄膜另一侧(负极)电解质的质子数较正极少(扩散)。氧气在其电极侧通过催化作用吸收电子,然后立即与自由的氢质子反应生成水(H₂O)。如图9-33所示为燃料电池反应原理。

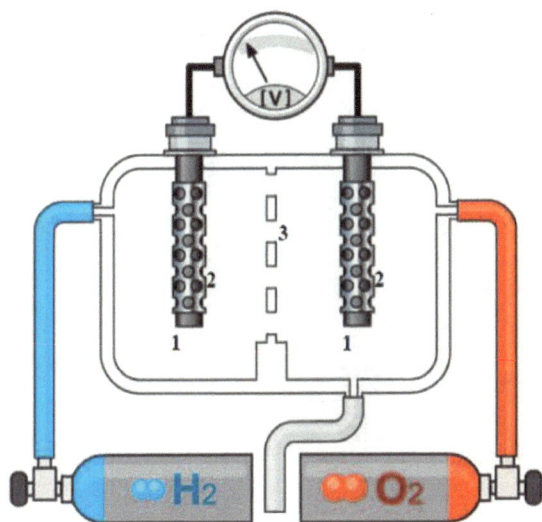

图9-32 氢燃料电池主要部件

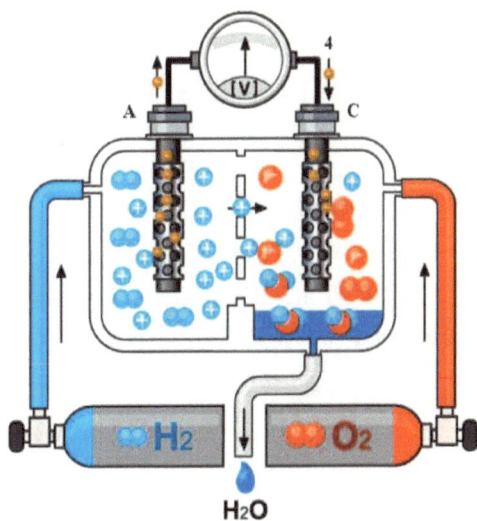

图9-33 燃料电池反应原理

第十章
电动汽车其他系统

■电动汽车有冷却系统吗?

电动汽车的冷却系统比较简单,由散热器、驱动电机、12V电动水泵、风扇、电机控制器、膨胀水箱及水管等组成,如图10-1所示,主要是给大功率用电设备和大功率开关元器件进行散热,加注的冷却液类型与传统汽车一样。

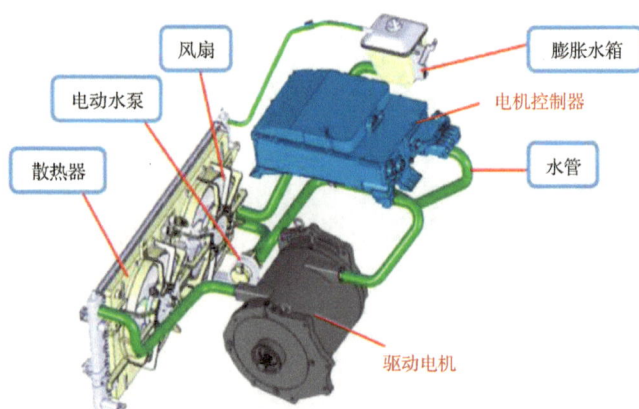

图10-1　电动汽车冷却系统

■电动汽车冷却系统是如何工作的?

电动汽车冷却系统由两个体系构成:冷却水回路和冷却风流道。冷却水在流经电机控制器、车载充电机和驱动电机等热源时,热源通过热传导将热量传递给冷却液,高温冷却液通过电动水泵提供的动力流经散热器时将热量通过热传导传递给散热器芯体,冷却空气通过热对流将热量带走,完成换热过程。如图10-2所示为电动汽车冷却系统工作原理。膨胀水箱在冷却系统中起提高冷却液沸点和提供冷却液加注口的两大作用。

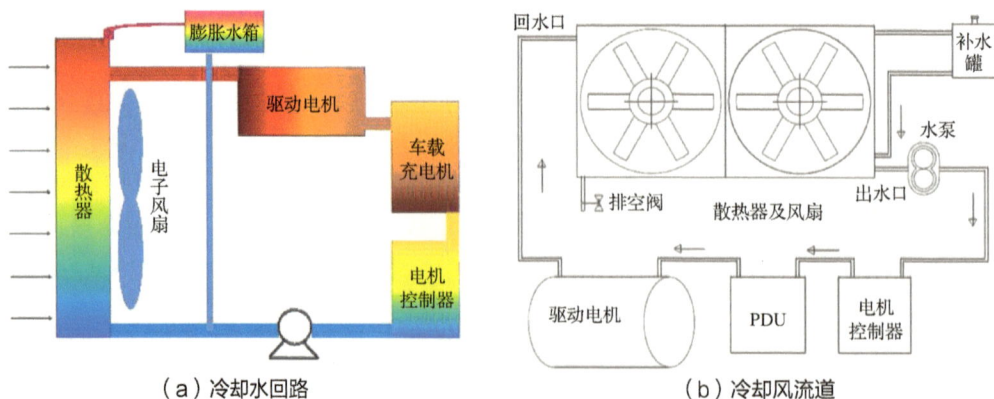

（a）冷却水回路　　　　　（b）冷却风流道

图10-2　电动汽车冷却系统工作原理

■电动汽车与传统汽车的冷却系统的区别？

电动汽车的冷却系统功能要求与传统汽车的基本相同。但是由于两者之间的结构、原理的差异导致了热源及其散热方式的不同。

电动汽车关键零部件电池、电机、电机控制器及车载充电机的效率不能达到100%，在能量转化过程中产生了大量的热量，这些热量如果不能及时地散发出去，将导致车辆限扭运行甚至导致零件的损坏。电动汽车冷却系统如图10-3所示，目的是将电机、电机控制器及车载充电机产生的热量及时散发出去，保证这些模块在要求的温度范围内稳定高效地工作。

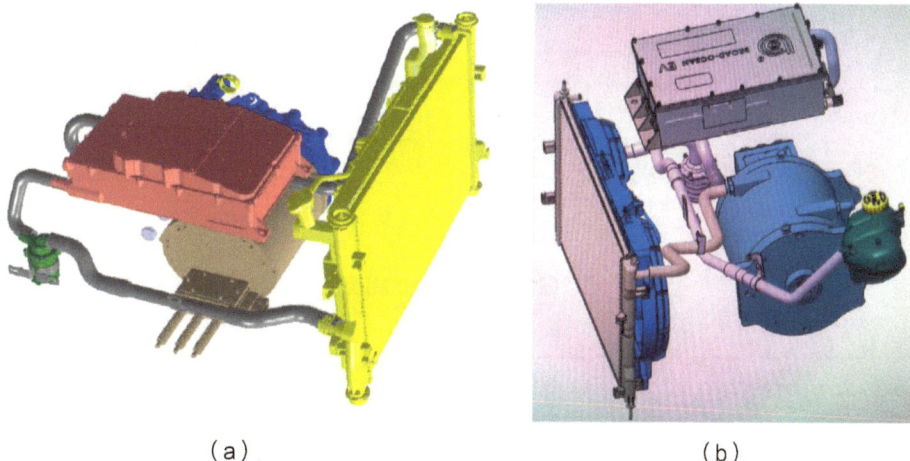

（a）　　　　　　　　　　　　（b）

图10-3　电动汽车冷却系统

■电动汽车是如何取暖的？

电动汽车没有传统汽车的发动机产生热源，靠电加热器的热能来采暖。在空调的暖风部分，热源为PTC加热电阻。有的电动汽车车型使用PTC加热电阻加热冷却液作为热源。

电动汽车的空调暖风功能由PTC加热器（见图10-4）提供。打开空调控制面板上的暖开关，PTC加热器开始工作，鼓风电机的风经过PTC芯体后变成的热风源源不断地送进驾驶室，如图10-5所示为风道总成布置。

在起始阶段，PTC加热器的电阻比较固定，加热效果明显。随着温度上升，电阻变大，而电流变小，加热效果就变差，这样能保护PTC加热室的温度，进行有效的自我控制。在车辆上对PTC加热器的控制主要还是通过切断其工作回路的方式进行的。PTC控制器会感知热交换室的温度和驾驶室的温度，来决定工作状况。

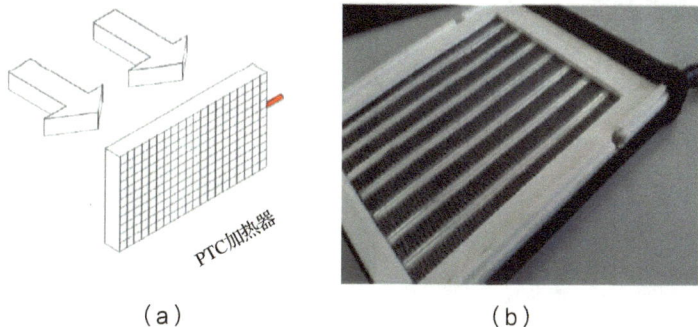

（a）　　　　　　　　（b）　　　　　　图10-4　PTC加热器

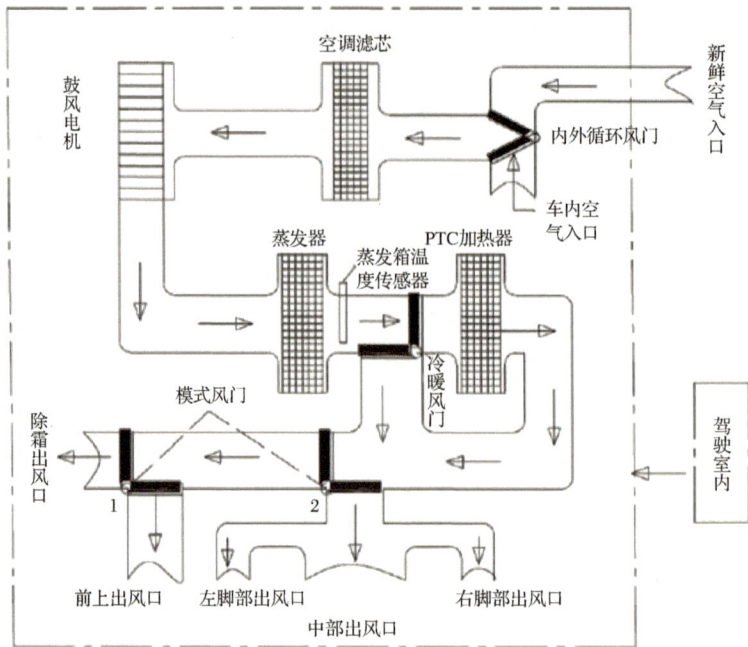

图10-5　风道总成布置

■电动汽车有空调吗？

　　电动汽车空调系统（见图10-6）与传统汽车空调最大的不同就是压缩机和暖风，电动汽车的压缩机多采用电动涡旋式压缩机，通过高压电来驱动，这一点区别于传统汽车的空调压缩机。暖风功能是由PTC加热器将高压电能转化为热能实现的。所以，当开启空调的制冷或制热时，消耗的是动力电池的电量，电动汽车空调的响应速度比较快，效率高，在启动空调后很短时间内就会达到设定温度。

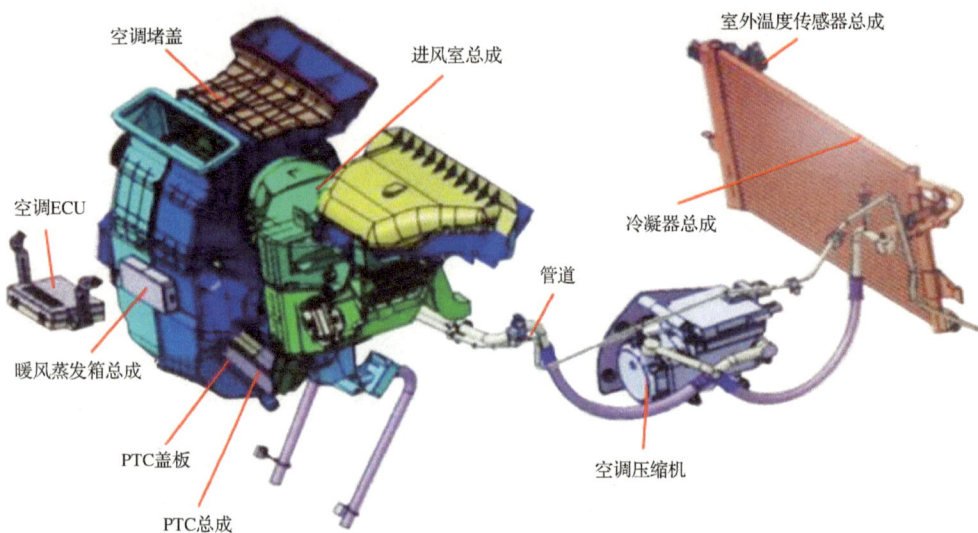

图10-6　电动汽车空调系统

■电动汽车制动系统是什么样子的？

目前国产电动汽车大部分为并联式制动，并联制动的原理如图10-7所示。与串联制动不同，并联制动是按一个固定的比例分配再生制动力和机械摩擦制动力。由于没有充分发挥再生制动力的作用，因此其回收的能量没有串联制动高。但并联制动对传统机械摩擦制动系统的改动少，结构简单，只需增加一些控制功能即可，成本低。

电动汽车制动系统部件如图10-8所示。

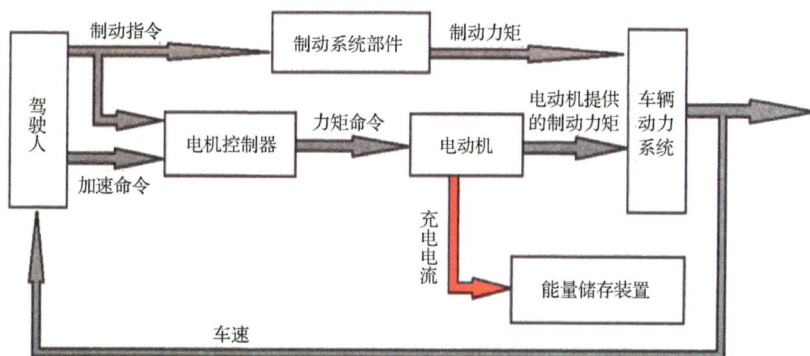

图10-7 并联制动原理

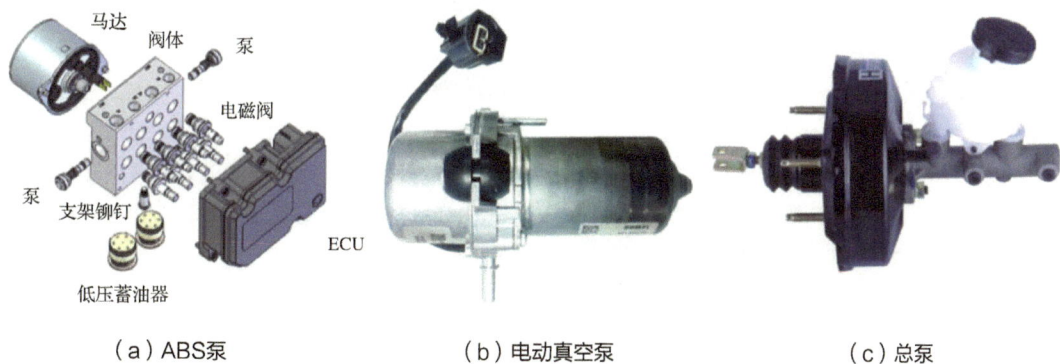

（a）ABS泵　　　　　　（b）电动真空泵　　　　　　（c）总泵

图10-8 电动汽车制动系统部件

■电动汽车转向系统是什么样子的？

目前1.3t以内的中小型纯电动汽车多采用小齿轮式电动助力转向系统（P-EPS），如图10-9所示。这种转向助力系统在传统汽车上也有应用，主要由机械转向部分和电控系统组成。

如图10-10所示为电动汽车转向系统电机总成。当蜗杆与安装在转向器输出轴上的蜗轮啮合时，即降低电机速度并把电机输出力矩传递到输出轴。

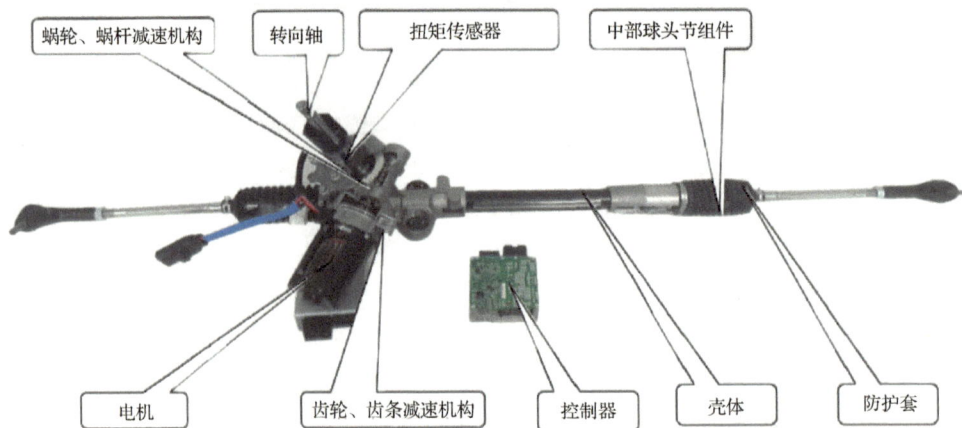

图10-9　小齿轮式电动助力转向系统

蜗轮、蜗杆减速机构　转向轴　扭矩传感器　中部球头节组件

电机　齿轮、齿条减速机构　控制器　壳体　防护套

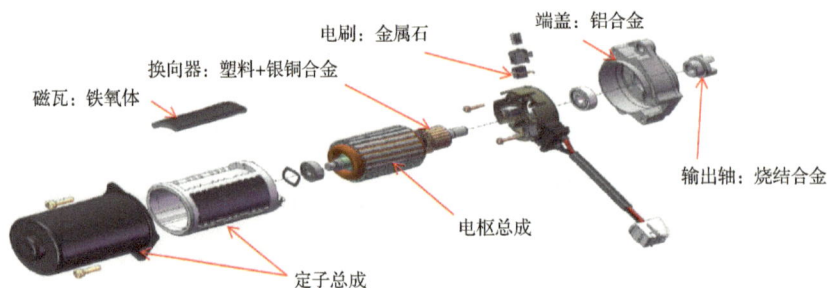

电刷：金属石

端盖：铝合金

换向器：塑料+银铜合金

磁瓦：铁氧体

输出轴：烧结合金

电枢总成

定子总成

图10-10　电动汽车转向系统电机总成

■电动汽车减速器相当于传统汽车上的哪个零部件?

目前电动汽车上采用的减速器系统和传统汽车的主减速器并没有本质区别，主要起到减速增扭的作用。国内大部分电动汽车都采用一级减速器，部分厂家采用二级减速器，未来在电动汽车上也可能采用传统汽车的变速机构。如图10-11所示为传统汽车的变速器和电动汽车的减速器。

减速器动力传动机械部分是依靠两级齿轮副来实现减速增扭的，如图10-12所示。其按功用和位置分为五大组件：右箱体、左箱体、输入轴组件、中间轴组件、差速器组件。

注：动力传递路线为"驱动电机→输入轴→输入轴轴齿→中间轴齿轮→中间轴轴齿→差速器半轴齿轮→左右半轴→左右车轮"。

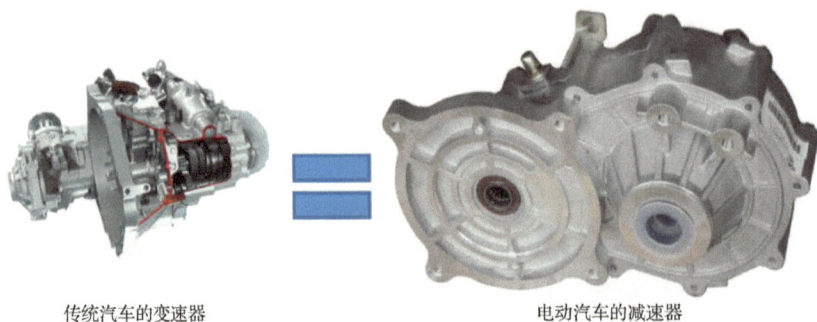

传统汽车的变速器　　　电动汽车的减速器

图10-11　电动汽车的减速器（即传统汽车的变速器）

140　新能源汽车不神秘：图解新能源汽车技术

（a）

（b）

图10-12　减速器动力传动机械部分

■电动汽车仪表盘长什么样？

电动汽车仪表盘能实时显示功率、数字车速、瞬时电耗、倒车雷达、动力电池电压、电流、驱动电机转速、平均电耗、保养里程、车外温度等20多项信息，让驾驶人及时获取车辆状况。

电动汽车仪表盘用来显示用户最关心的车辆信息，驾驶与维修提示的仪表故障灯的主要指示如图10-13所示。

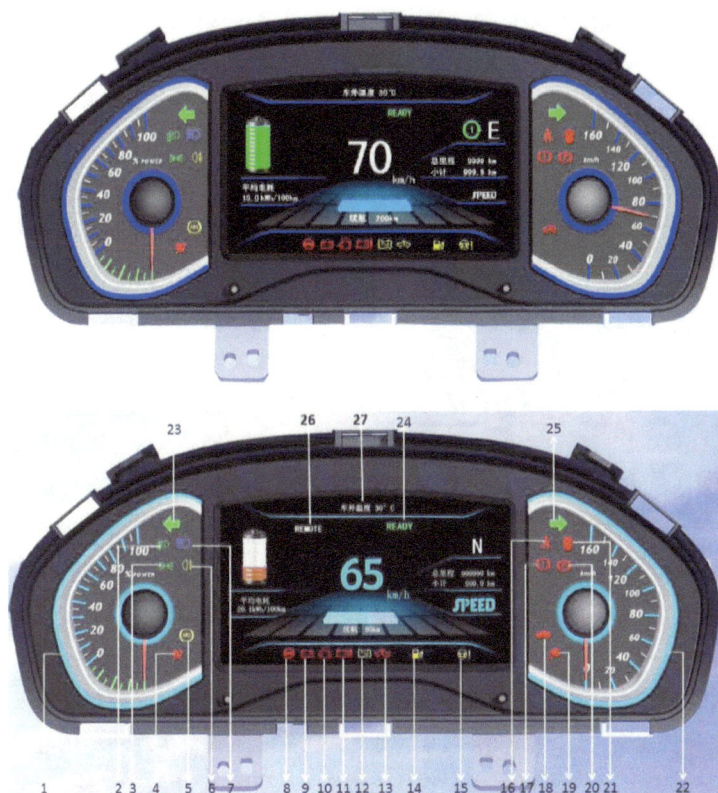

1—驱动电机功率表；2—前雾灯；

3—示廓灯；4—安全气囊指示灯；

5—ABS指示灯；6—后雾灯；

7—远光灯；8—跛行指示灯；

9—蓄电池故障指示灯；

10—电机及控制器过热指示灯；

11—动力电池故障指示灯；

12—动力电池断开指示灯；

13—系统故障灯；

14—充电提示灯；

15—EPS故障指示灯；

16—安全带未系指示灯；

17—制动故障指示灯；

18—防盗指示灯；

19—充电线连接指示灯；

20—驻车制动指示灯；

21—门开指示灯；

22—车速表；

23、25—左/右转向指示灯；

24—READY指示灯；

26—REMOTE指示灯；

27—室外温度提示

图10-13　电动汽车仪表盘及其主要指示

■电动汽车数据采集终端长什么样？

电动汽车数据采集终端由一根天线和一个数据记录仪（见图10-14）组成。

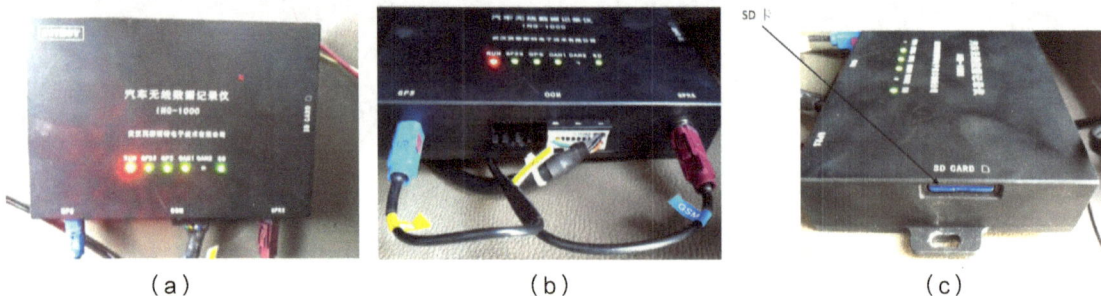

（a）　　　　　　　　　（b）　　　　　　　　　（c）

图10-14　数据记录仪

■电动汽车车载终端有什么作用？

1）车载终端能够与整车控制器（VCU）通过CAN总线进行通信，服从VCU的控制命令，获取整车的相关信息。车载终端采用"行程长度编码"压缩机制，对CAN数据进行压缩，以减少存储空间的占用，同时节约网络带宽资源与流量，加快数据传输速度。

2）车载终端能够用GPS对车辆进行定位。

3）车载终端能够将大量数据（最大8G）存储到本地移动存储设备（SD卡）中。经存储的数据可由分析处理软件读取和分析。

4）车载终端能够将信息按照规定的时间和数据量，以无线通信（GPRS）的方式发送到服务平台。在此信息传输的过程中，要保证信息的正确性，并且不能将信息丢失。在信息传输的过程中，还需要做到信息的保密，使无线通信的信息不被他人窃取。

5）车载终端将在本地保存车辆最近一段时间的运行数据，作为"黑匣子"提供车辆故障或发生前的数据信息。

6）车载终端支持在通信网络不畅情况下，自动将数据保存至采集端flash存储区内，待网络正常后，自动/人工将数据上传至服务平台。

7）自检功能：当检测到GPS模块、主电源等故障时，会主动上报警情到监控中心，辅助设备进行检修。

8）远程升级：支持远程自动升级功能，自动接收来自服务平台的升级指令完成软件升级，大大节约了维护成本。必要情况下，借助车载终端可通过CAN协议对车辆进行软件升级。

9）车载终端与远程控制平台及手机App配合工作，实现车辆远程状态查询（见图10-15）和远程车辆控制等功能（比如远程开启空调、充电等）。

（a）车辆状态查询界面

（b）车辆状态查询登录界面

图10-15　车辆远程状态查询

■电动汽车是如何实现制动能量回馈控制的？

电动汽车整车控制器根据加速踏板和制动踏板的开度、车辆行驶状态信息及动力电池的状态信息（如SOC值）来判断某一时刻能否进行制动能量回馈，在满足安全性能、制动性能及驾驶人舒适性的前提下回收部分能量，包括滑行制动和刹车制动过程中的电机制动转矩。

根据加速踏板和制动踏板信号，制动能量回收可以分为两个阶段（见图10-16）：

阶段一是从车辆行驶过程中驾驶人松开加速踏板但没有踩下制动踏板开始；

阶段二是从驾驶人踩下了制动踏板后开始。

制动能量回收的原则：能量回收制动不应该干预ABS的工作。当ABS进行制动力调节时，制动能量回收不应该工作；当ABS报警时，制动能量回收不应该工作；当电驱动系统具有故障时，制动能量回收不应该工作。

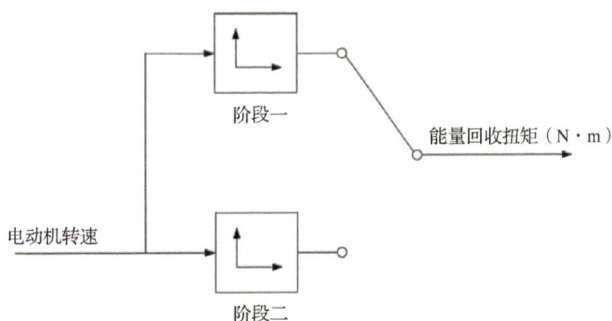

图10-16 制动能量回收阶段

车辆状态的实时监测和显示：整车控制器应该对车辆的状态进行实时检测，并且将各个子系统的信息发送给车载信息显示系统，其过程是通过传感器和CAN总线，检测车辆状态及其动力系统和相关电器附件、相关各子系统状态信息，驱动显示仪表，将状态信息和故障诊断信息通过数字仪表显示出来，如图10-17所示。

图10-17 车辆状态的实时监测和显示

第十一章
电动汽车的使用

■电动汽车的点火开关长什么样？

电动汽车的点火开关如图11-1所示。

(a)

(b)

点火开关
LOCK：拔下钥匙
　　　锁转向盘
　　　大多数电路不能工作
ACC：转向盘解锁
　　　个别电器和附件可以工作
ON：所有仪表、警告灯和电路工作
　　　高压上电
START：开启高压
　　　"READY"绿灯点亮 READY

(c)

图11-1　电动汽车的点火开关

■电动汽车的变速杆长什么样？

电动汽车的换挡杆式变速杆如图11-2所示，电子旋钮式变速杆如图11-3所示。其中电子旋钮式变速杆的E挡就是电机馈能制动的选择位置，能根据用户的不同需求改善能量回收强度及制动性能，妥善使用能量回收系统，可增加续航5%～15%。车辆前进挡有2种，一种是D挡，另一种是E挡（经济模式）。在E挡行驶过程中，松开加速踏板时，车辆自动回收能量。回收强度可通过换挡旋钮左上方"B+"和"B-"进行选择，在仪表盘中会进行相应显示。

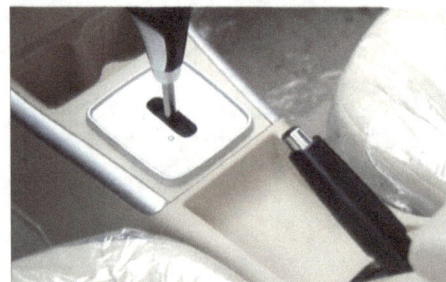

换挡杆式
换挡杆有三个位置：D、R、N
前进挡D：在换D挡之前，先踩制动踏板，否则挡位选择无效。
倒挡R：在选择倒挡前，确保车辆处于静止状态，然后踩下制动踏板，轻轻压下手柄，再挂挡。
空挡N：在选择空挡前，确保车辆处于静止状态。

**图11-2　电动汽车
换挡杆式变速杆**

电子旋钮式变速杆
前进挡D：在旋到D挡之前，先踩制动踏板，否则挡位选择无效。
倒挡R：在旋到倒挡前，确保车辆处于静止状态，踩下制动踏板，将旋钮旋至R挡。
空挡N：在选择空挡前，确保车辆处于静止状态。
经济模式E：旋至E挡时踩制动踏板，会有制动能量回收功能。左侧B⁺和B⁻在E挡有效，表示制动能量回收强度。
注：旋钮旋到当前挡时对应字母显示冰蓝色，其余挡位字母为白色。

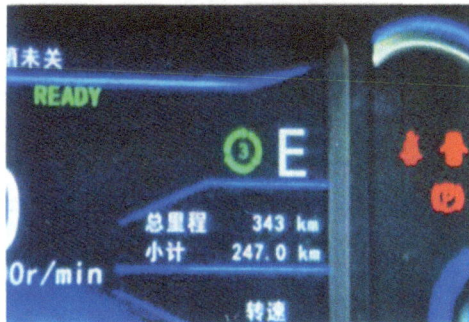

图11-3　电动汽车电子旋钮式变速杆

电动汽车电子旋钮式变速杆换挡器的R-N-D-E挡操作角度为35°，由旋钮轨道来实现，如图11-4所示。

换挡手柄在正常状态下工作时，应可以在R、N、D、E四个挡位间进行切换，同时仪表盘上显示相对应的挡位字母。

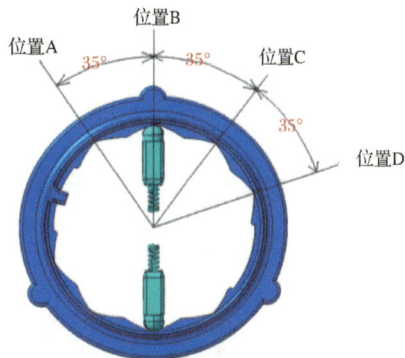

图11-4　电动汽车电子旋钮式变速杆换挡器操作角度

■怎样驾驶电动汽车？

1）将钥匙插入打到ON挡位。

2）系统自检后READY灯点亮，表明车辆准备完毕，可以行驶。

3）检查SOC电量表。电量表分为十个格，每格表示10%的电量。蓝色代表放电，绿色代表充电。

4）踩下制动踏板。

5）将换挡旋钮旋至D挡位。

6）松开驻车制动。

7）缓抬制动踏板，车辆行驶。

以上七大操作步骤如图11-5所示。

图11-5　驾驶电动汽车七大操作步骤

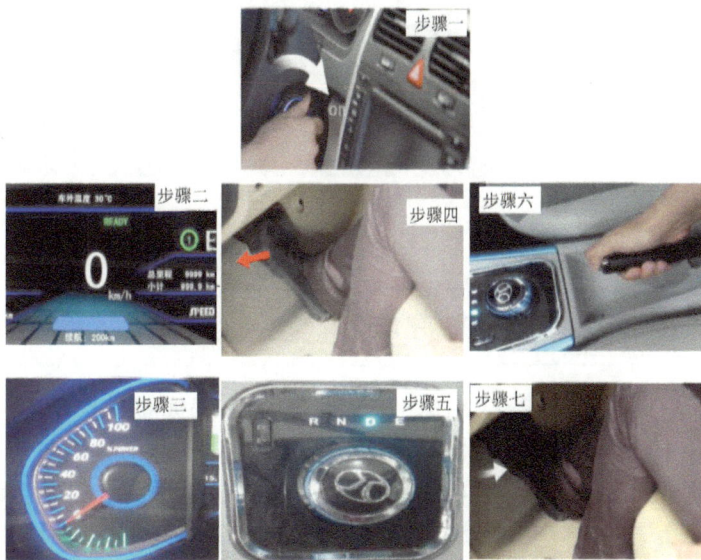

■常规充电和快速充电有什么区别？

作为以电能为动力的电动汽车，充电系统是其主要的能源补给系统，分为常规充电（俗称慢充）和快速充电（俗称快充）两种方式，其比较如图11-6所示。

电动汽车有两个充电口，一个快充口、一个慢充口，如图11-7所示。快充是直流供电，半小时可充至80%；慢充为交流供电，8～10小时充满。

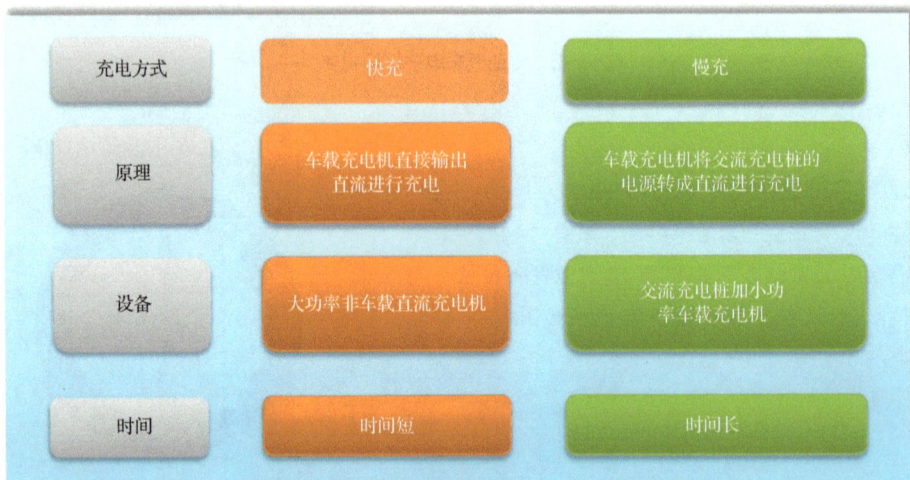

充电方式	快充	慢充
原理	车载充电机直接输出直流进行充电	车载充电机将交流充电桩的电源转成直流进行充电
设备	大功率非车载直流充电机	交流充电桩加小功率车载充电机
时间	时间短	时间长

图11-6 两种充电方式比较

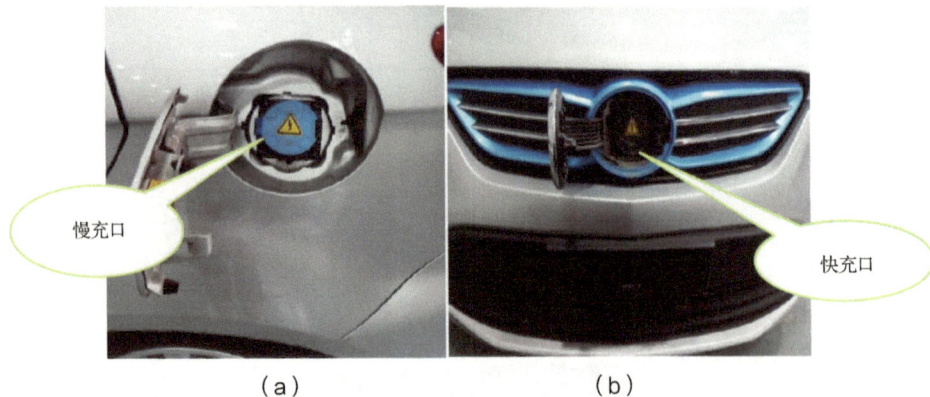

慢充口

快充口

（a） （b）

图11-7 电动汽车的两个充电口

■怎样为电动汽车充电？

现在使用充电桩充电有两种方式：充电卡和手机App。充电流程如图11-8所示。注：当停止充电时，必须先断开车身端充电枪，再断开充电桩端插头。

充电桩充电：当充电线连接电动汽车车身和充电桩后，汽车仪表盘上会显示充电电压、充电电流（电流负值为充电，正值为放电）及充电信息，如图11-9所示。

慢充充电：当充电线连接电动汽车车身和充电桩后，汽车仪表盘上会显示充电电压、充电电流（电流负值为充电，正值为放电）以及已充电电量等信息。

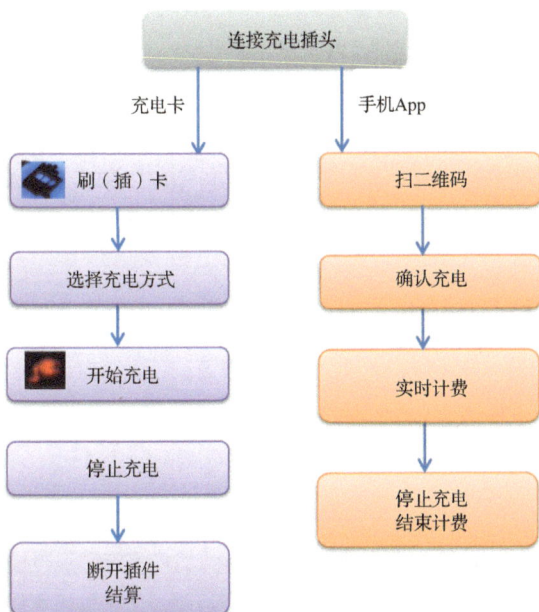

车载充电机上有"POWER"、"RUN"和"FAULT"三个指示灯,在正确的充电过程中,"POWER"和"RUN"两个指示灯会亮,表明电动汽车可以正常充电,如图11-10所示。

图11-8　充电流程

图11-9　电动汽车仪表盘上的充电显示

图11-10　车载充电机

■电动汽车是否每天都需要充电?

电动汽车的充电次数与动力电池寿命没有直接关系,锂电池本身没有记忆功能,但及时充放电可保持动力电池较好的充放电能力。冬季使用完后及时充电可确保动力电池处于一个较高的温度,免去充电加热阶段,有效缩短充电时间。

如果需要长期停放车辆,首先要断开蓄电池负极,动力电池电量最好在50% ~ 80%时停放,同时每隔2 ~ 5个月对动力电池进行一次充放电,避免长期停放造成电池性能下降。

雨天尽量不要给电动汽车充电,如果有必要,在小雨天气可以充电,但要注意在拔插充电枪时要有雨具遮挡,防止雨水进入充电口。充电枪插牢后具有防水能力,如图11-11所示。

图11-11　充电枪插牢后具有防水能力

■为什么说快速充电只能给电动汽车电池充到80%的电量？

快速充电（快充），顾名思义就是能够快速给电动汽车充电的方法，使用非车载充电机采用大电流直接给动力电池充电，短时间内就能将动力电池电量充到80%左右。快速充电的电流一般在150～400A，充电电压在200～750V，充电功率大于50kW。比如特斯拉的超级充电站可在40min内将动力电池电量充至80%。

快充的控制策略是当电池某个单体达到设定电压时即停止充电，没有末端恒压小电流充电和电量修正，所以在车辆多次连续快充时会出现充不满的现象，可以在使用快充后再用慢充充满即可。

■如何清洗电动汽车？

电动汽车的清洗过程中，对车身表面、轮辋、轮胎的冲洗不会造成触电、漏电等安全问题，但是由于车辆快充口安装在前格栅处，因此在洗车时应尽量避免高压水枪直接对准前格栅冲刷。

为了防止前机舱内部进水，影响绝缘无法上电，电动汽车各主要部件都已做防水试验，满足IP67防水防电等级标准。

高压电池安装在车身底部，高压水流的冲击可能会造成水渗入电池箱影响绝缘，因此也应避免冲刷底盘。

冲洗电动汽车顺序：车顶→车身前后及玻璃→后视镜→车轮挡泥板→轮胎→车门板下部和底盘。

机舱内清洗：进行机舱内的清洁时，应在关闭点火开关10min后进行。机舱内布置了很多的高压设备，如车载充电机、高压控制器、高压线束插头，禁止掀开机舱盖冲洗，否则会造成高压部件各插接件受潮，导致车辆出现绝缘故障，无法行驶。如图11-12所示为电动汽车机舱清洁。注：擦拭时不得使用湿布接触高压部件，确实有必要清洁机舱时，尽量单手操作，同时不要手扶车身。如果检查线路插件部位时发现生锈，应使用专业清洗剂处理。

图11-12　电动汽车机舱清洁